发现中国

2005年100个重要考古新发现

中国文物报社　编
曹兵武　李　卫　主编

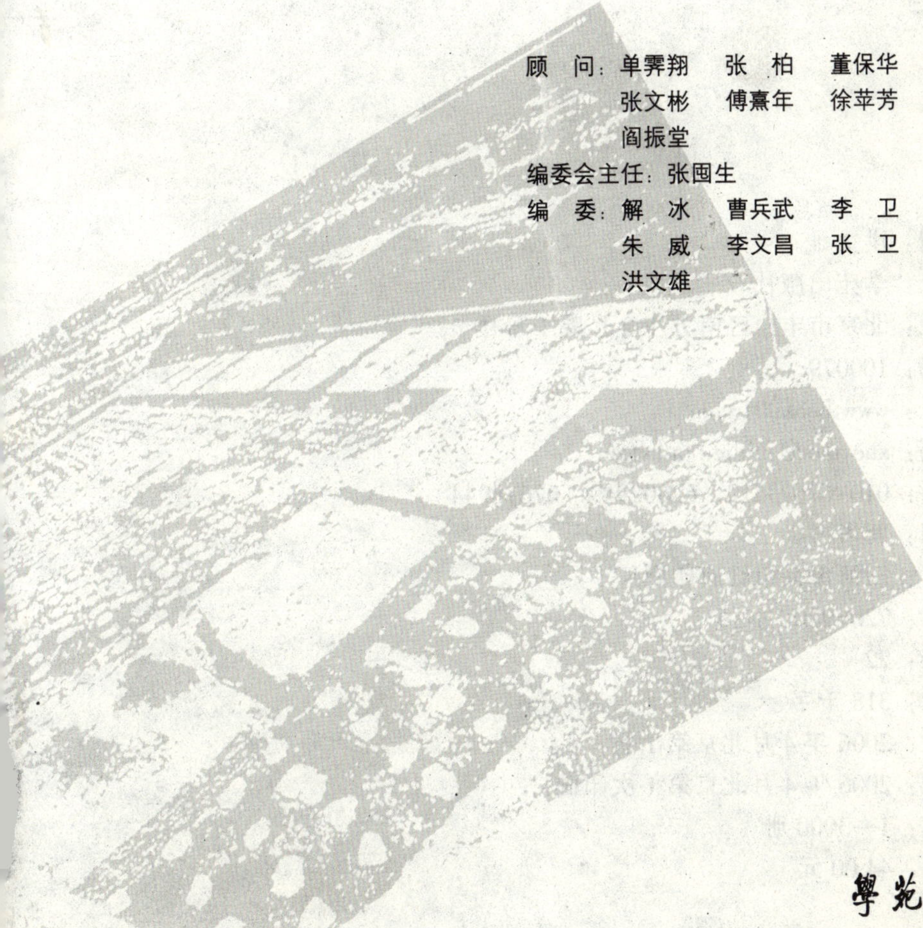

學苑出版社

图书在版编目(CIP)数据

发现中国:2005年100个重要考古新发现/中国文物报社编.-北京:学苑出版社,2006.3

ISBN 7-5077-2680-0

Ⅰ.发… Ⅱ.中… Ⅲ.考古发现—中国—2005
Ⅳ.K87

中国版本图书馆CIP数据核字(2006)第016504号

责任编辑:洪文雄
出版发行:学苑出版社
社　　址:北京市丰台区南方庄2号院1号楼
邮政编码:100079
网　　址:www.book001.com
电子信箱:xueyuan@public.bta.net.cn
销售电话:010-67675512、67602949、67678944
经　　销:新华书店
印 刷 厂:三河市灵山红旗印刷厂
开本尺寸:720×980　1/16
印　　张:22
字　　数:318千字
版　　次:2006年4月北京第1版
印　　次:2006年4月北京第1次印刷
印　　数:1—3000册
定　　价:44.00元

前言

《中国文物报》是一份文物、考古、博物馆行业性的报纸，内容涵盖文物与文化遗产的调查、发现、研究、保护、展示、收藏、鉴赏等各个方面。但是自1985年创办以来，《中国文物报》的读者面基本上局限在行业之内。近年来，一方面随着社会转型，传统建筑与器用的更新换代速度加快，特别是经济开发与基本建设的全面展开，使文化遗产保护传承的形势十分严峻；另一方面随着人们的文化生活、精神需求的提升，也使近年来文物收藏鉴赏、考古发现、文化遗产旅游逐渐成为社会关注的热点。人们藏宝鉴宝赏宝、参观博物馆、参与文化旅游的热情空前高涨，更多的人开始关注文物与文化遗产方面的动态，希望对文物与文化遗产有更多更深入的了解，但是又难以找到权威可信的资料，市场上为数不多的有关图书也是良莠不齐。

为此，在《中国文物报》创刊20周年之际，中国文物报社编辑部和学苑出版社合作编选“中国文物报书系”，一则希望为广大读者提供文物考古博物馆方面内容的精品图书，二则希望以这种方式扩大报纸的影响和文化遗产保护宣传的效果。

书系分为考古、博物馆、文化遗产、收藏鉴赏等几个子系列。《中国文物报》的文章一贯以严肃、科学著称，选编过程中我们好中选好，精益求精，力图为读者提供物有所值的服务。

《发现中国：2005年100个重要考古新发现》是《中国文物报》在2005年期间所报道的考古发现的精选。近年全国各地每年开展的考古发掘项目都在千项左右，但是能够正式出版的发掘报告很少，而且很多发掘在结束多年之后资料也难以发表出来，发挥应有的作用，甚至使科学的发掘变成了科学的破坏活动。《中国文物报》一直想对改善这种状况有所推动，因此，尽量发表所有能够收到的考古发现信息，而且将尽量让考古发掘的领队亲自来撰稿，是报社编辑部的一项制度性要求。每年《中国文物报》和中国考古学会联合举办的全国十大考古新发现评选活动在隆重地向各界推介重大的考古新发现之后，也尽快将有关资料编辑出版。遗憾的是这些活动传播内容和范围仍然是十分有限的。现在我们从每年的考古报道中选择

100个最为重要的汇编成集，纳入到书系之中，既为专业人士较快地全面地检索研究提供方便，也希望让更多的文物考古爱好者从中了解考古出土的新资料及其价值和意义。选编时基本上对原作未加改动，按照发现主体内容的时代早晚编排。尽管每一发现的篇幅不长，但是由于文章多出自考古队长或专家之手，内容应该是权威的，并能够反映发现的主要内涵与意义。文章中常有一些专业词汇和符号，为便于大家理解，特附录几个最常用的于下，以供业余读者参考：

D：柱洞　F：房子　G：沟　H：灰坑　M：墓葬　T：发掘的探方

Y：窑　J：井

编者

2005年10月10日

目录

1

云南临沧硝洞发现旧石器时代早期遗址

临沧位于云南省西南部，毗邻中缅边境。2004年11—12月，云南省文物考古研究所在临沧进行公路基建考古调查与勘探和对相邻地区史前遗址进行调查时，在沧源农克硝洞采集到一批旧石器标本。

硝洞位于云南临沧市沧源县勐省镇农克办事处南约1公里的贺猛河东岸，海拔1195米。当地百姓称之为硝洞，该洞是二叠系灰岩形成的巨型岩厦，洞口朝东北，洞口至岩壁呈斜坡状。大部分地层已被当地百姓在挖肥料和龙骨时破坏，部分地段尚保留着原生地层，含石制品、烧骨、炭屑及化石，文化层厚约2米。该洞于1981年被首次发现，采集到砍砸器、刮削器、尖状器、手斧以及中国犀、黑熊、猕猴、水鹿、麂、牛、獾等动物化石。曾被认为(1982)与旧石器时代晚期遗址相当。

■手镐

■砍砸器

此次考察在该洞扰乱的文化层中采集到砍砸器、刮削器、手镐、薄刃斧，石核等石制品。石制品的原料为花岗岩、玄武岩砾石，加工简单粗糙，单面加工为主，少数两面加工。石制品的平均大小为10厘米。其文化性质应与蓝田人遗址、郧县人遗址和百色盆地的石器相当，初步判断为旧石器时代早期。

农克硝洞是云南省新发现的旧石器时代早期的重要遗址，它的发现与研究为寻找直立人(猿人)化石提供了重要的线索，对研究我国华南与西南地区旧石器时代早期文化和东西方文化交流具有重要意义。

吉学平　马　娟

原载2005年4月29日1版

2

广西百色枫树岛旧石器遗址再次出土手斧

2004年12月—2005年1月，在国家文物局和国家自然科学基金委员会的支持下，由广西自然博物馆主持，中国科学院古脊椎动物与古人类研究所、右江民族博物馆和田东博物馆参与的研究小组，在位于百色盆地西部澄碧河风景区内的枫树岛遗址进行考古发掘，首次从原生网纹红土地层中发掘出土5件手斧以及同层位的12件玻璃陨石，同时还发现近百件包括手镐、石核、石片等石制品。

1973年研究人员首次在百色盆地发现石制品，由于缺乏相关年代证据，石制品的时代被估计在晚更新世晚期；1988年，研究人员在盆地东部的高岭坡遗址发掘出土数百件石制品，从而解决了百色旧石器的层位问题；1993年，又在盆地西部百谷遗址发掘出土石制品和玻璃陨石，通过对与石器同层位玻璃陨石的年代测定为距今73.3万年，解决了百色旧石器的年代问题；2000年，美国《科学》杂志公布的最新研究成果显示：百色盆地旧石器具有类似西方传统阿修尔(Acheuiean)风格的加工技术，同时公布了最新的氩－氩法年代距今80.3万年。由于此研究成果证实东亚旧石器时代早期的人类与西方具有相似的认知能力和石器加工技术，从而对传统的“莫氏线”

■玻璃陨石

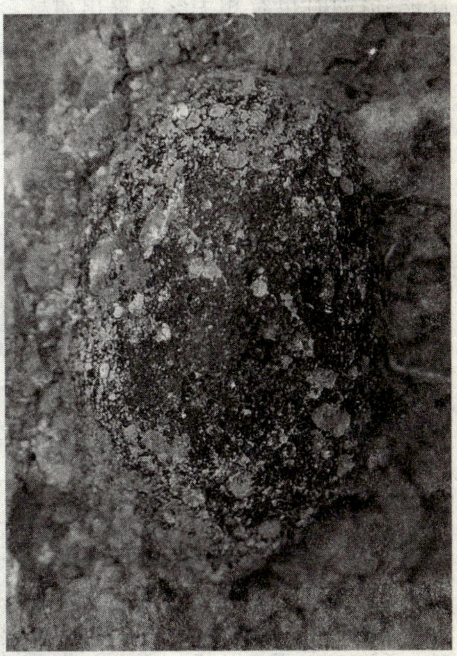

■发掘区

2001和2003年，广西自然博物馆先后2次到该遗址进行调查，在枫树岛遗址北坡被侵蚀的砾石堆积中发现数十件手斧以及一些玻璃陨石。

去年12月，研究小组选择了地层保存完好的遗址东部，布置14个2×2米探方，1个1×8米探槽进行发掘。在探槽的原生网纹红土中发现1件手斧和1件玻璃陨石，距地表50厘米；在探方中发现4件手斧和11件玻璃陨石以及近百件石制品。文化层厚度约1米，玻璃陨石位于文化层中部。散落于地层中的玻璃陨石与石制品一起，构成

理论构成挑战。研究结果发表之后，在国内外学术界以及公众间产生强烈的反响，许多学者对该发现给予积极的肯定，但同时也有相关学者提出质疑。其中主要焦点是百色盆地发现的具有传统阿修尔技术的手斧不是通过考古发掘所得，因此其年代未必和玻璃陨石一致。

枫树岛遗址位于百色市西北约15公里，属于右江支流——澄碧河的第四级阶地。含石制品的网纹红土分布于枫树岛北坡，厚约10米，底部砾石层厚约1米。遗址顶部海拔高度190米。石制品位于网纹红土中部。

■手斧

一个略向北倾斜的层面。玻璃陨石表面锋利,没有搬运磨蚀的迹象。5件手斧均为两面加工，原料为砂岩和火山岩,上面保留网纹红土留下的印记,与百色盆地其他遗址发现的手斧相似。该遗址发现的手斧等与玻璃陨石处于同一层位，因此枫树岛遗址手斧的年代应该与玻璃陨石在亚澳散布区散落的时代一致,为距今70—80万年。

枫树岛遗址首次从地层中通过考古发掘发现手斧，而且与原地埋藏的玻璃陨石位于同一层位，从而进一步证实了百色旧石器的地层和年代,对解决目前国内外普遍关注的百色石器的相关问题具有重要的科学意义。该发现是继从地层中发现石器、从地层中发现玻璃陨石和石器共生之后,百色旧石器研究的又一重要进展和突破。对进一步研究东亚早期人类的起源、演化和相关环境背景具有重要意义。

王　颇

原载2005年5月27日1版

3

安徽宣城麻村羊山发现旧石器早期人类石器制造场

2004年，在配合宣城市至杭州市铁路复线工程文物调查时，安徽省考古研究所在宣城东南14公里的孙埠镇麻村羊山发现面积约10万平方米的旧石器遗址。2004年6—8月对遗址进行野外考古发掘，发掘面积150平方米，出土石制品500多件。石制品主要埋藏在水阳江支流的二级阶地中的网纹红土与均质红土中，阶地相对高度约26米。根据土质颜色和粒度可划分为4层。

麻村羊山遗址文化层含石制品最丰富的是第4层，T3方④层出土了许多石片，并有石核、石锤、砍砸器、尖状器、刮削器、断片、残片，以及大小砾石等；T4方④层见有石核、石片、手镐、直刃砸器等。T3方石制品集中分布在探方东北角，T4方集中分布在西南角，石制品有规律分布，具有一定数量石片废品和石器等，说明该遗址应该是一处人类石器制造场。石制品的用料主要经过河流搬运砾石，成分是石英砂岩、石英岩、含砾石英砂岩、燧石等。石器可分为：大三棱尖状器、手镐、直刃砍砸器、双刃砍砸器、刮削器、尖状器等，器形多样，文化内含丰富。石片基本上是用锤击法打制，多数石片台面属于自然台面。最具特色的是一种尖状器，它是利用三角形砾石从一侧修

■T4 探方④层

■多台面大石核

理，或用小型砾石从两侧进行修理，最终修理出一个尖端。这种尖状器加工方法充分利用了天然砾石的形状，进行巧妙简单的加工而成型，反映当时这一群古人类打制石器技术的熟练性。遗址所发现尖状器占石制品总数6%左右，数量较多，说明这种尖状器可能是当时日常使用频率较高的工具之一。另外遗址发现大石核17件，石料多数为灰褐色燧石砾石，少量为石英砂岩砾石；最大一件多台面石核重达81.25公斤，大小为54.5×47.7×28.5厘米，是我国目前发现的旧石器时代最大的石核之一。石核上从多个方向进行剥片，可见到残留片疤14个，测得片疤长、宽分别在150×200、85×195、155×115毫米之间，打片角度在41°—49°之间。其他一些大石核分别为7.5、17.5、64.5、20.4公斤等。这些石核绝大多数都是多台面石核，有少量的双台面石核，没有发现单台面石核。石核上残留片疤个数在9—22之间，每个石核上都进行多次剥片，剥片角度在20°—62°之间，片疤大小在长185—94、宽200—72毫米之间。这些大石核在打片时无法用手抓起来，只能放在地面上进行，这种打片方法目前在国内还是首次发现。由于地面是作为一种软石砧，从石核上打下的石片不会出现砸击石片的特征，这种打片方法是否可称作砸击法打片还有待研究。

麻村羊山旧石器遗址石制品埋藏在网纹红土与均质红土中，时代与水

■手镐

阳江旧石器地点群相当,根据赵其国、杨浩对宣城网纹红土与均质红土剖面的研究,时代距今73—10万年,因此麻村羊山遗址时代也应在距今73—10万年之间。麻村羊山旧石器文化类型应属南方砾石工业文化，但是它同南方砾石工业文化又有区别，它出现的尖状器和大石核，在南方砾石工业文化中还未发现；它与安徽水阳江旧石器文化在砍砸器方面基本相同，但是水阳江旧石器文化没有尖状器和大石核存在，麻村羊山旧石器文化应属一种有地方特色的新文化。

韩立刚

原载2005年5月6日1版

4

安徽宁国安友庄发现一处旧石器时代早期遗址

2004年—2005年，安徽广德县至宁国市在老公路的基础上进行扩建工程建设。安徽省文物考古研究所与宁国市文物管理所联合进行了文物调查，于宁国市城郊5公里处发现一处旧石器时代早期遗址。

遗址面积约12万平方米，坐落在宁国市中津河的西岸、距中津河100米处的安友庄附近。经过3个多月的野外考古发掘，布探方250平方米，出土石制品198件，分别有石核、石砧、石锤、石片、砍砸器、刮削器等。

遗址地层共分6层。石制品主要分布在④⑤⑥层中，土质为黄色亚黏土与网纹红色亚黏土。石制品所用原料均是从中津河中采集的鹅卵石，料质包括石英砂岩、石英岩、硅质岩，以及少量的长石石英砂岩。制造工具的打片方法以锤击法为主，也有砸击法。由于遗址主要用鹅卵石制造的大型砍砸器作为主要工具，可称它为旧石器时代砾石工业文化。

■手镐

砾石工业文化主要分布在我国秦岭以南地区，安友庄遗址工具组合应属南方砾石工业文化。砾石工业文化目前所发现打片方法主要是锤击法，但是在安友庄遗址发现一件石砧，石砧长16、宽11、厚7厘米，中部保留集中砸击凹坑，说明该石砧经过多次利用

■凸刃砍砸器

进行砸击石片加工。在石砧周围分布有零星散落的石片。在南方砾石工业文化中,以前还没有发现过石砧。安友庄石砧的发现在南方砾石工业文化中尚属首次,证明砾石工业文化不仅存在锤击法打片,同时存在砸击法打片。

■石砧

遗址出土的石核有单台面、双台面和多台面，剥片利用率高，片疤长0.5—10、宽0.3—6厘米。砍砸器有手镐、直刃砍砸器、凸刃砍砸器。修理刃口多运用锤击法。刮削器数量少,仅发现4件,有凹刃、直刃、凸刃3种,主要用石英砂岩石片制作，刃口用锤击法修理。石锤2件,为长条形鹅卵石,下部留有锤击的坑点与碰撞的小片疤。石片24件，多数保留着自然台面,背面多数保留石皮。有少量石片风化较为厉害,打片角度45—60度。

从安友庄旧石器遗址发现石砧、石锤、石片等工具组合,证明该遗址是一处旧石器时代人类制造工具的活动地点。安友庄遗址文化主要分布在网纹红色亚黏土中，根据长江中下游第四纪地质研究，网纹红土形成时代在中更新世，时间大约从73—40万年。该遗址属旧石器时代早期遗址，文化类型属南方砾石工业文化，最具有价值的石砧发现说明运用砸击法打片与北京周口店猿人遗址时代相当。

韩立刚　吴　强

原载2005年11月11日1版

5

湖北郧西黄龙洞考古发掘再次出土人化石和文化遗物

2004年6—8月，湖北郧西黄龙洞抢救性考古发掘中出土3枚古人类牙齿化石（见本报2004年11月5日报道）。11—12月，在同一地点(YHNI区)后续发掘中，又出土2枚人类牙齿化石，新发现20多件石制品，还有骨制品和大量动物化石。

新发现的2枚人类牙齿化石，一枚为左上颌第三臼齿(左M3)，另一枚为左上颌外侧门齿(左I2)。2枚牙齿化石保存完整，石化程度与同层其他动物化石一致。臼齿磨耗较轻，门齿磨耗较重，2枚牙齿化石分属于2个个体。左上颌第三臼齿比直立人和早期智人略显退化，形态特征属于晚期智人。上门齿测量尺寸在早期智人与晚期智人之间（偏向于晚期智人），具有典型的铲形结构。

发现了20多件石制品，是前期发掘中所没有出现的。石制品主要为使用器具类，包括有石锤、手镐、尖刃器、砍砸器、刮削器、使用石片等。原料有碧玉岩、石英岩、流纹岩、燧石、砂岩等。器形有大有小。石器加工一般比较细致，刃形比较规整。加工方式以向背面单向加工为主，也有用硬锤复向加工的。石器修理疤痕多在2层以上。骨制品也主要为使用性器物，均用硬锤打制而成，器形较大，刃形比较规则，包括尖刃类和宽刃类2种。

和人类牙齿化石同层出土的其他动物化石种类较多，经初步鉴定，计有安氏猕猴、螃蟹、印度假吸血蝠、普氏蹄蝠、马铁菊头蝠、变异仓鼠、绒鼠、鼯鼠、岩松鼠、刺猬、豪猪、竹鼠、最后鬣狗、豺、狼、猪獾、果子狸、大熊猫、洞熊、黑熊、华南虎、野猫、东方剑齿象、

■黄龙洞遗址远眺

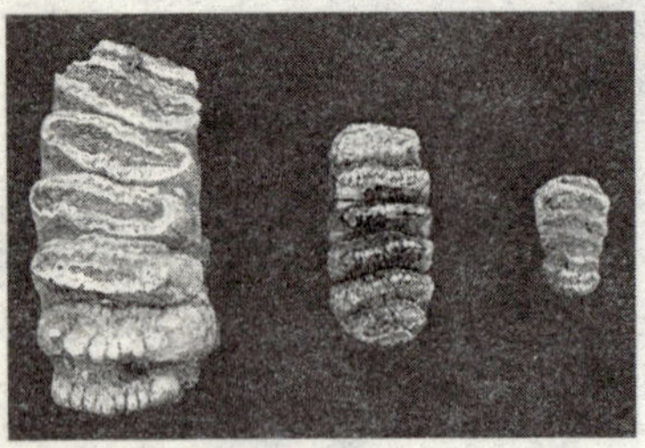

■伴生动物群化石

中国犀、基氏贝尔格犀、华南巨貘、野猪、林麝、赤麂、獐、水鹿、梅花鹿、青羊、羚羊、苏门羚等等，数量逾600余件。动物群的基本特征，表现出我国南方大熊猫——剑齿象动物群的特点。发掘中进行了较细致的筛选，发现了许多小动物种类。其中有些小型动物化石种类，可能是在大熊猫——剑齿象动物群中首次出现。印度假吸血蝠可能是我国古文化遗址中首见的，该动物只生存于阔叶林带的洞穴里。普氏蹄蝠是生活于南方宽大、多层、有地下河道的洞穴翼手目。新认识的某些动物化石种类，为研究黄龙洞遗址的原始环境提供了很有价值的信息，同时也增添了人们对大熊猫——剑齿象动物群的新认识。

■手稿

发掘中没有发现石器制作过程中的备料、废弃品或碎屑片等。并且人类化石、动物化石、文化遗物等均集中地分布于洞穴深处(距洞口约140米)。而在宽大的洞口附近，则没有发现古人类活动遗迹。黄龙洞洞口朝向东北，宽大的洞口附近在冬季时，洞内外的温度相近。洞外冬季结冰，洞口内也结冰。只有在集中分布化石和文化遗物的洞深处(YHNI区)，冬季时较温暖（一般为

■新发现的人臼齿化石

■新发现的人门齿化石

18.3℃左右)，与洞口附近气温差别很大，因此，集中发现化石和文化遗物的YHNI区，可能是当时古人类在该遗址活动的中心区域。综合考虑古人类活动中心区域所在位置、遗址文化遗物组成特征，以及洞口朝向、洞穴形态、洞口附近冬季气候特点等，黄龙洞古人类遗址可能是古人类在此地活动的

一个季节性遗址。

黄龙洞遗址出土5枚人类牙齿化石，牙齿化石特征与中国现代人关系比较紧密，属晚期智人。从人类化石石化程度、伴生动物群特征、出土地层结构、洞穴相对高度等迹象综合观察，黄龙洞古人类遗址应属于晚更新世。铀系法测年校正结果为距今94000年。目前可以认为，黄龙洞古人类遗址是中国和东亚最早的晚期智人遗址。

武仙竹

相关链接——

晚期智人亦名现代智人(modern H.s.)，即解剖学上的现代人。南非等地区因发现有一些距今约一、二十万年的晚期智人遗址，因此非洲被某些人类学家认为是全世界现代人发源地。中国及东亚虽然发现有较多古人类化石，包括直立人、早期智人化石等，但缺少晚期智人较早阶段的化石。因此，在中国或东亚寻找距今4—10万年间的古人类化石，被认为是解决中国或东亚现代人来源的基础。在东亚，较早的晚期智人地点较少，有中国柳江人(距今约6.7万年)、加里曼丹的尼阿洞人(距今约4万年)。另如中国资阳人(距今约3万年)、日本港川人(距今约2.5万年)等都在4万年以下。晚期智人较早阶段化石的稀少或缺失，成为中国和东亚人类连续演化理论之障碍。湖北郧西黄龙洞遗址出土的晚期智人化石，显示了从“北京人”至现代中国人之间演化特征上的连续性（如上外侧门齿的铲形结构等）。所出土文化遗物，表现了我国从旧石器时代早期至旧石器时代晚期的文化传承性。如手镐、砍砸器、刮削器、使用石片等，均是我国旧石器时代器物组合中常见器类。其用硬锤向原型背面打击修理、单向加工和复向加工的加工方式等，也都是我国旧石器时代文化中的常见特点。该遗址不仅可从人化石上研究早期智人向晚期智人的演化，而且还可从文化遗物上研究远古文化的传承。这种人化石和石器伴生的综合性研究，比仅从人化石演化或石器文化传承等单方面研究具有更大的价值。

黄龙洞古人类遗址的发现，填补着东亚早期智人向晚期智人演化过程中的缺环位置。对研究中国和东亚人类的连续演化、中国和东亚现代人的来源等具有重要意义。

原载2005年1月19日1版

6

河南许昌灵井发掘旧石器时代晚期遗址

灵井遗址位于河南许昌市西北约15公里的灵井镇西侧，1965年，古人类学家周国兴先生从村民挖井挖出距地表深约10米的堆积物中采集到一批动物化石、细小石器及打制石器，认为灵井遗址为“中石器时代”的代表遗址，引起了考古界的重视，后公布为许昌市文物保护单位。但在之后的40年中，灵井泉水一直处于喷涌状态，出露地层全部被水域覆盖。2005年4月，因附近煤矿透水，致使灵井等一批泉水断流，河南省文物考古研究所报请省和国家文物行政主管部门批准，会同许昌市文物部门对这处重要的史前文化遗址进行抢救性发掘。共发掘出旧石器时代晚期石器、骨器制品2000余件，其中磨制石器和骨器15件，并首次发现旧石器时代晚期的磨制雕刻器。

文化遗物集中在距地表深4.2米、上下2层沉积物中。

■发掘现场

上文化层出土的石器有砾石石器和细小石器2种。砾石石器占石器总量的40%左右。石料主要为各类石英岩，尺寸较大，同南方主工业和洛河上、中游代表性石器类似。石器类型有石核、石片、砍砸器、刮削器和石锤。典型的石锤一般由石核转化而来，原料为石英质。石器个体较小，个别标本在1平

■骨器

方厘米以下,重约0.5—1克,可称得上“微型石器”,且制作精细。多数标本在石料或石料一边或一端加工,其他部位一般不做修理,形状多不规则。细小石器原料以石英为主,优质的燧石、水晶原料做成的石器数量较少。石器类型有雕刻器、各式刮削器和尖状器。雕刻器较为典型,数量较多,有屋脊形雕刻器和斜边雕刻器等种类。国内占数量较多的圆头刮削器在该地层中数量较少。精细加工的石器多用小砾石石片或石核做成,不少标本上分布有砾石面。传统观点认为南北方石器工业的区别是,南方为大型砾石石器工业,北方为石片石器和小型石器工业,虽然2种工业技术在灵井并存,但不能仅看到灵井处于南北方的过渡地带,石器原料决定技术的因素尤其不能低估。

下文化层同上文化层比较,大型砾石石器明显减少,局部磨制的石器和骨器增多,并有大量使用痕迹的骨器出土。其中一件典型的磨刃屋脊形雕刻器,为国内仅见,这件石器由石英石片加工而成,在石片的远端用传统雕刻器打法制成屋脊形,施以磨制技术,形成平齐刃缘。尾部较长,修理粗糙。有些石核台面有摩擦痕迹,以局部磨制为主,台面通体磨制仅一件,并发现有用燧石核工作面作磨器的标本,这种情况在全国同类遗存中似不多见。出土的骨料80%以上有人工痕迹,磨制骨器主要出土于下文化层下部。经初步观察,磨制骨器主要集中在尖、刃部位,有些制成小雕刻器。作为间接制法的中介物和压制法修理石器的工

■楔形石核

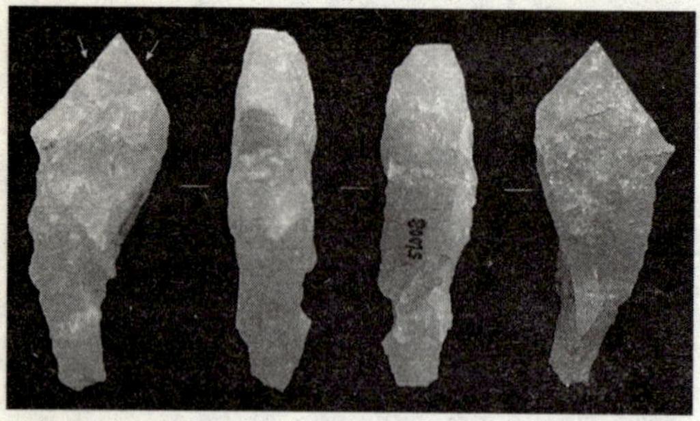

■磨制雕刻器

具,在该遗址中也有发现,一般用鹿角和食肉动物的胫骨顶端为材料,这类器物在其他遗址中似不曾见到。截尾技术普遍使用,不少标本尾部截取痕迹清晰。部分标本有明显的使用痕迹。下文化层文化遗物由上而下有逐步增多趋势。

灵井遗址出土的动物化石主要有牛、野马、野猪、貘、赤鹿、啮齿类、鸟类等20余种。以食草动物和杂食动物为主,肉食动物较少,仅在骨制的工具中见到。出土的骨骼多有人工痕迹,另筛洗出大量制作工具的骨渣、碎片。骨骼以牙齿、椎骨、趾骨、肋骨居多,长骨除骨器和加工废料以外几乎不见。有些标本出土时周围有零星的石片,骨骼的划痕同石片刃缘一致,应为剔肉所遗留。

灵井遗址文化层上部的钙板层应是区域环境和气候的标志,它同大岗遗址的黑垆土、南阳盆地上部地层中的结核砾石层和灵井遗址周围地层广泛出露的小砾石结核层一样,应为全新世气候转暖的产物,可判定为更新世和全新世的界面。倘若如此,灵井遗址最晚应在距今1万年以前,这一点从某些出土的动物化石属更新世的灭绝种得到印证。从地层上观察,灵井的钙板层同新石器文化层中间有约3米厚的地层,既不包含新石器遗物,也不见旧石器时代遗物,这可能是代表猎人文化的灵井人随着全新世气候转暖而北上,而南方来的新石器早期文化,循着砾石文化向北传播的路线到达本区之前的缺环。

灵井遗址是国内首次发掘的以泉水为中心,包括湖相、漫滩相(湿地)堆

■尖状器

积物为背景的旧石器时代晚期遗址，是人类狩猎、肢解动物、加工兽皮、石器、骨器的工作营地，属原地埋藏类型。灵井遗址是华北地区文化遗物和包涵信息最丰富的遗址之一，它有着较大面积的原生地层和丰富的遗物，相信随着工作的深入，可能会确定该遗址在探讨某些重大学术问题中的重要地位。

李占扬　毛德新　郑明煜

原载 2005 年 9 月 23 日 1 版

7

黑龙江十八站旧石器遗址发掘有新收获

2005年5—6月,中国科学院古脊椎动物与古人类研究所和黑龙江省文物考古研究所组成考古调查发掘队,对黑龙江省塔河县十八站旧石器时代遗址进行了复查和小规模发掘,获得了一批石材良好、打片和加工痕迹十分清晰的石制品,并进一步确认了该遗址的地层堆积情况和文化遗物分布范围。

十八站是以清代驿站而得名,其所在地现隶属黑龙江省塔河县十八站林业局和十八站鄂伦春族自治乡管辖。遗址坐落在黑龙江支流呼玛河左岸二级阶地上,地处大兴安岭北坡山地。海拔高度约300米。1975—1976年,中国科学院古脊椎动物与古人类研究所首次发掘了这处遗址。当时共发现4个地点,由最西部的75072号地点至最东部的红旗大桥地点分布范围约10公里。

■发掘现场

此次发掘的位置在75075号地点第二级阶地顶部,南距阶地的前缘15、东距第一次发掘的探方约150米,地表为疏林和草地。发掘面积16平方米。这里的地层堆积情况简单而清晰,以探方西壁剖面为例,由上至下:第1层为全新世黑土层,含大量草根和腐殖质,厚0.1—0.15米,未见文化遗物;第2层为更新世晚期的黄土状亚黏土层,厚0.3—0.5米,含石制品,不含陶片;第3层为更新世晚期的黄土状亚黏土夹小砾石层,砾石直径一般5—8厘米左右,含石制品,不含陶片,厚0.2—0.3米;第4层为黄色风化砂层,厚0.5—1米,上部含稍大的扁平状砾石,均水平放置,最大的一件砾石长

■大石核

■大石片

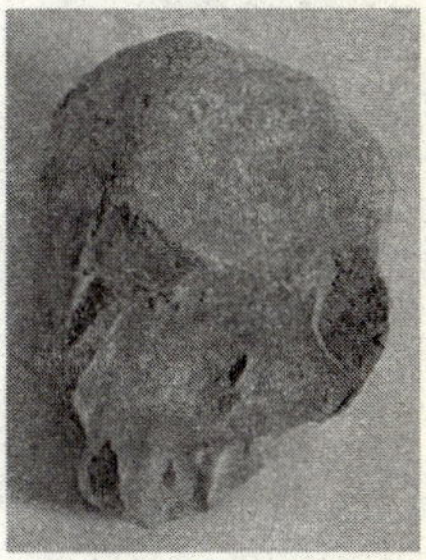

■砍砸器

17、宽14、厚4.5厘米，未见文化遗物。以上第2、3层为旧石器时代晚期原生文化层，其中第2层黄土状亚黏土系风成黄土，在二、三级阶地上部有着广泛的分布，有的地方厚达数米以上；第3层夹有小砾石的黄土状亚黏土层的形成受到一定程度的水流作用影响，但该层中出土的石制品与第2层出土的一样，边刃锋利，没有经过远距离搬运而磨圆的现象。

此次发掘出土的文化遗物均为石制品，共41件。种类有普通石片、石叶、石核、刮削器、砍砸器等，石料多以坚硬且劈裂性能良好的灰色燧石为主，也有少量灰绿色硅质岩。石制品形体较大，未见细石器；打片和第二步加工主要以锤击法为主，并存在间接打击法和软锤修理技术；石叶较宽，约2厘米左右，有的背面带有1或2道纵脊，横断面呈三角形或梯形，有的两端被截断；第二步加工多为单面正向修整。考古队员们还在呼玛河左岸的二级阶地上采集到石制品标本50余件，其中有一件两面通体压修的椭圆形两面器和一件大型的石核砍砸器。

通过此次对十八站旧石器时代晚期遗址的复查和发掘，不但获得了一批石器标本，更重要的是找到了单纯的旧石器时代晚期原生文化层堆积。地层内出土的形体较大的石制品加工技术古拙，并不与细石器和陶片共生的事实进一步确认了十八站遗址的文化性质，而且在地层上将旧石器时代晚期的石制品组合与相对较晚的细石器和陶片区别开来，对该遗址的进一步深入研究有重要意义。

于汇历　张晓凌

原载2005年11月18日1版

8

天津蓟县发现二十七处旧石器地点

2005年3—5月,天津市文化遗产中心在蓟县北部地区开展了旧石器考古专题调查。通过调查共发现旧石器地点27处,分布范围覆盖蓟县下营镇、孙各庄满族自治乡、罗庄子乡、官庄镇、邦均镇、城关镇等6个乡镇,采集到各类石制品1000余件。

这些旧石器地点绝大多数属于山前台地、河流的二级阶地,只发现官庄野沟一处地点位于相对孤立的小山丘上。在调查中发现,多数地点地表以下含有砾石层,在砾石层下部分布有厚度不等的黄土层,也有少数地点地表以下单纯为黄土堆积。石制品有地表采集的,也有砾石层和黄土层中出土的。采集到的石制品原料以燧石为主,也有少量用石英、石英砂岩等原料加工而成,但在官庄野沟地点发现的石制品几乎都是石英质料。这些石制品人工痕迹清楚,类型丰富。工具以数量较多的各种类型刮削器为主,还见有尖状器、钻器、砍砸器及石核、石片、残片、断块、碎屑等,在一些地点还发现有少数细石器石核和若干不典型的细

■TZL0501 采集石制品

■ZYT0501 地点采集石制品

■Y1Y0501 地点剖面

现,是半个世纪以来天津考古的重大发现,不仅填补了天津地区旧石器考古的空白,而且将天津市域的人文历史提前到距今 1 万年以上。

中国科学院古脊椎动物与古人类研究所的旧石器考古专家认为蓟县这次旧石器考古调查，方法科学，从某种意义上来讲,最后消灭了以省、直辖市为区域单位的旧石器考古空白区,是天津考古学史上重要的发现。

盛立双

原载 2005 年 6 月 24 日 1 版

石叶，表明这个地区旧石器文化的多样性。从石器加工技术来看,除细石器以外,其余几乎都是直接打制的;修理方式主要有向背面加工、向正面加工、错向加工、复向加工、交互加工等技法。此外,还发现有少量用砸击法加工的石器。

目前根据采集到的石制品标本及其出土地点的地貌特征初步推断,这些石制品的年代为旧石器时代晚期，距今 1—10 万年，属于中国北方小石器传统。这次调查还发现了旧石器晚期至新石器早期的地点,为探讨新、旧石器时代的过渡提供了重要线索。

蓟县旧石器地点及人工制品的发

■XY0502 地点采集砍砸器

9

浙江嵊州小黄山遗址发现新石器时代早期遗存

2005年3—8月，浙江省文物考古研究所会同嵊州市文物管理处抢救性考古发掘了小黄山遗址。小黄山遗址位于浙江嵊州市甘霖镇上杜山村小黄山，1984年嵊州市文物管理处文物普查时发现。今年元月，浙江省文物考古研究所在曹娥江流域史前文化遗址专题考古调查时，在砖瓦厂取土残留的断面上发现该遗址下部堆积为新石器时代早期遗存，确认小黄山遗址文化堆积丰厚，年代跨度大，延续时间长。此次发掘面积近1000平方米，分A、B区。揭示大量储藏坑等遗迹，出土石磨盘、磨石、夹砂红衣陶盆、罐等器物数百件和大量石料、陶片标本。

小黄山遗址A区，发掘前系竹园，史前文化堆积上有厚2—3米的堆土，这些堆土系唐宋时期埋墓筑坟封土和后期竹园增土形成。史前文化堆积厚1—3米不等，文化内涵大体分为3个阶段，第三阶段为良渚文化晚期遗存。第二阶段遗存系沟状堆积，堆积厚近3米，该阶段遗存在B区没有发现。第一阶段遗存主要是储藏坑等遗迹。

■已发掘四分之三的储藏坑

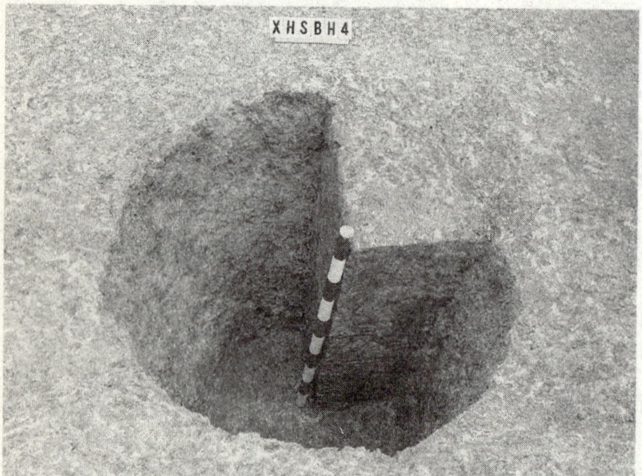

小黄山遗址B区，发掘前为近现代墓葬区。史前文化堆积厚1—2米，文化内涵也可

区分为3个阶段，第一、三阶段遗存文化面貌、内涵特征同A区第一、三阶段，第二阶段堆积为A区所未见。整合A、B区的地层叠压关系及堆积的文化内涵，小黄山遗址史前文化堆积文化内涵分成4个阶段，第四阶段堆积为良渚文化晚期遗存。前3段遗存为小黄山遗址堆积的主体，文化内涵丰富，自身特征鲜明突出。

■穿孔石器

第一阶段 以B区5、6层及相关遗迹单元为代表。发现大量可能用于储藏的深土坑，储藏坑多为方形或圆形，坑壁陡直规整，坑底平整，直径(边长)1米左右，B区H12直径1.9、深1米左右，容积近3立方米；部分储藏坑上口为长方形，下部圆形，坑底置放石磨盘；个别土坑口小底大略呈袋状；部分储藏坑存在类似台阶现象，可能为了存放取用上下方便。BH9、BH10、BH17储藏坑紧密相连并落在一个更大的浅坑内，大坑套小坑。BH12储藏坑周围发现分布比较有规则的柱坑类遗迹，分析推测储藏坑上当有简陋棚篷建筑覆盖。在B区H12下方还发现烧火遗迹，清理情况与一般的火塘、灶坑遗迹不同，既不是平面上的烧结面，也不是地灶的圆形火塘。烧火遗迹位于一浅沟(槽)内，保存较好的一处底部烧结面范围30×25厘米，靠下方(边缘)烧结面逐渐趋薄，烧结程度较差，靠上方烧结面陡直清晰，高约12、厚近2厘米。结合第一阶段无一釜支架出土、陶釜数量不多，又很少发现烟炱等现象，推测所发现的烧火遗迹可能不是用于陶釜的炊煮，而很可能与烧烤有关。B区T1，还发现长方形竖穴土坑墓一座，头向东，墓坑长140、宽60、深20厘米，头侧发现夹砂红陶平底罐、夹炭红衣陶圈足盆随葬陶器各一件，夹炭红衣陶圈足盆下发现一片残损腐蚀很严重的颅骨。平底罐外表肩部以下有竖向细绳纹，上腹部有戳点纹。A区发现的建筑遗迹也很值得探讨，在东西向大灰沟北侧有宽5米阶地，阶地北侧是高近1米的陡直的生土台，紧贴生土台挖有深约15、宽30厘米上下的排水沟，阶地、沟内和生土台上都发现圆形柱坑，柱坑沿沟排列有序，揭示的柱坑显示当时临沟有一排长25米以上的以生土为后墙的“半地穴”建筑。

由于酸性土壤的埋藏环境条件，出土遗物陶器、石器大宗，有机质遗物发现很少。陶器中夹砂红衣陶占绝大多数，夹砂颗粒比较均匀，磨圆度高，应系直接采自河漫滩的河沙。陶器胎壁粗厚，制作原始。平底器、圈足器为主，圜底器不多，不见三足器。器种单调，盆、盘、钵、罐、釜为基本陶器群，盆、盘、钵数量多，形态丰富。绝大部分陶器素面红衣，少量陶器口沿部刻划网格纹，绳纹少见。陶器口沿、肩腹部流行把手（鋬）或系。夹砂红陶敞口平底盆形态特征和距今万年左右的浦江上山遗址出土夹炭红衣陶平底敞口盆十分相似。石磨石、石磨盘出土数量最多，石磨石形态丰富，玄武岩质地的饼型（块状）最具特色，磨石质地粗细差别明显，磨石一般1—2个磨面，不少磨石有3个磨面；而硅质岩质地的长方形磨石一般为正反2个磨面，两端常有锤击形成的崩疤；还有一类杵状磨石。燧石质石锤数量不少。石磨盘玄武岩质居多，玄武岩质地者完整的很少，多为长期磨损碎裂或因锤击断裂的残件；非玄武岩质地的石磨盘多完整，最为完整的一件石磨盘重30公斤。不同形态的磨石、石锤与石磨盘配合使用，脱落、研磨、锤击加工不同的坚果、块茎植物或砸击水生动物取食其肉、敲击动物骨骼吸食骨髓。磨制石器数量不多，岩性以凝灰岩、硅质泥岩居多，截面椭圆形的石斧多见，通体磨制，残损严重。穿孔石器及便于捆绑的石球也很具特色，尚不知其确切的用途。第6文化层还出土石雕人首一件，高7.6厘米，利用玄武岩质砾石运用钻、刻、掏挖等工艺成形，形象传神。

第二阶段 堆积主要分布在B区，以B区4层堆积为典型考古单元。与第一阶段相比较，文化面貌基本一致并有所变化，发展演变轨迹明确，脉络清晰。变化主要表现在陶器方面，夹砂灰陶数量明显增加，陶器胎壁趋薄。器类上平底器、

■夹砂红陶小平底盆

圈足器常见,圜底器数量增加,三足器不见。除盆、盘、钵、罐、釜等第一阶段陶器外,新出现敛口钵、双腹豆、夹砂灰陶折肩卵腹绳纹釜、甑等新因素,新出现陶器的形态特征,交错拍印绳纹、镂孔放射线和红底白彩的装饰风格等与萧山跨湖桥类型文化同类陶器十分相似,甚至完全相同,而陶器成型方法等方面表现出更为古老的文化特征。两者间应存在某种传承发展关系。

第三阶段 堆积仅在A区发现。在第二阶段的基础上又有新的发展。石器变化不是很大,地层中出土大量采自河漫滩的砾石料,许多砾石上边缘留有人工使用类似刃部的痕迹,据分析大部分应该是信手拿来使用随意抛弃的,部分可能是特意加工的具有明确刃部的砾石器。陶器中夹砂灰陶为主,少量夹炭陶。夹炭红衣陶红色艳丽,夹炭黑陶黑色乌黑纯正。圜底器、平底器、圈足器常见,不见三足器。夹砂灰陶圜底釜、双鼻与口部齐平的平底罐、平底盆、平底盘、钵和小杯常见。陶盆形态趋小,陶釜、陶罐器形明显变大,釜上绳纹流行;平底盘手捏成型,工艺原始,外壁残存制作陶器时草刮痕迹。

小黄山遗址3个阶段遗存地层叠压关系清楚明确,文化面貌丰富,文化内涵早晚传承演变轨迹清楚,阶段性特征明确,系同一文化的不同发展阶段,自身特征鲜明突出。根据地层叠压关系和器物型学的排比研究,第一阶段文化内涵与浦江上山遗址相近。第二阶段遗存文化内涵中存在不少萧山跨湖桥文化因素,文化面貌总体上较跨湖桥更为原始和古老。第三阶段遗存和跨湖桥文化也有相当多的可比性;绳纹圜底釜、双鼻平底罐与河姆渡文化同类陶器也有某些雷同之处。经北京大学考古文博学院科技考古与文物保护实验室对第三阶段的A区H1出土夹炭陶标本的 ^{14}C 测定并经树轮

■石锛

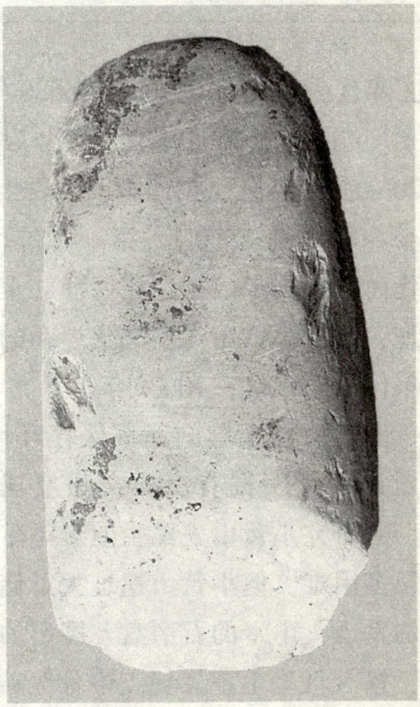

■第一阶段的石雕人首

校正年代为公元前6820—前6680年，A区5层木炭树轮校正年代为前6020—前5985年。据此第三阶段年代距今8000—前8800年，第一、二阶段年代尚没有测定数据，比照浦江上山遗址，推断小黄山类型文化遗存的相对年代距今8000—10000年上下。

由于酸性土壤的埋藏保存环境，小黄山遗址发掘有机质文物发现很少，对研究小黄山先民生业形态带来了很多困难，但小黄山遗址大量储藏坑的发现，丰富的石磨盘、磨石的出土，据B区坳毛蓬发掘点牛骨等动植物遗存的发现推断：小黄山先民已进入定居生活阶段，采集、狩猎是小黄山先民主要食物来源，生业形态适应依山傍水动植物资源十分丰富的自然生态环境。A区地层中稻属植物硅酸体的大量发现表明小黄山先民已经栽培或利用水稻。

跨湖桥遗址、浦江上山遗址的发现揭示了浙江省新石器文化的多元性和复杂性。小黄山遗址发掘，则揭示和确立了上山类型阶段遗存和跨湖桥文化阶段遗存地层上的叠压关系，将年代差距2000年、文化内涵难以比较联系的2个古老文化有机联系起来，“盘活”了浙江省早期新石器时代遗址分布格局，将浙江省早期新石器文化的探索研究推向一个全新的高度，为进一步认识和把握浙江乃至整个东南沿海地区新石器文化源流及其发展演变提供了可靠地层学依据、丰富的实物资料和全新的平台。水稻遗存的发现，对农业起源特别是稻作农业起源研究具有重大学术意义。

小黄山遗址发掘，第一阶段夹砂红衣陶多角沿盆等陶器形态上与河姆渡文化早期多角沿盆很相似，第三阶段最具特征的双鼻罐、平底盘也与河姆渡文化的代表性陶器双鼻罐、平底盘具有某种传承发展的内在联系。据此推断小黄山类型文化遗存是河姆渡文化重要的来源之一。

小黄山遗址新石器文化早期遗存保存之完好，储藏坑发现之多，石磨盘、石磨石出土数量之丰富为江南地区新石器时代遗址所罕见。6层出土的石雕人首距今年代在9000年上下，应是我国新石器时代遗址考古中发现的时代最早的石雕人首，具有很高的艺术研究价值。

小黄山遗址是曹娥江流域发现的时代最早的新石器时代遗址，是曹娥江流域乃至浙江省及东南沿海地区新石器时代考古发掘研究的重大突破。小黄山遗址发掘为跨湖桥文化的来源去向这一困扰考古界多年的重大学术问题的重新讨论研究，提供了全新的视角和崭新的资料。

张　恒　王海明　杨　卫

原载2005年9月30日1版

10

北京东胡林遗址发掘再获丰硕成果

东胡林遗址位于北京市门头沟区斋堂镇东胡林村村西清水河北岸的三级阶地上，是重要的新石器时代早期遗址。经国家文物局批准,由北京大学考古文博学院和北京市文物研究所共同组成的考古发掘队曾于2001和2003年先后对东胡林遗址进行了发掘,获得了重要成果。发掘出土了比较丰富的打制石器、细石器及大量的动物遗骸,也发现了一定数量的陶片、骨器与蚌器等文化遗物。发现的遗迹有分布密集的火塘、石器加工场所以及一座完整的新石器时代早期墓葬。保存完好的古人类遗骸的发现填补了北京地区自山顶洞人、田园洞人(距今约2—3万年前)以来,北京地区人类发展史的一段空白。发掘中浮选出的丰富的动植物遗存为研究北京地区新石器时代早期人类的生存环境及人地关系提供了十分重要的新资料。经北京大学考古文博学院科技考古与文物保护实验室测定，东胡林人及其文化遗存的年代在距今1万年前后，属新石器时代早期。

■大蚌壳出土情形

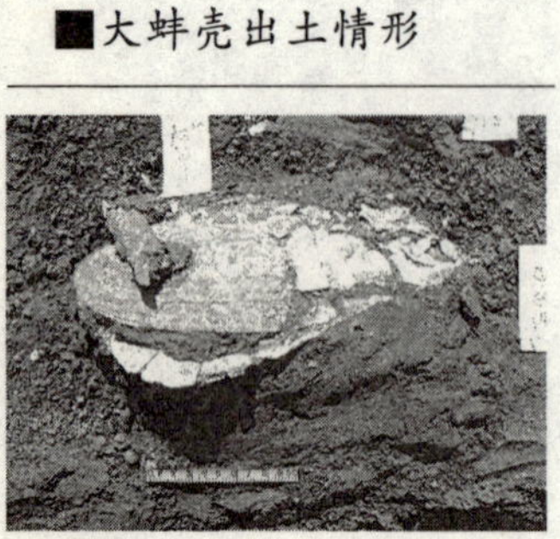

2005年9月底—11月初,东胡林考古队对遗址进行了第3次发掘,发掘面积共80余平方米。此次发掘除获得一批重要的文化遗物外，还发现了灰坑、火塘、墓葬等遗迹,取得了十分重要的成果。

发现的文化遗物包括了打制石器、细石器、小型磨制石器、陶器、骨器、蚌器、赤铁矿颜料以及数量较多的鹿、猪等动物的骨骼(包括烧骨)和大型蚌壳等。打制石器主要有石片、石核、砍砸器、尖状器等,其原料主要为凝灰岩、砂岩、页岩、石英等,大多取自就近的河滩。细石器有石核、石叶、雕刻器及数量较多的石屑等，其原料主要为燧石；磨制石器有磨制的小型石斧以及琢磨成型的石磨盘、石磨棒、小型石容器等。陶器均为夹砂陶，胎厚薄不一，以夹粗砂的厚胎陶数量为多；器表颜色不匀，以灰褐陶为多；多为素面，纹饰有绳纹、附加堆纹等。可复原的器型为直壁平底盂形器。骨器有锥、鱼鳔、骨梗刀等，骨梗刀制作较精，发现时仍有细石片嵌在骨柄槽中。蚌器主要是穿孔蚌饰。赤铁矿颜料有的有明显的研磨痕迹。研磨赤铁矿颜料的磨石此次又有新的发现。

此次发掘又发现新石器时代早期墓葬一座，墓葬保存完好，系土坑竖穴墓，葬式为屈肢葬，与2003年的一座不同。在墓主人的头部发现随葬的一件磨光小型石斧，这是新的发现。根据地层关系看，此次发现的墓葬在时代上要晚于2003年的一座墓葬，但仍属新石器时代早期墓葬。颈部及胸腹部发现有多枚穿孔小螺壳，应为墓主人生前佩挂之物，这种在人体骨骼上发现穿孔螺壳的情况已见于此前发现的东胡林人墓葬中，但在墓葬中随葬磨光小石斧的情况则是新的发现。

■可复原陶器

■墓葬

此次发现的墓葬是东胡林遗址发现的第2座保存完好的新石器时代早期墓葬，为研究东胡林人及其文化又增添了新的宝贵资料。虽然，自1966年以来东胡林遗址已发现了代表不同个体的人类遗骸多具，但因群众取土等原因，使墓葬受到干扰而保存较差，人类遗骸或肢体残缺不全，或脱离了原来地层，这对了解东胡林人的埋葬习俗及恢复东胡林人的面貌带来一定的困难。2003年及2005年发现的2座墓葬，保存完好，葬式清楚。不仅可以丰富对东胡林人埋葬习俗的认识，也为北京乃至华北地区新石器时代早期人类的研究（包括体质人类学、遗传学、古病理学等）提供了不可多得的科学资料。

本次发掘的另一重要收获是在原

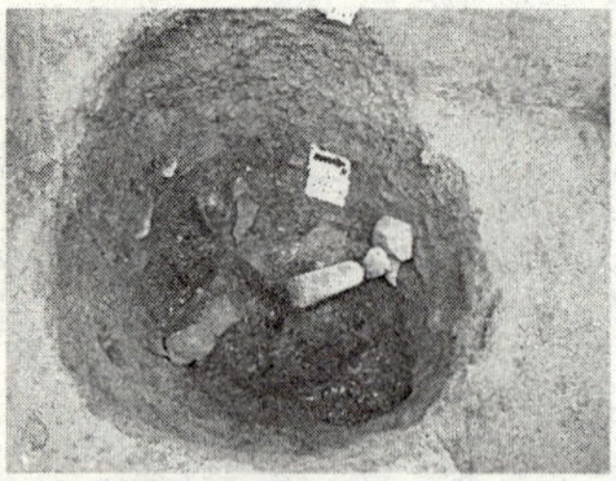

■烧火遗迹

东胡林文化层之下又发现了时代更早的烧火遗迹及打制石器等文化遗存，为寻找时代更早的古人类及其文化遗存提供了重要线索。

今年发掘出土的打制石器、细石器、小型磨制石器、陶器、骨器、蚌器、赤铁矿颜料等各类文化遗物及灰坑、墓葬、火塘等人类活动遗迹，进一步丰富了东胡林人及其文化内涵，加深了人们对东胡林人及其文化的了解，也提高了对北方地区新石器时代早期文化的认识，目前华北地区已经发掘的新石器时代早期遗址仅有河北徐水南庄头、阳原于家沟、北京怀柔转年等几处，而在遗址中出土打制石器、细石器及平底陶器的则有于家沟及转年2处。转年遗址不仅发现有平底陶容器，也发现有石容器残片。其中可复原的盂形器同东胡林遗址发现的盂形器在面貌上有相近之处。除上述新石器时代早期遗址外，在时代稍晚一些的河北易县北福地及迁西县东寨遗址，也发现过石容器及共存的陶器。东胡林遗址文化遗存的发现，也为进一步探讨华北地区诸新石器时代早期文化之间的关系及其发展演变提供了新的资料。

赵朝洪　王　涛　员雪梅

崔天兴　郁金城　郭京宁

原载2005年12月30日1版

11

浙江湖州钱山漾遗址进行第三次发掘

为配合申嘉湖杭高速公路建设，2005年3—6月，浙江省文物考古研究所和湖州博物馆联合对钱山漾遗址进行了第3次发掘。钱山漾遗址位于湖州市东南约7公里，钱山漾的东南部，处于西部莫干山余脉的低山丘陵向东部平原的过渡地带，遗址西侧有东苕溪自南向北流经，往北约15公里是太湖。1956和1958年，原浙江省文管会曾对遗址作过2次发掘，报告发表后曾引起广泛的关注。

本次发掘地点位于上2次发掘区域以南约350米处。发掘面积1400平方米，揭露一处经先民们反复营建居住形成的土台型遗址，土台东北部、北部、西北部被宋代灰沟扰乱，残存土台大致呈东西向的不规则长方形，东西长约60、南北宽约50米。

根据野外发掘对地层堆积的判断，土台的营建和使用主要经过了4个阶段。土台上部最晚阶段即该遗址的晚期遗存是一处属于马桥文化时期的大型聚落，而土台的前3个阶段即该遗址的早期遗存则可能是太湖地区一支崭新的新石器时代末期文化。

本次发掘共出土陶、石、玉、骨、木

■发掘场景（东—西）

■马桥文化时期袋足盉

等各类器物700余件，同时也获得较多珍贵的动植物遗存，发掘取得了丰硕成果。主要收获如下：

1. 发现一处马桥文化时期的大型聚落，清理遗迹包括房基2座、排水沟3条、灰坑149座、水井6口、灰沟8条。编号为F1、F2的房基分别由23个和9个柱坑(洞)组成，基本呈正南北向东西相邻。在F1西侧靠北处另发现18个直径15—25厘米的柱洞。根据柱坑(洞)的排列情况，初步推测F1、F2为干栏式建筑。在F1、F2的东侧和东南侧发现3条大致呈东西向的沟状堆积，应是F1、F2的排水设施。灰坑分布较密集，灰坑的大小、形状和堆积情况也区别明显，这些灰坑应有不同的用途或功能。水井一般呈平面圆形或圆角方形，深度在150—245厘米不等，以土坑井为主，在编号为H100的水井中发现残存高度约185厘米的圆筒形木质井壁，系将圆木纵向分开后刳空再合围拼接而成。

出土的马桥文化时期遗物种类有陶、石、玉、绿松石等。以陶器最丰富，器形有鼎、甗、豆、罐、盆、觯、觚、三足盘、簋、袋足盉、杯、鸭形壶、碗、瓦足盘、甑、平底尊、碟、器盖、陶垫、陶拍等，装饰纹饰有绳纹、篮纹、方格纹、云雷纹、叶脉纹、折线纹、席纹、变体云雷纹等。在一件泥质灰陶大型圈足把残器中部发现压印有一周规整精美的鱼鸟纹图案。石器种类有锛、斧、镞、犁、半月形刀、镰、斜把刀等。此外还在灰坑中出土了绿松石珠和玉锛各一件。

2. 钱山漾遗址长方形土台的主体堆积属于该遗址的早期遗存。3次营建的规模由小渐大，每一次营建后的台面都发现有建筑遗迹，表明该土台营建的目的主要是为了居住。

本次发掘共清理该早期遗存不同阶段房基5座、灰坑17座、墓葬1座、器物组3组、灰沟2条。编号为F4—F7的房基都是由柱洞(坑)构成，柱洞数量不一，但基本上都呈东西向或南北向的长方形，从柱洞(坑)的排列和野外的迹象判断，也应是干栏式建筑。M1

为规整的东西向长方形土坑，土坑长190、宽35、深12厘米，在土坑的东部、中西部和西部分别出土足跟有椭圆形凹窝的侧扁足鼎、泥质黑皮陶平底罐和泥质黑陶敛口平底钵，疑是墓葬，但没有发现骨架痕迹。器物组是指在营建的红烧土层面上发现的相对集中的一组器物，3组器物各出土10、30和9件器物，以石器最多，骨器和陶器次之。

出土的钱山漾早期遗存遗物种类有陶、石、骨、木、玉器等。陶器质地中，泥质陶有黑陶、灰陶、黑皮陶和红陶，夹砂陶有红陶、黑陶和灰陶。纹饰制作技法主要有压印、刻划和附加堆纹3种，纹样有绳纹、篮纹、方格纹、斜方格纹、弦纹、水波纹、八字纹、条纹、附加堆纹、锯齿纹、锥刺纹等，其中以纵向或斜向的粗细不等的绳纹和横向的成组凹弦纹组合的间断绳纹最为盛行。根据残片可辨和修复的陶器种类有足外侧呈弧形轮廓的大鱼鳍形足鼎、足跟内侧有凹窝的侧扁足鼎、圆锥足鼎、截面椭圆、足跟上端有捺窝的矮足鼎、高把浅盘豆、圈足盘、大盘、大口小平底瓮、大口尖底夹砂缸、袋足鬶、罐、平底钵、高领尊、斜腹碗、条纹杯、器盖、纺轮等。石器有各式刀、锛、镞、凿、犁、砺石等，石镞中除截面为菱形的柳叶形镞外，前锋三棱形、圆柱形镞身与圆锥形铤分界明确的石镞也很流行。骨镞的形态与后类石镞相近，但三棱形前锋较短，圆柱形镞身与圆锥形铤分界不明显。此外还出土玉凿、玉锥形器和木器等。

钱山漾遗址早期遗存是一种目前在太湖地区还处于探索和认识阶段的崭新的新石器时代末期文化。文化面貌上，该早期遗存中虽然可见到很多受龙山文化影响的因素，如陶器装饰纹饰中的绳纹、被横向弦纹割断的间断绳纹、篮纹和方格纹，陶器器形中如器形高大、器身遍饰间断绳纹的小平底瓮、条纹杯等，但以足外侧呈夸张的弧形轮廓的大鱼鳍形足鼎、足跟内侧有凹窝的侧扁足鼎、高把浅盘豆、圈足盘等陶器为代表的具有自身鲜明个性特征的文化面貌更加突出。这些陶器有些明显由良渚文化同类器演变而来，但形态上又发生了大的变化。有些还需进一步分析其渊源。而典型良渚文化因素如鱼鳍形足鼎或T字足鼎、

■马桥文化时期丝带

双鼻壶、竹节把豆、贯耳壶、宽把杯等在这里都不见，表明它与良渚文化已有明显区别。从钱山漾遗址早期遗存土台的3个形成阶段，结合出土遗物分析，该早期遗存本身也有明确的早晚发展演变过程，应可进一步分期。为行文和研究方便，拟将它称为钱山漾类型文化遗存。近年在上海松江广富林遗址发现的“广富林遗存”约相当钱山漾类型文化遗存的晚期阶段。

关于钱山漾类型文化遗存的年代，初步认为其相对年代与中原龙山文化中晚期相当，在太湖地区文化序列中可能晚于良渚文化或与良渚文化末期略有重叠，而早于马桥文化。

3. 发现一处钱山漾类型文化遗存时期、占地面积达290平方米、一栋8室的大型套间式地面建筑基址（编号F3）。F3主要由墙槽、隔墙和柱洞构成。

■钱山漾类型文化遗存大鱼鳍形足鼎

墙槽共8条，由4条大致呈东西向和4条大致呈南北向的墙槽将F3平面分隔出6个长方形单元(室)，其中又用2条东西向小隔墙将西侧大间分为南北3室，这样形成面阔3间、进深也有2—3间的东西向、三开间8室的建筑形式，建筑面积达260平方米。大室室内面积约19—22平方米(以墙槽内侧计)，小室室内面积约10—13平方米。墙槽宽60—160、深约35—45厘米，其中外围一周墙槽较内侧的略宽。墙槽内填红烧土或夹红烧土的黄褐土，土质结实，应经特别加工。小隔墙较窄，宽10—15厘米，其中一条可见比较明显的密集的木骨痕迹。在F3中室一带发现一组由南北3—4个柱洞为列、东西成排分布的柱洞，较有规律，在墙槽内也发现部分柱洞，但数量较少。F3室内土质均为纯净的黄褐土，与室外土台土质区别明显，黄褐土被F3墙槽打破，推测这种黄褐土是F3挖槽营建前特意铺垫而成。F3的大门在东南侧，同时室与室之间也发现有3处通道或门道，西北角小室平面发现呈圆角方形、面积约2.3平方米的红烧土烧结面，应是F3灶址。另外在F3正南部还发现了49个柱洞，其中靠近F3南墙槽附近分布最密集，这些柱洞总体围成一处东西向、面积约30平方米的长方形建筑，应是F3的附属建筑。没有发现

F3墙体和室内活动留下的其他遗迹,可能已被晚期平整破坏。F3这样一栋8室的多开间套间式建筑基址在太湖地区乃至国内新石器时代考古中尚属首次发现。

■清理后全景(南—北)

4. 发掘工地与科技考古手段密切配合,发现了较多能反映古地理、古环境和先民们经济生活状态的珍贵的有机质遗物和遗存。对灰坑内填土进行浮选和淘洗中,发现了马桥文化时期大量炭化米和菱、芡实、甜瓜子、桃、梅等植物果实或种子,在H108中第一次发现了马桥文化时期丝带。在钱山漾类型文化遗存时期青灰泥层中出土了麻葛类编织物和较多竹编物。此外,还出土了大量不同时期的动物骨骼。

钱山漾遗址第3次发掘,清理的大型马桥文化时期聚落和出土的遗物,大大丰富了马桥文化内涵,为推动和深化马桥文化相关研究提供了丰富的实物资料。钱山漾类型文化遗存的发现为重新审视太湖地区古文化发展序列、研究良渚文化向马桥文化演变过程中的诸多问题提供了全新的资料和研究方向,也为探索太湖地区文明化进程提出了新课题。

丁 品 郑云飞

程厚敏 潘林荣 郭 勇

原载2005年8月5日1版

12

浙江湖州塔地遗址发掘

2004年3月—2005年1月，为配合农村土地平整项目，浙江省文物考古研究所与湖州市博物馆联合组队对湖州市千金镇塔地遗址进行抢救性考古发掘，已发掘面积近3500平方米，发现并清理马家浜、崧泽、良渚等时期的墓葬58座，马家浜、崧泽、良渚、马桥各时期的灰坑130个，良渚早期房址1座，出土陶、石、玉、骨、木、象牙器等文物800余件。

马家浜文化遗存主要有灰坑与墓葬。灰坑平面多呈不规则形，多数为堆置生活废弃物的垃圾坑，出土有腰沿釜、鼎、牛鼻耳罐、甑、豆、侧把盉等遗物。墓葬22座，呈排列有序的四排，集中分布在发掘区的西北部。由于该区域在先期的土地平整过程中已被推土机推到生土层，故墓葬原先的开口层位已无法确认，但个别墓葬间的叠压打破关系显示出这批墓葬原先当存在着开口层位上的早晚不同。墓葬均为长方形竖穴土坑墓，墓坑狭长，填土分黑褐色和黄褐色2种，从打破关系看，填黄褐色土的墓葬在入埋时间上早于填黑褐色的。墓内人骨大多保存较好，头向均朝北，但葬式有俯身直肢、侧身直肢、仰身直肢和侧身屈肢等多种，面向多数朝西。多数墓葬无随葬品，6座墓葬出土了包括玉玦、玉管、象牙椎发器、骨管串、骨匕、纺轮等在

■遗址全景

内的随葬品。其中M56被马桥文化灰坑H125打破，仅存头部，葬式不明，头骨面向朝西，除在上下耳部各发现玉玦一枚外，还出有玉管与骨匕各一件。M40墓主为一25—30岁的女性，头前出土一件形体粗大的象牙椎发器，显示出其非同一般的身份地位。

■良渚玉器

崧泽文化遗存仅见少量墓葬与灰坑。灰坑3座，平面近圆形，斜壁，除垃圾坑外，还有储藏坑。H100为崧泽早期灰坑，除出土的瓦棱鼎足具有典型崧泽风格外，腰沿釜、牛鼻耳罐、圆锥形双目式鼎足等陶片都具有鲜明的马家浜文化风格。H48为崧泽晚期灰坑，近底部出土摆放在一起的7件完整陶杯和一把石犁，应是专门用于储藏生活与生产用具的储藏坑。墓葬2座，均为长方形竖穴土坑墓。填灰黄色土。人骨保存一般，仰身直肢葬，头向南。其中M35中部被马桥灰坑H45打破，盆、豆、壶、杯、鼎、骨镞等7件随葬品分置于人骨的头前脚后。从随葬品形制来看，2座墓葬都属崧泽晚期，其中M35内出土的假腹杯是太湖西南湖州地区该时期的特色，也是目前所见此类杯分布的最东限。

■北河沟中良渚晚期堆积层内出土彩陶罐

良渚文化遗存主要集中在发掘区内一南一北的2条河沟内及其两侧。2条呈东

■马家浜文化墓葬 M56 中玉玦出土情形

北—西南走向的河沟上部宽约10、最深处约2米，南北对应，但中间有近10米互不贯通的间隔。这2条河沟最迟在崧泽晚期已经出现，最初很可能是为解决聚落内部用水问题而特意开挖的引水沟，其间的间隔是供人进出的通道。良渚早期的遗迹有沿河沟两侧布局的迹象，墓葬埋设在河沟南北两侧贴近河沟的近处，墓葬再外侧为居住址。房屋基址F1位于南段河沟北侧10余米处，由于后世人类活动，其生活面已遭破坏，但柱洞保存相对完好，东、西两面的墙体各为双排柱形式，北面墙体为单排柱，在西北角墙体外有由7个小柱洞形成的封闭式近圆形附属建筑，南面墙体因后世破坏情况不明。良渚早期墓葬布局清楚，保存较好，位于房屋基址与河沟间的空隙地带，均为长方形竖穴土坑墓，头向南，出土的随葬品以陶器为主，器类有鼎、豆、壶、圈足盘等，其中的粗泥陶凿形足鼎、卵腹杯等都保留着鲜明的崧泽风格，少数墓葬中也出有石钺与小件玉器，但未发现显贵者墓葬。良渚中晚期墓葬受马桥时期的扰动严重，但从2件残碎玉璧等出土物分析，良渚中晚期的塔地聚落应较早期有更大的发展。

南北2条河沟内的堆积都有自两

■马家浜文化墓葬 M40 中象牙椎发器的出土情形

■良渚文化早期房屋 F1

侧边缘逐渐向中心淤满的现象，从出土物来看，河沟是经良渚晚期至马桥时期的长期垃圾倾倒而淤平的，其中更以良渚晚期的堆积为主。河沟内的多个良渚堆积层内出土了数量较多的玉石器、陶器及各类有机质物品，有机质物品主要出土在良渚时期的淤泥层中，灵芝、外套竹编的葫芦器等都填补了良渚考古的空白。陶器中袋足鬶仅以口沿计就有60件之多，可修复的有10件，反映出此类器形在塔地良渚晚期社会生活中的普遍使用，而高把、下部起台阶、中有圆形与弧线三角镂孔的豆，口部带压印纹的圈足小杯，带长喇叭形套管的玉锥形器等多种器形都跟花厅与好川出土的同类器相近。灰坑H8中出土的泥质黑皮陶管状流盉、直口罐、垂腹鼎以及拍印条纹的鼎等多件陶器也显示出跟好川文化相近的文化特质。

马桥文化遗存在发掘区内分布最广，除堆积较厚的地层外，还发现了数量众多的灰坑，其中尤以井状坑最具特色。井状坑平面分圆、方2种，坑壁都较陡直，现保存深度大多在150厘米以上，少数坑内出有完整的印纹硬陶凹圜底罐，个别还出土了多件器物。灰坑H92内出土的9件器物分上、中、下3个层面，显示出延续使用和堆积的迹象。

湖州塔地遗址是目前太湖西南地区内所发现的史前文化序列保存较完整的少数遗址之一，对该地区史前文化演进过程的研究提供了丰富的实物资料，而与花厅、好川文化形制相近的多种器类的发现，首次将花厅、良渚与好川连结起来，对探讨良渚文化的下限年代及其与大汶口文化、好川文化的关系提供了珍贵的实物资料。

塔地考古队

原载2005年2月9日1版

13

河南灵宝西坡遗址第五次发掘获重大突破

2005 年 4—7 月，河南省文物考古研究所与中国社会科学院考古研究所组成联合考古队，在三门峡市文物考古研究所、灵宝市文物保管所和阳平镇政府的大力协助下，对河南省灵宝市西坡遗址进行了第 5 次发掘，发掘面积 1360 平方米，揭露仰韶文化中期墓葬 22 座，确认了遗址北壕沟的结构和走向。

西坡遗址位于河南省灵宝市阳平镇西坡村西北，坐落于铸鼎原南部。遗址东、西两侧分别为沙河的支流夫夫河与灵湖河，海拔 456—475 米，总面积约 40 万平方米。2000 年 10—12 月、2001 年 3—5 月、2001 年 11 月—2002 年 1 月、2004 年 4—7 月，联合考古队对遗址进行了 4 次发掘，仰韶文化中期特大型半地穴房址的发现尤其引人注目。去年 10—12 月，考古队对遗址进行了全面系统的钻探，初步探明了遗址的墓葬区及南、北壕沟的大体位置。为进一步了解遗址的整体布局、特征与性质，此次重点对遗址的壕沟和墓葬区进行了发掘。

■墓葬随葬陶器

壕沟的发掘地点位于遗址东北部，发掘面积 120 平方米。为了解壕沟的结构和走向，发掘首先开挖了一条 22×35 米的南北向探沟，然后在探沟西侧、壕沟南北边沿布设了 2 个 5×5 米的探方。发掘表明，壕沟开口于西周文化层下，距地表深约 2.2 米。就解剖的部位看，壕沟口部宽约 19.2 米，从口部向下，沟壁呈约 30 度的缓坡，至沟宽度约 13 米处向下呈约 75 度的陡坡，底部宽约 9、沟深约 5.2 米。壕沟接近东西走向（西稍偏北或东稍偏南）。

沟内堆积共计16大层，自上而下分别包含了庙底沟二期、仰韶文化晚期和中期的文化堆积，其中以仰韶文化晚期的堆积最为丰厚，仰韶文化中期的堆积次之，庙底沟二期遗存最少。沟内填土中的包含物以陶片为主，石器和动物骨骼等遗物少见。另外，在沟底中间部位有一条宽0.8—0.95、深0.38米的东西向小沟，沟壁较规整，向下斜壁内收，呈圜底，因东、西两边延伸至探沟外，故总体长度不明。小沟内堆积有密集的残石器、石块和陶片。根据文化堆积及其包含物初步判断，壕沟的始建年代不晚于仰韶文化中期中段，与以前揭露的特大型房址的年代相近，属于该遗址的早期阶段。

墓葬区位于初步探明的遗址南壕沟以南约130—150米处，发掘面积1240平方米，揭露墓葬22座。就此次发掘看，墓葬似乎成排分布，但排列不

■M16墓葬随葬陶器

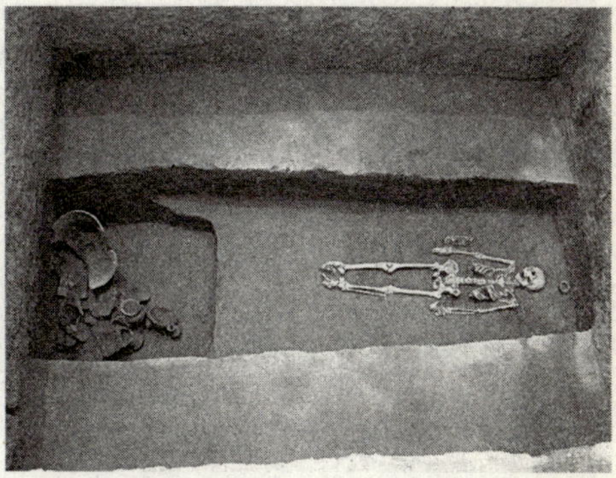

■M8墓葬及随葬陶器

甚规整，墓间距也较大。墓葬均为长方形竖穴土坑墓，无葬具，均为单人仰身直肢葬，除一座墓墓主头向南且无二层台外，其余墓主均头向西或西略偏北，南北两侧都见生土二层台。个别墓葬有近似长方形的脚坑，用来放置器物。墓葬填土以黄花土为主，并掺有红褐色土和青灰色草拌泥。大部分墓葬二层台之间的墓室由一层草拌泥封盖。填土中所采集到的包含物(主要是碎小陶片)均出自红褐色土中。部分墓葬出土有陶器、石器、骨器、玉器等随葬品。不同质地的随葬品摆放位置有所不同。陶器均集中放在死者脚部；骨器多数置于死者头部，少数见于手臂两侧和脚部；玉石器多葬在死者头部右上方，个别见于手臂两侧。陶器多数为红陶，少数为褐陶和黑皮陶；基本组合是小口瓶(壶)、釜灶组合、钵和曲腹

■M8脚坑中随葬陶器

杯，一些器物的形制在以前发布的资料中少见；陶器多似专门用来随葬的明器，烧制火候低。石器有带孔石铲和不规则形石块。骨器包括簪、锥、镯、匕、箍状器等。玉器形制相近，主要为带孔钺。依照规模，墓葬可大致分为大、中、小型墓。大型墓长0.05—3.95、宽2.25—3.6米；中型墓长2.5—2.9、宽1.4—2.3米；小型墓长1.8—2.25、宽0.6—1.2米。大型墓如M8，长3.95、宽3.09、深2.35米，头顶放置一骨质箍状器，右臂侧放置一长23厘米的玉钺，脚坑中随葬9件陶器；中型墓如M10，长2.6、宽1.87、深0.54米，只随葬一残石器；小型墓如M1，长2.05、宽0.95、深0.6米，未见随葬品。除一座幼儿墓随葬器物较多，可视为特例外，一般来讲，规模较大的墓葬，随葬器物较多。根据目前对随葬陶器特征的初步研究，下腹有单耳、颈有凸棱的小口瓶与陕西华县泉护村遗址一期Ⅲ段墓葬M701随葬的瓶形态相似；曲腹杯与大溪文化晚期同类器物相似。因此推测，这批墓葬的时代大致处于以庙底沟类型为代表的仰韶文化中期向以西王村类型为代表的仰韶文化晚期过渡的阶段，与泉护村一期Ⅲ段大体相当，或可归入仰韶文化中期最晚阶段。另外，据发掘和钻探的结果初步判定，这批墓葬所在的位置很可能接近墓地的东部边沿。

壕沟和墓地的发现，首先为了解西坡遗址的文化内涵、规模和聚落内部形态提供了新的资料。如果说考古调查和系统钻探得出的40万平方米遗址面积，仅仅是一个模糊的规模概念，那么壕沟及墓地的确认则清晰地展现了聚落的基本布局与规模，对进

■M8随葬玉钺

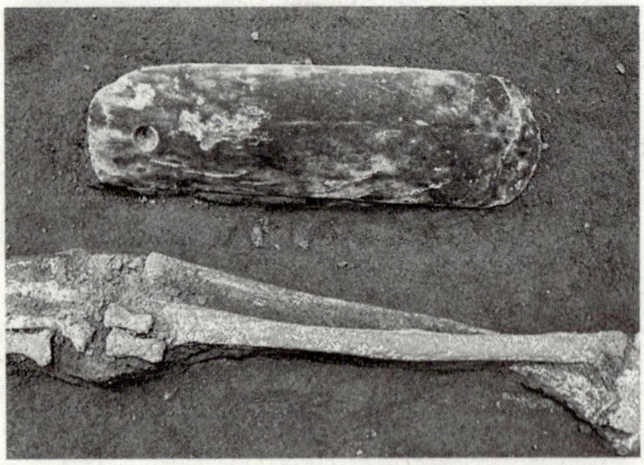

一步认识西坡遗址在该地区同时期聚落群中的地位及仰韶文化中期的聚落形态具有重要价值。壕沟堆积中仰韶文化中期偏晚阶段遗存的发现表明，壕沟自兴建至废弃的时间跨度并不长。壕沟堆积中庙底沟二期文化遗存的发现,为遗址增添了新的文化内涵。

墓地的确认是本次发掘的最重大收获。这是在仰韶文化中期的核心地带首次发现该时期墓地。二层台的出现、墓室封泥、风格独特的陶器、以玉器随葬，这些新鲜资料为认识仰韶文化中期的埋葬习俗、社会制度、对外文化交流提供了十分珍贵的资料。墓葬规模及随葬品出现明显差异，正与第3、4次发掘发现的特大房址相呼应,表明中原地区的史前社会结构很可能从仰韶文化中期开始出现了意义深远的复杂化倾向。这无疑对于探索中原古代文明的起源、特点、进程与动因,具有重大意义。

马萧林　李新伟　杨海青

原载 2005 年 8 月 26 日 1 版

14

陕西乾县河里范遗址首次调查和抢救性发掘

为配合银(川)—武(汉)高速公路陕西段建设工程,2005 年 3—5 月,陕西省考古研究所与咸阳市文物考古研究所联合组队,对河里范遗址进行了全面的调查、勘探和局部抢救性发掘。此次实际发掘面积 441 平方米,清理仰韶时期灰坑 14 座,龙山早期灰坑 6 座。出土的遗物以陶片为大宗,完整或可复原陶器较少,另有陶、石、骨制小件器物 35 件。

河里范村隶属于陕西省乾县灵源乡,西距乾县县城约 15 公里。遗址位于河里范村西北,泾水支流泔河南岸二级台地上。该遗址是 1981 年文物普查时发现的。经此次重新调查确认,现存南北长约 150、东西宽约 80 米,总面积 12000 余平方米。发掘资料表明,河里范遗址包含了 3 个不同时期的文化遗存。

第一期遗存属仰韶时代中期文化,发现内涵较为丰富。灰坑多为圆形或椭圆形锅底或桶状。所见陶片以泥质红陶为主,夹砂红褐陶次之,有少量的泥质灰陶和夹砂灰陶;纹饰以绳纹为主,还有线纹、弦纹和彩陶等。器类有铁轨式口沿罐、重唇口尖底瓶、葫芦口平底瓶、彩绘折沿盆、彩陶钵、敛口瓮、叠唇缸等。彩陶纹饰多样、富于变化,主要

■一期标本

由弧边三角、圆点、弧线纹构成花卉、豆荚等纹样，多绘于盆、钵口沿及外壁。生产工具数量很少，种类有石刀、石镞、石球、磨石和陶刀。所见陶佩饰较有特点，一件呈圭形，用陶片磨制而成，制作精细。另一件为铃形，顶部钻孔以系挂。依据所出土的陶器特征，一期还可以分作前后2段。

■二期标本

第二期遗存归属于仰韶时代晚期文化。灰坑分3种形状，圆形桶状、圆形锅底状及不规则形，堆积较浅，一般不超过1米，包含物较少。陶片以泥质红陶和夹砂红陶为主，褐陶次之，泥质灰陶和夹砂灰陶数量最少；纹饰以绳纹为主，还有附加堆纹和极少量的篮纹。陶器种类主要有平唇口尖底瓶、大口深腹罐等。生产工具有石质和陶质的刀和纺轮。

■三期标本

第三期遗存主要分布在遗址B区，时代相当于龙山时代早期。灰坑有圆形或椭圆形锅底或桶状和圆形袋状3种形状，壁面与底部一般较为平整，但未发现工具痕。陶器以泥质灰陶为主，夹砂灰陶次之，并有一定量的红陶；纹饰以篮纹为主，绳纹与附加堆纹次之，还有少量方格纹。陶器种类有喇叭口瓶、筒形罐、刻槽

■三期灰陶罐

纹饰上彩陶也较泔河流域多；器类上直壁器和漏为其特点。龙山早期阶段泾水上游同期地区特征，陶色以橙黄陶最多，灰色个别；纹饰以绳纹为主；富有特征的器类有尖底、平底甑、斜耳罐、鬲等。泔河流域仍以红色居多；纹饰以篮纹为多；代表器类有刻槽盆、

盆、鼎、单耳罐、器盖等。其中出土有一件鬼面鼎足，整体呈上宽下窄的倒梯形，足面隆起，隆起的棱上压有似眼、鼻、嘴的纹样。

从遗存表现的文化特征来看，泔河流域在新石器时代，至少在仰韶中晚期到龙山早期这段时间内，与渭水中下游地区同期的文化无论从整体的陶系、器形、器类还是具体到每类陶器纹饰、特征都基本接近。相较之下与泾水上游同期遗存，在仰韶晚期时差别开始明显。泾水上游陶系以泥质橙黄陶为主，泔河流域仍以泥质红陶为多；

鼎等。但是由于泾水流域所做工作有限，这种差异是否可称为是2种不同的文化类型以及其分界线等问题都有待今后更多的考古发掘和发现。

此次河里范遗址的考古发掘，是泾水支流泔河流域的首次重要考古发掘。虽然发掘面积有限，但是遗存所反映的文化面貌是相当明晰的。从而填补了对该区域文化面貌认识上的空白，进一步充实了泾水下游地区新石器时代考古资料。

田亚岐　苏庆元　杨琦黄　杨新文

原载2005年8月24日1版

15

山西新绛发掘仁美新石器时期聚落遗址

2005年3月，为配合侯禹高速公路的建设，在位于新绛县城东北方向的仁美村地域进行文物钻探时，发现了一处新石器时期的遗址，山西省考古研究所侯马工作站随即对其进行了考古发掘。

仁美遗址位于仁美村南约200米的一处台地上，东面有汾河自北向南流经，遗址中间被一条大的冲沟分割为南北2片。由于北片的遗址面积较大，因此将发掘区域定在冲沟北侧，面积为400平方米。

· 发现有房址、灰坑、墓葬及壕沟。房址:共11座，分布非常密集，平面均为圆形，半地穴式,面积大小不等,直径为1.8—2.5、残存深度为0.1—0.8米。房室都直接挖在生土上。从房址残存的穴壁来看,应为上小底大的袋形坑，穴壁齐整。房址底部情况各异,有的平整如镜,有的中间高、周缘低;房内的踩踏面都较薄,仅少数见红烧土痕迹。唯F3在房内靠墙壁边缘发现有6根间距相仿、粗细不一的柱洞。除F2有门道,余皆无。

灰坑:2座,均为不规则状,直接挖在生土上。

壕沟:1条，从发掘范围的中北部自西向东、由高及低至断崖边缘,端面

■房址

■M2 全景

另外，在揭露范围的中西部还发掘了2座西汉时期的墓葬，形制均为土圹洞室墓。其中M1长2.5、宽0.8、深1.6米，葬具为单棺。发现人骨架一具，头向西，仰身直肢葬。随葬器物全部为陶器。其中有一组5件成套的彩绘陶器，它们形状相同，大小一致，器物外形类似度量衡中的权，内中空，上部一侧留有小孔，其内贮存的黍类植物种子的炭化物，清晰可见。

不甚齐整，呈口小底大状。

遗址内出土的器物类型包括陶器、石器和骨器。陶器以灰陶为主，夹砂和泥质各半；另有少量的泥质红陶和泥质黑陶。从器形看，泥质类有喇叭口尖底瓶、喇叭口平底瓶、盘、豆、钵、折肩深腹罐等，夹砂类有鼎、罐、盆等。陶器的纹饰除素面外，主要是绳纹、附加堆纹和篮纹。陶器的制作以手制为主，口沿采用慢轮修整的方法。石器有石锛、石铲、石刀、石球、盘形器等。

通过对新绛仁美遗址出土遗物器形和纹饰的分析判断，其文化特征与同属山西南部的河津固镇遗址二期及曲沃曲村—天马仰韶文化二期基本一致，其时代应为仰韶文化的中期。

杨及耘　范文谦

原载2005年9月2日1版

16

陕西彬县水北遗址考古发掘

为配合银（川）武（汉）高速公路陕西段的建设工程项目，2005年6—11月，由陕西省考古研究所与咸阳市文物考古研究所联合组队，对陕西彬县水北遗址进行全面的调查和勘探，并对该遗址重点区域进行了发掘。发掘面积2400平方米，共发掘出仰韶文化中晚期灰坑107座，房址3座，陶窑1座，墓葬3座以及宋元时期墓葬12座，出土了大量的陶器、石器、骨器等遗物。

水北遗址位于陕西省彬县炭店乡水北村5组南约50米的泾河北岸，根据1959、1988年2次文物普查，确认该遗址面积为12万平方米，此次选择A、B、C、D区进行了局部发掘。

该遗址主要为仰韶中、晚期遗存，发现的遗迹有灰坑、房址和窑址。灰坑分布较为密集，其中A区26座，B区22座，C区59座。其形制可分为圆形或椭圆形的袋状、桶状、锅底状和不规则形等，这些灰坑内的填土多为松软的灰土，有时夹有红烧土块和兽骨等。袋状和桶状这些较为规则的灰坑，多数分布在房址周围，坑壁有被烧烤过的

■A区1号仰韶中晚期陶窑

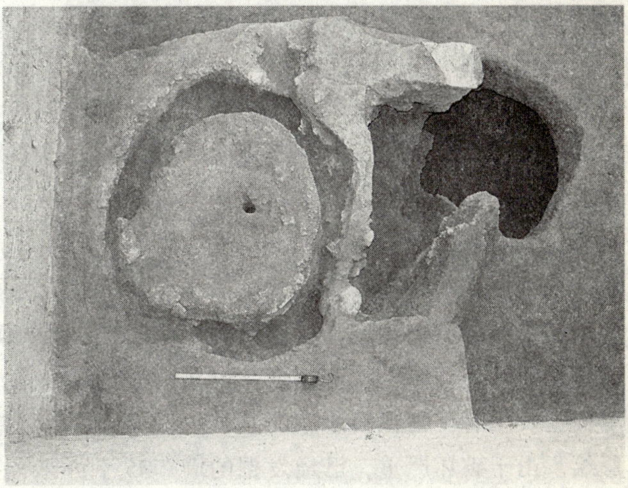

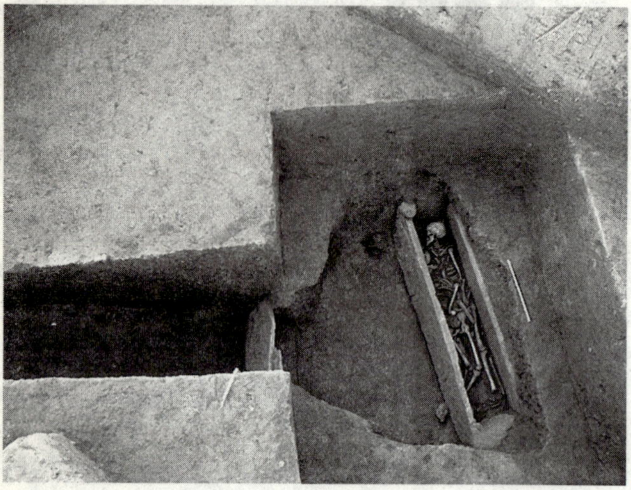

■A区 T10M1 宋元时期石板墓

痕迹，其用途可能为窖穴；而形状不规则的灰坑可能是垃圾的填埋坑。

发掘出的3座房址，其结构、布局、平面形状、功能各不相同，而根据其大小尺寸可分为大型、中型和小型3种。

大型房址SBCT11F1，结构为地面式建筑，坐西朝东，整体平面布局呈圆角五边形，分为前廊和主室2个部分。房子东西中轴线长20.1、南北宽12.2米，总建筑面约为190平方米，残存面积约为140平方米。墙基为基槽与其内填土构成，墙内侧墙土为草拌泥，外侧墙土没有拌草，内侧墙面上发现有矿物颜料所涂的紫红色彩绘。由于破坏严重，已经发掘的墙基部分均未见门道，依据房屋的对称情况和前廊可推测，门道应该在东面。房内地面经过多层处理，下部为火烧烤的黑色硬面，上部为料礓石与沙土混合材料，坚硬平整，硬度接近现在的100号水泥。房内东南部有一圆形灶坑，因长期使用，灶坑壁与底部被烧烤得十分坚硬。烟道位于灶坑南侧，用石板砌成，从墙下通到房外。前廊部分仅存有柱洞。房址中发现墙柱、廊柱与梁柱共51个，其中墙柱27个（北墙4个，西墙10个，南墙7个，东南墙6个），辅墙柱4个；梁柱9个，位于房子中部偏南，分为5组，呈东西向排列，除第4组（从东向西）为一个大柱洞外，其他4组均为一大一小2个柱洞；廊柱11个，位于房子东部，呈环状排列。依据柱洞的排列情况可以推测，该房址应为中间立柱的两面坡建造形式。

中型房址SBAT12F1，平面形状为五边形，结构为半地穴式，面积约35平方米，残存约32平方米。墙壁及门道两侧均涂抹有一层草拌泥。室内地面涂有草拌泥并经过轻微夯打，平整坚硬。门道位于房子南部正中，底部铺有石板。在房内南部有一瓢形灶，坑壁坚硬光滑。烟道位于灶坑南侧，经过门道下方通向房外。在房子周围及室内共发现柱洞 24 个，其中墙柱 21 个（东墙 6 个，东南墙 3 个，东北墙 3 个，西墙 6 个，北墙 33 个），梁柱 3 个。

小型房址 SBCT20F1，平面形状为长方形，结构为半地穴式，南北长 4.9、东西宽 3.6 米，面积 17.64 平方米，残存约 14 平方米。室内地面经过硬化处理，平整坚硬。房内东南部有一瓢形灶，坑壁经过长期烧烤，变得十分光滑坚硬。烟道位于灶坑东侧，上有一块石板覆盖，通向房外。在房址东西两侧及室内地面，一共发现 6 个柱洞，其中墙柱 4 个，梁柱 2 个。由于多处被打破，门道已经不存。

作为大型原始社会聚落遗址，上述面积最大的房址以主室和前廊构成，结构较为复杂，建筑面积达 190 平方米，像这样类似殿堂式的建筑，显然不是一般居民建筑，再从其位置来看，它位于整个遗址中心处，坐东朝西。因此，该大型房址应是聚落首领所居，或者是居民日常活动的中心场所，用于集会、议事、祭祀及举行某种重要仪式。中型房址虽然面积不很大，但是建筑形式十分规整考究，且与大型房址相呼应，可能是聚落中具有特殊身份的人居住的地方。小型房址中设施较为简单，距离大型房址较远，可能是一般居民的居住屋。

陶窑的编号为 SBAT1Y1，东西向，上部的窑箅部分已经不存。窑址结构为横穴式，由窑室、火道和火膛

■C 区 T11F1Z1

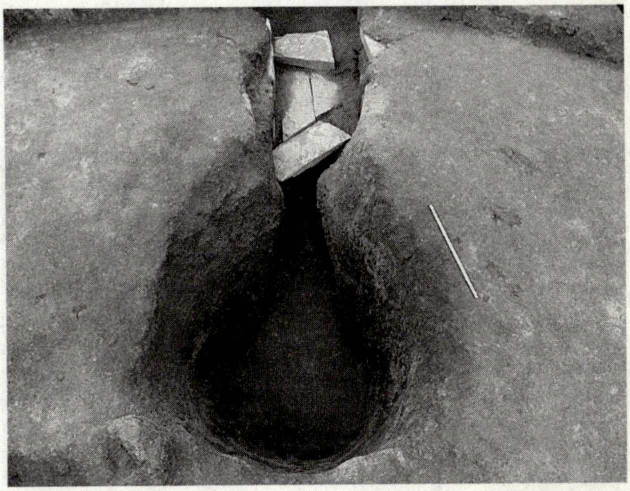

部分组成：窑室为圆形，中心有一火眼；火道为环形，从两侧进入窑室，火道壁面被火烧烤成青灰色硬层；火膛在窑室东部，呈椭圆形袋状。

3座仰韶时期的墓葬均为长方形竖穴土坑墓，且均为未成年人墓。其中SBCT6M1为东西向，骨架保存较为完整，葬式为仰身直肢葬。SBCT26M2为南北向，骨架放置于南部较深处，骨骼较乱，应该属于二次葬。

遗迹中所见陶片以红陶为最多，灰陶次之，另有少量褐陶和橙黄陶；纹饰以线纹、绳纹为主，相当数量的彩陶，少量的弦纹、附加堆纹和极少量的篮纹。常见器类有铁轨式口沿罐、重唇口、平唇口或喇叭口尖底瓶、折沿盆、钵、敛口瓮、大口叠唇缸、鼓腹罐、宽沿浅腹和深腹盆、浅腹平底钵、厚唇缸、大口深腹罐等，以及以圆点和曲线构成的回旋勾连纹为主要纹饰的彩陶。小件的陶器有陶刀、陶纺轮、陶环、陶铲和器盖等。石器均为磨制，主要器类有石刀、石杵、石斧、石凿、石球、石弹丸和磨石等。骨器有骨锥、骨针、骨镞和骨笄等。

水北遗址所出陶器与扶风案板、宝鸡福临堡等仰韶文化中晚期遗址出土的器物比较相似，与临潼姜寨、蓝田泄湖等仰韶文化遗址出土的器物既有相似之处又有一定的区别，遗址中所见的橙黄陶和陇东地区的橙黄陶器较为相似。此外，遗址中下层见有极少量的三足器陶片与华县老官台、临潼白家村等遗址出土的器物相似；遗址中所见的少量陶鬲残片，则与关中地区龙山文化的器物相似。初步断定，水北遗址主体的文化面貌为仰韶

■C区 T11F1 大型房址全景

文化中期至晚期，最早有可能早到老官台文化，最晚可延续至龙山文化晚期，时间跨度达到4000多年。

■C区 T20F1 中型房址

此外，在遗址中还发现有不少的宋元时期墓葬，墓葬结构较为特殊。这批石板墓形制为长斜坡墓道土洞墓，封门为石板，墓室内葬具为石棺，石棺的方向与墓道的方向垂直，平面为“丁”字形。之前在渭北地区也有类似的墓葬发现，但是此次发现的石板墓，其特殊之处在于墓葬中所用的石板，是就地取材，用附近石山上的天然的板岩经过简单的修琢加工而成，石板环绕在人骨周围，形成棺室。之前在渭北地区发现的此类墓葬，由于葬式一切从简，没有发现可以作为断代依据的陶器等实物，所以石板墓的年代和族属一直没有得到确认。这批石板墓，出土了一批对于确定年代最有意义的陶器，而且发现了头饰等遗物，这为断定石板墓的年代提供了可靠的实物资料。经过初步研究，这批石板墓的年代为宋元时期。这种石板墓在彬县地区为首次发现，对于研究这个地区宋元时期的民间葬俗和石板墓的年代、族属具有重要意义。水北遗址是泾水中游地区第一处大规模揭露的史前大型聚落遗址，该遗址延续时间之长、遗迹分布之密集，房屋形制之特殊、规模之庞大，出土器物种类之繁多，在泾水流域都属罕见。虽然发掘的房址只有3座，但是房址的布局是以所发现的大型房址为中心，中小型房址围绕大房址依次排列，表明整个聚落的布局是十分规整有序的。大型房址的建筑结构形式与甘肃秦安大地湾所发现的大型房址十分相似，特别是房屋地面用料礓石与沙土混合材料处理的方式，两者基本是一致的，而这种房屋地面的处理方式与关中地区仰韶文化其他遗址普遍所见的白灰面不同，在陕西地区，这种处理方式还是第一次被发现。大型房址的面积达190平方米，超过此前发掘的扶风案板遗址3号房址（164平方米），是迄今为止在陕西地区发现的最大的仰韶文化房址。它采用平地起建、木骨泥墙、多个柱洞的建筑方式，这表明当时建筑水平得到较大的发展。水北遗址地处泾水上游与中游的交接地带，通过对该遗址的发掘，对于今后研究关中地区、泾水、渭水流域乃至我国北方地区新石器时代考古学文化面貌、文化谱系、聚落形态演变规律等各个层面的学术问题将有较大的推进作用。

田亚岐　苏庆元　杨新文　翟霖林

原载2005年12月14日1版

17

广西都安北大岭遗址考古发掘

2004年6月—2005年5月，为配合乐滩水电站工程建设，广西壮族自治区文物工作队对都安瑶族自治县北大岭遗址进行了抢救性发掘。发现新石器时代中期、新石器时代晚期、战国、汉代、宋至明清共5个时期的文化遗迹和大量遗物。文化遗物有石器、陶器、铜器、玉器等种类，以石器的数量为最多。遗迹包括石器制作场、墓葬、灰坑、柱洞等，其中新石器时代中期大规模石器制作场揭露面积近1600平方米，出土石制品多达5万余件。

遗址位于广西都安瑶族自治县百旺乡八甫村那浩屯东南约1公里的北大岭，地处红水河及刁江交汇处的台地上，面积约45000平方米，发掘面积约1万平方米。发掘依地形地貌分6个区进行，遗迹遗物主要集中发现于Ⅲ、Ⅳ、Ⅴ、Ⅵ区，4个发掘区的遗迹、遗物分为5个时期。

第一期为棕红色沙黏土堆积，出土石器、陶器、动物遗骸和果核等，遗迹主要有石器制作场和墓葬。石器制作场分别发现于Ⅲ、Ⅳ、Ⅴ、Ⅵ发掘区内，总揭露面积近1600平方米。除Ⅲ区约100平方米为一独立单元外，其余Ⅳ、Ⅴ、Ⅵ区石器制作场连成一个整体。石器制作场内密集分布大量的石制品，其中有15个探方石制品超过1000件，T606达1700余件之多。石制品包括大量制作石器的原料、制作工具(如石砧、石锤、砺石等)、不同制作阶段的产品(如石斧、石锛、研磨器等的毛坯、半成

■石器制作场和墓葬分布

品、成品)以及碎片和断块。在一些石砧或砺石周围有较多的石锤及石器制成品分布,似是当时加工的位置。另发现3处石料堆放点,其中2处为平地堆放,1处置于坑内。

■第二期 K5001 石器

发现墓葬7座,大多在东部,墓坑均不甚明显,未见随葬品。骨骼保存较差,葬式有仰身屈肢、侧身屈肢和肢解葬3种。

器物主要为石器、陶器以及动植物遗存等。石制品类型包括斧、锛、凿、研磨器、石刀、砺石、石砧、石锤、砍砸器、刮削器、石片及大量的石料、断块、碎片等。陶器仅见夹砂陶,火候较低,多采用泥片贴筑法,器形多为敞口圜底釜;以夹砂红褐陶为主,有少量的褐陶及黄褐陶;纹饰以粗绳纹为主,有个别中绳纹及细绳纹;胎壁大多较厚,一般厚约1、最厚达2厘米。动物骨骼初步可看出的有牛、鹿、竹鼠、猪、猴等。同时发现较多的炭化果核。

第二期为灰褐色沙黏土堆积,主要发现灰坑等遗迹。灰坑见于Ⅳ、Ⅴ,其中Ⅳ区共发现灰坑4个,有圆形及不规则2种,出土遗物主要为陶器和石器;Ⅴ区发现2个坑,坑口较小,圆形平底,每个坑内均整齐地叠放着10件用白色砂岩或灰白色硅质岩打制成的双肩石器,大小不一,以毛坯居多,通体布满打制时留下的石片疤痕。

遗物主要有陶器、石器和玉器。陶器完整器较少,胎壁较薄,最薄者仅0.15厘米,有泥质和夹细砂2种;陶色有红陶、褐陶、红褐、灰褐、黑褐;纹饰主要为细绳纹,其次为刻划纹;圈足多有镂孔。器形多圜底和圈足,主要有高领罐、带耳罐、小陶罐、小陶钵、陶盆等,以高领罐居多,有敞口、直口2种,有的领中部有一道装饰花边,有的为一道凸棱。石器以双肩石器为主,器形有铲、斧、锛等,均通体磨光,一般以一种质地硬而细腻的白色硅质岩或青灰色硅质岩作为原料。先用长条形扁薄砺石切割出器物的形状，然后再通体精磨，有的石器制成品器身还留有切割时形成的凹槽。本期地层内亦发现大量此类石废料，上面大多有切割时留下的痕迹，用来切割石料的长条形扁薄砺石也有较多发现。在本期石器中,除个别体形较大的石铲外,斧锛一类的石器体形均较小,但磨制较精细。玉器有环、月牙形穿孔玉饰及梯形穿孔小玉石饰片等。

第三期发现墓葬9座，位于Ⅴ区东部,均为竖穴土坑墓,2座有腰坑。墓向基本一致,为西南东北向,骨架已不存。其中2座墓随葬陶器,2座随葬玉器,2座随葬铜器，其余墓葬未见随葬品。陶器有细绳纹高领罐及刻划纹单耳小陶杯各一件。玉器有玉环、玉玦2种。铜碗均为圜底,器壁薄而光滑,但较脆。

第四期发现墓葬17座,均集中于Ⅴ区东部。墓向大致接近东西向,除一座有阶梯式墓道外，其余均为竖穴土坑墓，大部分墓葬均设有二层台,5座墓底铺沙或河卵石,4座墓底设有横向枕木沟。棺椁骨架均已不存。几乎每座墓都有随葬器物出土，随葬品基本组合为陶罐和圈足铜碗。其他随葬器物有陶鼎、陶杯、铜镜、铜铃、琉璃耳铛、琉璃珠及银镯、银环等。此外多数墓葬底部还发现有漆皮，个别墓葬发现有铜泡钉。较有意思的是M5002,除随葬陶罐、铜碗、铜镜外,还随葬石饼2件，石斧石锛各一件，这些石器均与其他随葬器物置于一起，无论是质地、器形、加工方式都与第二期同类器物相同。

■第三期 M5021 玉玦

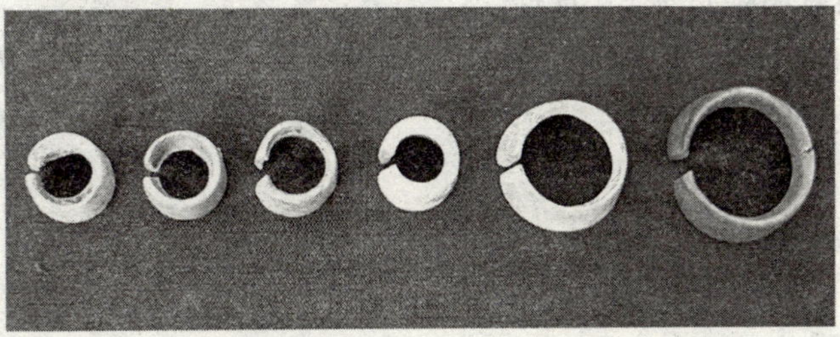

第五期遗迹主要有柱洞和灰坑。其中柱洞1640个,以Ⅳ区、Ⅴ区为多,分别达514和1036个，但较为凌乱,多数较深,其内亦少见朽木痕迹。这些柱洞可能为当时居住的一些遗迹。灰坑共发现27个，Ⅲ、Ⅳ、Ⅴ区均有发现，有圆形、方形和不规则形几种；灰沟3条。此外还发现清代墓葬一座。这一时期的遗物以陶器、瓷器为主，有少量铜钱。陶器主要有罐、瓮、钵、擂钵等，多已残破；瓷器有碗、盘、盏、执壶等，釉色有酱釉、青釉、青白釉、仿钧釉及黑釉，装饰手法主要为模印；铜钱有行体和篆体2种形制的“元丰通宝”及一些清代铜钱。

依据地层叠压关系及对各期发现的墓葬、出土遗物特征分析，北大岭遗址第一期出土的陶器火候低，制法原始，多见泥片贴筑法，纹饰较单一。石器以磨制石器为主，磨制部位以刃部为主，不见双肩石器，打制石器仅见极少量的砍砸器。墓葬埋葬方式以屈肢葬为主，出现肢解葬。综合广西革新桥遗址、顶蛳山遗址等新石器时代遗址分析，年代应属于新石器时代中期偏晚阶段。第二期文化出土的陶器以泥质、夹细砂陶为主，不见第一期的粗砂陶，纹饰也以细绳纹为主，第一期的粗绳纹也已消失。陶器器形增加，有高领罐、带耳罐、小陶罐、陶钵、陶盆等，以高领罐居多，并出现装饰花边。石器则以双肩磨制石器为主，选料讲究，磨制精美。此期的文化内涵与第一期有明显区别，特别是有肩石器、石铲的出现，表明已进入新石器时代晚期。第三期墓葬形制单一，随葬品简单，数量较少，不见兵器。广西的平乐银山岭、武鸣安等秧山等地发现了大量的战国墓葬，出土了大量的陶器、铜器、玉器等器物。根据与这几处墓地材料比较，此期墓葬年代应为战国时期。第四期墓葬的形制、出土的陶器、铜器、玻璃器与广西合浦、贵港、平乐银山岭等汉墓出土的器物相似，为汉代墓葬无疑，但17座墓葬可能也有早晚关系。第五期的遗迹、遗物稍为凌乱，但出土的瓷器中有广西宋代民窑瓷器常见的器形和釉色，陶器也有宋代常见的器物，并且发现清代墓葬和铜钱，因此年代为宋至清代。

北大岭遗址的发掘，使广西首次在一处遗址中发掘到自新石器时代至明清时代基本衔接的不同时期的遗迹和墓葬，为研究红水河流域古代文化的发展序列、社会经济形态、生活风貌、丧葬习俗以及与周边文化的关系等提供了不可多得的实物资料。新石器时代晚期地层发现的双肩石器坑，为探讨广西大石铲的起源找到了新的证据。

林　强　谢广维　宁永勤

原载2005年12月1、2版

18

江苏邳州梁王城遗址发掘

梁王城遗址位于江苏省邳州市的北部，距市区 37 公里，隶属戴庄镇李圩村。遗址东南约 1 公里处为胜阳山和禹王山，西南约 2 公里处为望母山，东北处有运女河并流经遗址东面。遗址在李圩村的西边，京杭大运河(中运河)的东岸行洪道内。遗址上现保存有高出周围农田 1—2 米的城墙，平面近长方形。南、北城墙保存较好，西城墙的南部大多已在挖运河时被破坏，南城墙现残长 900 多、北城墙残长 800 多米，南北城墙相距约 1100 米，遗址总面积 100 多万平方米。从断面观察文化层厚度达 5 米多。1957 年，南京博物院考古调查发现该遗址，认为其上部是汉到春秋战国时期的堆积，下部是商周时期的堆积。

2004 年 4 月—2005 年 4 月，由南京博物院考古研究所、徐州博物馆、邳州博物馆、南京大学考古专业学生共同组成的梁王城考古队对梁王城遗址进行了首次主动科学发掘，发掘总面积约 1100 平方米，取得了重大收获。发掘结果表明，文化层堆积深厚(普遍在 4 米左右，最深处达 5 米)，内涵丰富，地层堆积从早到晚依次为大汶口文化层、龙山文化层、商周文化层、春秋战国文化层、北朝—隋文化层以及宋元文化层等。发现了大汶口文化晚期的房址 6 座、儿童陶棺葬 6 座，龙山文化时期的浅地穴房址 1 座、墓葬 1 座、周代墓葬 14 座、春秋战国时期的大型夯土台基 1 处、北朝—隋的大型

■陶鼎

■F5大型石础建筑基址

0.5、深0.35、距地表3.7米。埋葬一儿童，以陶鼎作为葬具。陶鼎系打成大块的陶片，在墓底以鼎口沿、腹片相叠并排铺垫一层，然后把儿童放置其上，再以打碎的陶片盖满全身。人骨侧身，头朝东，面向北，下肢稍弯曲，骨架保存较完好，经鉴定其年龄在5岁左右。随葬有一件小器盖。葬具经拼对、复原，为2件器物，一

石础建筑基址1处，发现各个时期的遗迹计灰坑122座、灰沟6条、井5口、道路3条等，出土陶器、瓷器、石器、青铜器、玉器、骨器及琉璃器、铁盔甲、兵器、铁工具农具等共1000多件。另外，通过对南城墙的解剖和东、西、北城墙的调查钻探确定了梁王城城址的始建年代为战国时期，梁王城是一处面积100多万平方米的战国古城。

此次发掘的主要收获如下：

史前时期：主要遗存包括大汶口文化时期和龙山文化时期的遗存。有房址、道路、灰坑、墓葬等。

在大汶口文化地层中共发现陶棺葬6座，分别编号为M2、M3、M4、M5、M6、M7。其中以M6和M7保存较好。M6为长方形土坑竖穴墓，墓口长1、宽

件为折沿敞口深腹扁凿形足鼎，另一件为折沿敞口球形腹扁凿形足鼎。M7为长方形土坑竖穴墓，墓口长1.5、宽0.55—0.6、深0.4、距地表3.62米。北距M6约0.5米。埋葬一儿童，亦以陶鼎作为葬具。葬法与M6基本相同。

在大汶口文化晚期地层中还发现了5座房址，分别编号为F2、F3、F4、F8、F9、F10。其中，F3、F8、F9、F10等4座房址发现有大面积的红烧土倒塌堆积，以F8和F9保存较好，均为浅地穴房址。F9仅揭露房址的西南部分，F8清理得较为完整。F8，浅地穴房址，平面呈圆角长方形。红烧土倒塌堆积不仅覆盖地穴，还向外延伸。地穴东西长5.4、南北宽3.24、深约0.4米，面积达17.5平方米，正方向。房内发现中心柱

洞1个、边柱7个。在房址的里面及北边各发现一件折沿垂腹扁凿形足陶鼎。房址之间有红烧土道路相连。

龙山文化时期的主要遗迹有墓葬和房址等。

M20，土坑竖穴墓，平面为圆角长方形，墓口长1.7、宽0.2—0.3、深0.25、距地表3.3米。墓内填土为灰黑土，土质紧密，坚硬，含有少量龙山文化时期的陶片。墓内埋葬一成年女性，俯身直肢，两手置于腹前，下肢交叉，左侧下肢叠在右侧之上。在头骨两侧的耳部分别发现有一件玉玦。其中一件径长2.5、另一件径长2.1厘米，玉质一般。人骨架保存相当完好。

F7为一座浅地穴房址，分布于T8、T9的东部及扩方内，平面呈圆角长方形，东西长4.55、南北宽2.6、深0.25、距地表3.3米，面积11.8平方米。门道朝南。共发现柱洞9个，由2个中心柱及7个边柱组成。房址的东南大部被G6所破坏。在房内发现了6具非正常死亡的人骨及1个头骨，且多有挣扎和叠压现象，多俯身。分别编号为1号、2号、3号、4号、5号、6号、7号人骨。其中，1号人骨位于房址的西北处，保存尚好，俯身，头向西北，面向东北，下肢成折叠状向左右敞开，似坐禅状，但俯身向下，其右侧下肢骨压在2号人骨的下肢骨上；2号人骨，位于房址的中部偏西，保存尚好，俯身直肢，头南脚北，上身贴近房址的中心柱洞，其盆骨压在4号人骨的下肢骨的下端之上；4号人骨，位于房址的西部中间，保存一般，侧身，头向南，面向东，人骨的上半部与下肢的夹角近90°，上肢弯曲，平行置于前方，左侧下肢直伸，右侧下肢弯曲，4号人骨除被2号人骨叠压外，其左侧脚趾骨还被3号人骨的上肢骨压在下面；3号人骨，位于房址的中部偏西北处，2号人骨的东边，保存较差，仅发现有头骨和部分上肢骨，头向西，面

■F7陶器出土情况

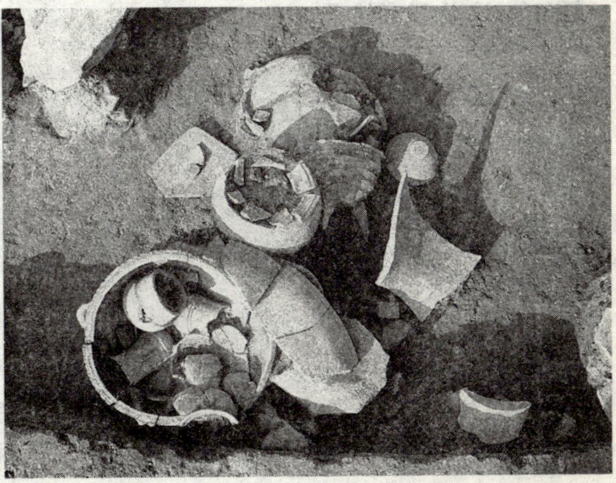

向北，部分上肢骨在头骨的南面，压在4号人骨的左侧脚趾骨之上；5号人骨，位于房址的北部中间，保存较差，比较散乱，头骨较碎，向东南，面朝下。右侧下肢骨稍完整，其股骨的近端接近下颌骨。左侧的股骨与胫骨脱离，相距较远。上肢骨较零散。该具人骨排除被后期扰乱的可能，很明显是属于非正常死亡；6号人骨，位于房址的南部中间，保存较差，除去部分人骨可能被后期的G6所破坏，仅存头骨和小部分上肢骨及下肢骨。头骨破碎，面向不清。从残存的上肢骨和下肢骨的位置推测，6号人骨死亡时应是头朝西，面向南，侧身屈肢；7号人骨，位于房址的西南处，靠南壁，仅存头骨。7具人骨经江苏省文物局李民昌研究员现场初步鉴定，1号、2号、5号人骨均为壮年女性，3号、4号人骨为青年女性，7号人骨为少年女性个体，6号人骨为少年个体，性别不明。除去性别不清的6号人骨外，房址内的死者均为女性和未成年人，推测很可能是部落间的冲突导致了这场灾难。在房址的西南部有2大堆炊食器，多数比较完整，其中一堆陶器有罐形矮足鼎、折沿鼓腹罐、觯形杯、单把罐，另有平底罐、卷沿盆各1件，覆碗形器盖3件；另一堆陶器有鸟喙形足鼎2件、折沿鼓腹平底罐3件、觯形杯2件、铲形足鼎、宽扁形足鼎、带流罐、覆碗形器盖、陶匜、双耳盆各1件。其中一件鸟喙形足大陶鼎内盛放着1件带流罐、1件折沿鼓腹平底罐、2件觯形杯等小器物。出土陶器组合较完整，时代特征明显，为龙山文化早期的典型器物。

■M6、M7清理前情况

为解开梁王城之谜，对残存地表的城墙进行了解剖。在遗址的南城墙中部偏西布了一条正南北的探沟。发掘结果显示城墙主体底部宽约25、顶部现宽约12、高度现存约3米。据发掘及钻探的结果显示，在南城墙体的南面15米处有护城河，护城河宽约50、河面距地表约3米。在城墙的夯土里出土有较多的陶片及部分原始瓷片，有锥状绳纹鬲

■遗址外景

足、绳纹鬲卷口沿、小高领直口厚唇罐口沿、折腹豆盘、豆直柄、内底有水波纹的原始瓷片等。在城墙主体下的灰坑里亦出有相类似的陶片。总之，出土陶片单纯，时代特征明显，表明城墙的建筑年代当在春秋战国之际。此外，在T7和T9的南部发现有东西长13米多、厚约0.7米的夯土台基，从层位关系及台基的包含物分析，该夯土台基属于春秋战国时期。

在北朝—隋时期的地层中发现有一座大型石础建筑基址，编号为F5。

梁王城遗址史前时期堆积非常丰富，其大汶口文化龙山文化遗存与其附近的刘林遗址、大墩子遗址、花厅遗址共同构成黄淮地区史前文化圈，相互之间有着密切的关系，对研究史前聚落和黄淮地区古代社会文明化进程有着极其重要的意义。属于龙山文化早期的F7的房址内，发现了7具非正常死亡的人骨，不似居室葬，也没有发现洪水、火灾或是房屋倒塌等现象，屋内生活用的陶器完整放置于门道旁，所有骨骸都作挣扎状，呈不规则的相互枕藉，多俯身，除一具性别不明外，几乎全部是妇女和未成年人，据此推测他们罹难于部落间的冲突，此类遗迹在龙山文化中尚属首次发现，对研究龙山文化时期的社会状况提供了新资料。

梁王城遗址历史时期遗存也极其丰富，本次发掘确定梁王城为面积逾100万平方米，为战国时期苏北最大的城址，梁王城连同周围同时期的鹅鸭城遗址、九女墩墓地共同构成了黄淮地区春秋战国时期的历史框架。尤其可贵的是梁王城遗址大部分是被黄泛泥沙层所淹没，遗址保存状况很好，适宜被列为大遗址保护对象。

林留根　周润垦　张浩林　原　丰

原载2005年7月22日1版

19

浙江桐乡姚家山发现良渚文化高等级贵族墓葬

姚家山遗址位于浙江省桐乡市屠甸镇荣星村南星桥组。遗址中心原为一个西北—东南向分布的长方形土台,其南部有河道近东西向流过。因文革期间修筑村道和近年的取土破坏,土台的中部和西部遭严重破坏,导致良渚大墓暴露,曾有玉璜石钺等文物出土。因土台被列入桐乡市土地平整计划,2004 年 10 月初,桐乡市博物馆先行对该土墩进行试掘并发现良渚文化贵族墓葬。浙江省文物考古研究所获讯后,与桐乡市博物馆组成联合考古队,于 2004 年 11 月—2005 年 1 月,对遗址进行扩大发掘。揭露面积前后共 1300 平方米,发现良渚文化人工堆筑的高台墓地 1 处,清理良渚文化高等贵族墓葬 7 座,祭祀坑 21 个。出土陶、玉、石、牙骨器等珍贵文物 260 余件

■M3石钺

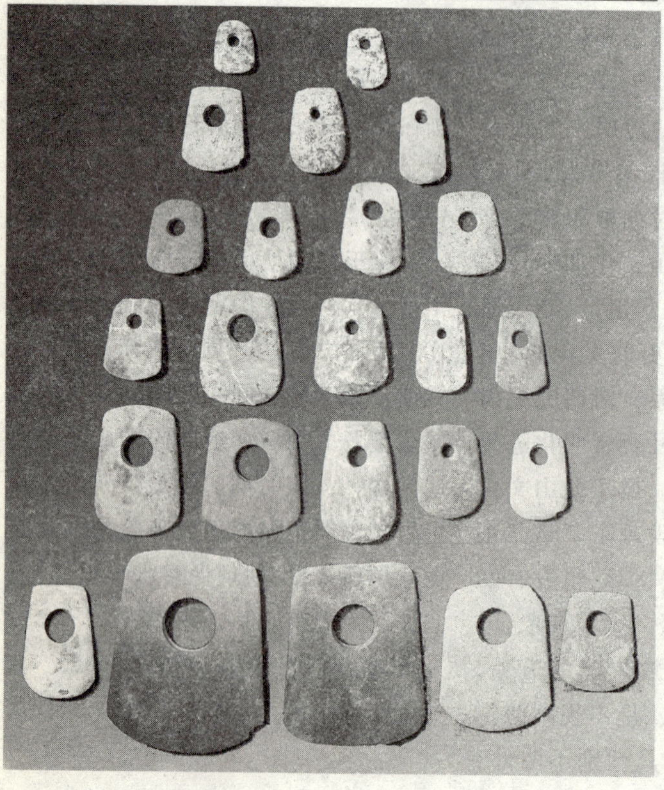

(组)。

发掘和钻探表明，遗址的最下层生土为平坦的沼泽相沉积，内含丰富的木头、芦苇等植物和蚌类、田螺等动物遗存。其上有一层堆积土，土质细软，包含较多的动植物和崧泽—良渚文化过渡时期的遗物，应属某种水相沉积的遗存。该层上部有一层黑灰色土，是大量植物在短期内炭化形成。其上为人工堆筑的土台。土台呈长方形覆斗状，西北—东南向分布，现存高 3.5、顶面宽约 23 米左右，长度因东西部遭破坏不详，据钻探，推测当在 60 米以上。由剖面观察，土台下部堆筑黄黑色湖沼相沉积土，土质纯净致密，不含陶片，当是取自水面以下的淤土。联系到土台南部现存的小河道，或与当时的取土活动有关。上部堆土为纯净的黄褐斑土，可能来源于濒水位置的生土。土台营筑过程大致分三阶段，在堆积相上表现为三期堆土层间夹有 2 层较薄的黑灰土，含有陶片和有机物，说明营建的过程中有短暂间隙。

■M7 墓葬

土台面上发现良渚文化贵族墓葬

■发掘区全貌

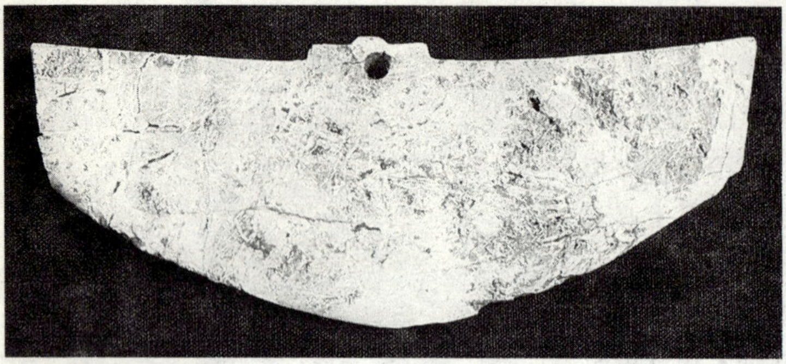

■玉刀(耘田器)

7座、与墓葬相关的祭祀坑21个。墓葬分布于土台中部，分南北2排东西向依次排列。M1、M5为北排，M4、M2、M3、M7、M6构成南排。墓皆开口于表土下，打破土台顶面，墓向190—205度之间，大体垂直于土台的走向。墓葬为长方形土坑竖穴墓，墓坑长317—435、宽130—200厘米。墓内大多发现棺椁痕迹。墓葬中人骨已朽，部分可见残痕，显示墓主头向朝南。墓葬内出土大量玉、石、陶、牙骨器等珍贵文物，其中玉石器占大多数，除有三叉形器、钺、梳背、璧、镯、锥形饰、玉串饰、柱形器等良渚文化大墓中常见的器形外，还发现2件玉刀("耘田器")，其中一件的顶部有冠状凸起。另外还出土5把玉镰。这2类玉器是在正式考古发掘中的首次发现。石器器形主要为厚体石钺，也有少量石镰、石镞等。M3一墓中就出土各类大小不一的石钺25件，其中一件厚体石钺上发现刻划图案，颇为罕见。以往良渚文化大墓中极难保存的牙骨器在这批墓葬中保存相对较好，M2中出土了刻有简化兽面纹的象牙器，M3玉梳的象牙梳齿亦清晰可辨。墓葬的陶器数量较少，组合为带甑鼎、豆(或簋)、罐、盆，另有尊、双鼻壶等。其中M2的一件黑皮陶器盖上刻划数组鸟纹与龙蛇纹的精致图案。由陶鼎看，北排2墓随葬大敞口凹足鼎，形制独特，在以往发掘的良渚文化墓葬中少见，南排墓则多随葬鱼鳍足鼎。

■玉镰(戈形器)

总体而言，这批墓葬大体属于良渚文化的中晚期,各墓的年代有早晚。

墓葬周围和土台的西部发现21个长方形的土坑，皆与墓葬开口于同一层。这些坑皆与土台走向平行而与墓葬保持垂直,长100—180、宽50—80、深35—100厘米。边壁陡直,平底或浅圜底,坑内填土纯净,基本不见包含物,少部分底部有黄白色细淤土面,显示坑内可能有过空间。根据以往对本地区其他地点类似迹象的分析,这些坑是与高台墓地或墓葬相关的祭祀坑。祭祀坑的分布似乎有一定规律,有的墓葬周围分布有多个，有的墓周围则没有。未发现墓葬打破祭祀坑的现象,而祭祀坑打破墓葬现象则有数例,甚至有的打断了墓底的棺椁线的痕迹，但没有发现坑打破墓葬中心位置的现象，说明一部分坑应与特定墓葬存在对应关系，开挖该祭坑举行某种祭祀活动的时间与墓葬的埋设时间存在一定的间隔，推测可能是封土等地面标志模糊后无法确认墓葬的精确位置,使祭祀坑打入葬具位置。另外一些坑则可能与整个墓地相关。

姚家山是浙北地区近年来发现的最高级别的良渚文化墓地。桐乡、海宁一带是除余杭良渚遗址群外良渚文化遗址的另一个密集分布区域，姚家山的发掘可谓该地区众多良渚文化发现中的点睛之笔。本次发掘为研究和探索良渚文化的区域类型、丧葬习俗、高土台的营建目的与过程，祭祀坑与墓葬的关系等诸多方面提供了重要线索和实物资料。

王宁远　周伟民　朱宏中

原载2005年3月30日1版

20

浙江余杭星桥后头山遗址发掘一处良渚文化墓地

为配合宣杭铁路复线杭州段建设工程,2004年9—11月,浙江省文物考古研究所和余杭区博物馆联合对杭州余杭区星桥街道南星村后头山遗址进行了抢救性发掘，发掘面积700平方米。发掘一处良渚文化墓地,清理墓葬21座,灰坑4座,包括1处面积近60平方米的红烧土坑状堆积，出土玉、石、陶各类器物500余件。

后头山遗址位于由东、南、西三侧海拔约21—34米低山形成的开口朝北的U形口内。墓地依托东侧自然山坡，在近坡脚处堆土营建出一个相对平缓的埋葬环境。墓地营建的范围南北长约50余米，东西宽15—25米不等。

■H2内出土2件套组合石犁

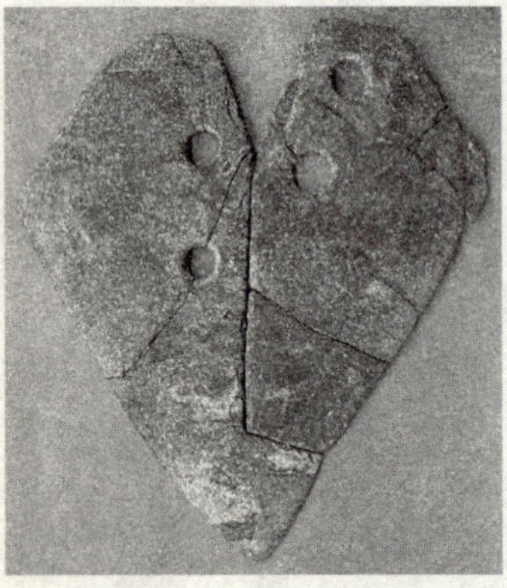

根据地层关系和墓葬的开口层位，该墓地的形成主要经过了4个阶段,其中第一阶段墓葬3座、第二阶段墓葬10座、第三阶段墓葬3座、第四阶段墓葬5座。第一至三阶段的墓葬相对集中地被埋于此营建范围内的中部，而第四阶段墓葬均发现于营建范围内的东北侧，墓葬分布有往东侧坡上即高处发展的趋势。墓葬布局上,第二阶段的10座墓葬呈东西成排分布的南北2列,显示出一定的规律,其中南列墓葬7座,北列墓葬3座。

值得关注的是，在墓地的西侧发现一处面积近60平方米的红烧土坑状堆积H2,H2内含有大量呈红、黄、黑、褐等不同颜色的烧透和半烧透土，同时夹杂有草木灰、被烧成白色的动物肢骨。结合层位、出土物,H2应至少与第二阶段墓葬共时，第二阶段的10

M18出土龙首形饰玉器

座墓葬有规律地分布在H2的东部和南部。初步推测,H2应是一处与火烧有关的祭祀场所，是墓地的有机组成部分。H2内出土物包括可辨器形的鼎、缸、豆等陶器和石器,其中出土的一件形态罕见、经拼粘基本完整的2件套组合石犁，出土时大小碎片集中分布在一起，似为有意砸碎丢弃在这里，这是否是当时一种特殊的祭祀方式值得进一步探讨。

墓葬均为长方形竖穴土坑墓,其中M18发现有棺的痕迹，骨架均已完全腐朽,墓向在165—180度间。随葬品中,陶器种类有鼎、豆、罐、圈足盘、杯、盆、过滤器、双鼻壶、篮形器、纺轮等，不同阶段的墓葬有不同的陶器组合;石器种类有钺、锛、凿、砺石等;玉器种类有冠状器、璜、锥形饰、镯、指环、圆牌饰、琀、坠、珠、管及珠管串。M18:1为一件直径1.4厘米、厚0.5—0.6厘米的玉珠形器,在一侧缘上用浅浮雕的方法雕刻出一突吻、大眼、翘角的栩栩如生的龙首形象。M21在头部出土了2件玉冠状器,一件形态常见,另一件平面略呈长方形,器形小巧,上端有2个弧状凹缺口，下部有2个对钻小孔。显示原来习称的冠状器除有慢慢被一些研究者接受的“玉梳背”功能外,当还存在其他的功能。类似形态的冠状器在M9也有出土。

M21出土冠状器

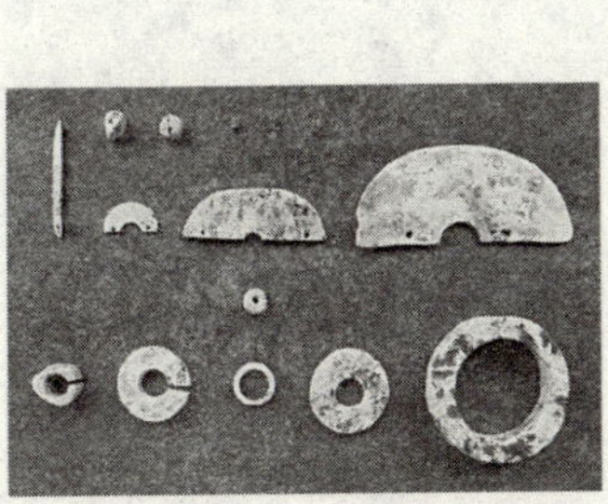

出土玉器

后头山良渚文化墓地的性质应是一处部族墓地，根据随葬玉器的数量和种类分析,M18、M9、M21等墓主应在这个部族中有较高地位或是该部族的首领。

出土器物年代上，第一阶段M20出土的敛口喇叭座豆,M15的弧敛口宽把豆，豆把的特征或装饰仍具崧泽

■后头山遗址发掘现场(南－北)

文化的风格,M12出土的鼎，折腹,深圜底,鱼鳍足厚实,两侧各有2道竖向凹棱,年代应属良渚文化早期;而第四阶段墓葬出土的鱼鳍足外侧加厚已呈"T"字形,圈足盘体型较大,腹部有多周突弦纹，上腹斜直，下腹折收为圈足,年代上约当良渚文化晚期早中段。所以，后头山良渚文化墓地延续年代应超过600年。

2004年3—6月,在后头山遗址东南约400米的三亩里遗址，发掘过一处建立在大规模人工堆筑土台之上的良渚文化中晚期村落遗址，这次又比较完整地发掘了依山而建的部族专用墓地,这为研究良渚遗址群以东,即余杭东部地区良渚文化的聚落状况、特点、文化面貌及与良渚遗址群地区的关系等提供了完整的重要资料。

丁 品 林金木

原载2005年3月11日1版

21

青海喇家遗址继续发现史前灾难遗迹

2004年8—10月，中国社会科学院考古所甘青队与青海省考古所对青海民和喇家遗址继续进行发掘。这次选择在遗址西边的Ⅷ区和Ⅸ区作试探性发掘，意在了解喇家遗址西边区域的遗存埋藏和地层堆积情况，进一步验证灾难事件。以往的发掘都是在遗址的东部或者是在村子中，村子西边是第一次发掘，这对于全面了解喇家遗址的遗存状况十分必要。尽管发掘面积不大，却获得许多新的发现。

喇家村的东、西台地之间相距约五六百米。在村西北台地(遗址Ⅷ区)的断崖附近，由于村民取土和自然崩塌，已经暴露出文化遗存。2004年度在此布方发掘了约200平方米，发现齐家文化成排的房址遗迹共5座，其中F23发现人骨遗骸埋藏，其他房址也都发现了灾难造成的坍塌和洪水冲击现象和大量的房内原生遗物散落现象，附近地层中还发现地震裂缝和砂脉现象。地层堆积的灾难现象自然分层与原先在遗址东部发掘所知的地震和洪水灾害先后地层现象相吻合。进一步证明整个喇家遗址经历了同样的自然灾害的袭击，造成聚落的毁灭，重现并印证了喇家遗址的灾害原因和灾难现象。

■人骨遗骸

■彩陶双口壶

F27、26、23、24为从北向南并列的一排房址,门皆向东。F25为台地边缘上暴露的已经残毁的房址，经过细致清理,发现门向西,与前一排房址相距约10米,地层关系相同,可能是2排房址相对而居，类似竖井式的窑洞布局结构。这种形式,与遗址东区发现的窑洞为崖壁式布局有所不同。在房址内都遗存有大量的陶器、石器,也发现少量玉器，有的还发现漆器痕迹。在其中3座房址里明确发现了壁炉,其中F27的壁炉保存完好，与先前所发现并解剖复原的壁炉情况完全一致，印证了此前对壁炉的认识。

在F23的室内后侧，发现2具人骨遗骸，系成年人保护幼童状。经鉴定，成年人骨为中年男性,35—55岁，小孩为3岁左右。成年人俯身在地上，下肢扭曲在一起伸向身体右侧，整个身体属于非正常姿势，右臂和身体护住孩子，幼孩的头躲藏在成人的臂弯中，可以看见孩子的嘴边上还有一个红陶三耳杯,似乎是正在作饮水状,而瞬间被突然的灾难所害。这一场景再一次说明，灾难的发生是在人们毫无所知的情况下一下子降临的，人们被地震所惊吓,被倒塌的窑洞所击倒、所压埋，留下了发掘时所看到的各种不正常的人体姿势,从中还能够看出,在突然灾难来临时,人们护佑幼小、相互友爱的情景,体现了一种人性的美。

■房址

■玉器

F25是一座已经残毁破坏了的房址。解剖发现这个房址的前壁不是生土,而是人工堆筑起来的土墙。墙体在堆筑时在地面下凿有小坑,坑中孤立地埋藏有一件白色玉铲,很可能是奠基的意思。在齐家文化玉器的诸多现象中,这还是第一次发现。在清理中,发现F26是经过2次使用的圆形窑洞式房址,先是自然废弃,后又重新加以使用。第二次使用的面积比第一次使用面积缩小了许多。2次使用和废弃的堆积物特征明显不同。

在喇家村西南台地(遗址Ⅸ区),经磁力仪探测后发掘了器物埋藏坑H65,这有可能是一个窖藏,但也不排除是祭祀坑的可能性。该坑呈圆形直壁,直径约2、深约1米。出土了比较丰富的齐家文化多种陶器及石器,可复原器共30多件。尤其陶器种类多样,但器形基本上不重复。其中一件罕见的通体施黑彩线条的彩陶双口提梁壶,为迄今齐家文化所仅见。值得一提的是,在该坑处还发现地裂缝和沙子的堆积层,有3个裂缝穿过了H65,沙子填充了坑穴的口部。这提供了又一个研究、观察、分析灾难现象的现场。

在发掘过程中,磁力仪探测在考古工作中起到了显著的作用。H65的发现就是磁力仪探测的一个重要收获,另外通过磁力仪探测,对遗址西、北延伸的准确范围进行了明确界定。现在,喇家遗址的面积可以有一个很确定的数据,应该已经远远超过原来所估计的20万平方米。磁力仪探测还对遗址上明显的磁场异常区域给出了图示,给考古勘探和发掘提供参考。在发掘同时又尝试了新的土壤采样分析方法,对比分析测试结果显示,喇家遗址某些区域的文化层土壤呈现出农业耕作土壤的某种特征。为今后探索史前农业提出了一个可能的新的实验手段。

叶茂林　任晓燕　蔡林海
张晓虎　钟　建　何克洲

原载2005年3月30日1版

22

山东济南马安遗址抢救性发掘

2004年5—7月，为配合山东章丘唐王山路的修建，济南市考古研究所与章丘市博物馆联合组队对章丘西巴漏河东边的马安遗址进行了抢救性发掘，已发掘面积近2000平方米，发现并清理岳石文化、西周、战国、汉代墓葬72座，龙山文化、岳石文化、西周的灰坑166个，房址4座。岳石文化台基一座，共出土陶、石、骨、铜、铁器等文物150余件。

■西周陶簋

龙山文化遗存主要位于发掘区的东部，有灰坑、墓葬和房址。灰坑多为圆形，直壁，平底。多数为堆置生活废弃物的垃圾坑，出土有鼎、罐等遗物。龙山文化的墓葬有一座M53，为一儿童墓葬。椭圆形，长2.35、宽2、深0.6米，葬式为仰身直肢，无葬具。随葬品有盆、圈足盘、单耳罐、器盖等。房子发现3座F2、F3、F4。F2位于发掘区的东区T3052内，因工程用土只剩房基。房子整体呈

■龙山大镂孔豆

■战国陶鼎

长方形，长3.8、宽4.04米，8个柱础围绕房子呈方形均匀排列，每边都是3个。柱础为圆形或椭圆形，圆形直径40、椭圆形为40—60厘米。柱础底部有明显加工过的痕迹，房子正中只留下一片红烧土。另外还发现少量草拌泥，当为倒塌后的遗迹。门道遭到破坏。F3为半地穴式，位于T1530内，整体呈椭圆形，面积约4平方米，有门道，门道为台阶形，残留一阶，高20厘米。其余台阶遭到破坏。围绕房子有9个直径为12、深15厘米的柱洞。房子底部有活动面，在活动面上有几块石块。房子残深40厘米。F4位于T1533中部，被多个遗迹打破，残深10厘米。在底部有部分红烧土面，在房子东部有2个直径为15、深12厘米的柱洞。从残边的弧度来看此房子面积应在10平方米以上。

岳石文化遗存主要位于发掘区的中部，有灰坑、台基、墓葬和房址。岳石文化的灰坑主要以圆形、直壁、圜底和圆形袋状平底为主，出土遗物有鼎、罐、豆、半月形石刀等。台基只剩西边一边，面积约300平方米，南北残宽23米。从残余的台基看，台基为圆形，整体位于生土面以下，残存的3层夯土分层清楚，最上面一层厚20、第2层厚12、第3层厚8厘米。台基虽是夯打而成但并无明显夯窝。在夯土台基南北两侧第1和2层夯土面上分别置有2个东西向墓葬，无葬具，无随葬品，也无墓坑，系

■工地全景

直接被置于夯土面之上的。由此可判断，这些墓主人可能是修建夯土台基时用来奠基用的。岳石文化的墓葬还有一座M7，打破岳石文化灰坑H12。墓葬形制为长方形土坑竖穴墓，长2.2、宽0.8、深0.8米，侧身直肢，无随葬品，只有一块石块在骨架的脚部。房址一座F1为半地穴式，整体呈椭圆形，残留3平方米，门道遭到破坏，底部成锅底状，居住面有加工痕迹，居住面的一边有3块石头堆在一起，有使用过的痕迹。在房子的东部有2个直径为10、深6厘米的柱洞。

西周文化遗存主要集中于发掘区的西部。主要有灰坑、墓葬，灰坑多为圆形或近圆形、直壁、平底。西周墓葬均为土坑竖穴，共5座M26、M27、M28、M40、M41。面积相差不大，皆为一棺，葬式以仰身直肢为多，有的为侧身屈肢。都有二层台和腰坑，腰坑内有埋葬小动物的习俗。多数墓葬中只有一件随葬品陶盂、陶鬲或陶簋，个别有铜戈。

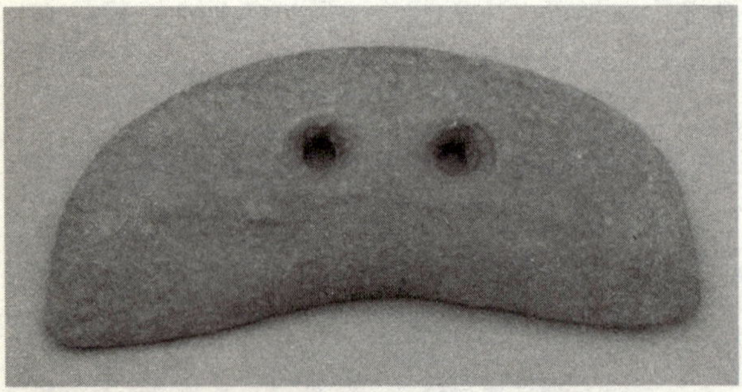

■岳石文化半月形石刀

战国文化遗存主要有墓葬，也集中在发掘区的西部。在不到1000平方米的范围内密集地分布着60余座墓葬。都为土坑竖穴墓。按有无随葬品来分，有随葬品的有23座，其中只有一件随葬品的有11座，多是陶盂。2—5件随葬品的有8座，形制相似。有二层台，一棺一椁，随葬品多是陶盂、陶豆或陶罐，个别有铜剑或铁剑。深度都在3米以上。如M9，位于T1625内，东西向，长方形土坑竖穴墓，长2.5、宽1.2、深3.1米，一棺一椁，葬式仰身直肢面向北。随葬品位于二层台上的有罐1、盂1，位于棺内的有铜戈1和铁剑1。8件以上随葬品的有4座，M49、M52、M66、M69，这4座墓葬形制相似，面积明显较前面的墓大。多在4平方米以上，深度在7米以下，层层夯打而成，一棺一椁，有壁龛。壁龛内置放鼎、盘、壶、豆、盖豆等10件随葬品。棺内放置铜剑、铜戈、铜矛等兵器。兵器中有实用器也有冥器。如M49，位于T2427内，东西向，土坑竖穴，长3、宽1.6、深10.2米，层层夯打而成，一棺一椁，北侧的壁龛内放置鼎1、盘1、壶2、豆4、盖豆2。

棺内放置铜戈3、铜矛2、剑1。M52和M66还有4个仿玉陶璧。

另外的37座墓葬，也为土坑竖穴，多东西向，形制较小，多无葬具，无随葬品。仰身直肢为多。有的有腰坑，腰坑内有埋动物的习俗。它们和其他墓葬一样密集地分布在一起，应该也属于战国墓地的一部分。

西汉文化遗存仅有一儿童瓮棺葬M2，无随葬品。

马安遗址的发掘基本上搞清楚了马安遗址的内涵，特别是岳石文化台基、墓葬、房址的发现；龙山文化房址的发现以及战国墓地的发掘都为各时期的研究提供了实物资料。

郭俊峰　孙　涛　何　利　王兴华

原载2005年7月27日1版

23

山西绛县周家庄发掘一处古代文化遗址

为配合“晋南地区文明起源与国家形成”的课题研究，由中国国家博物馆田野考古部、山西省考古研究所和运城市文物局组成的考古队于2004年上半年联合对山西绛县周家庄遗址进行了试掘。试掘获得了一批丰富的资料，有助于全面认识涑水河流域乃至整个运城盆地新石器时期的文化面貌。

周家庄遗址位于涑水河北岸的二级阶地上，遗址高出现在河道约20米。绛山(南山)在其北，整个遗址坐落在山前的冲积扇上，地势由北向南逐渐降低。该遗址发现于20世纪50年代。最新的调查资料表明，周家庄遗址的面积在10万平方米左右，包含仰韶和龙山2个时期的遗存。资料同时还记录周家庄西北有一个崔村遗址，面积为48万平方米，时代为龙山时期。考虑到二者地域临近，又具有相同的文化面貌，所以，把这2个遗址统称周家庄遗址。

■乱葬坑

对周家庄遗址的试掘从去年5月开始，7月结束，前后共2个月，目的是了解遗址的堆积、文化面貌及其分布情况。发掘地点选在南

北2个不同的区域展开，北区位于周家庄村北，南区位于周家庄村南，实际发掘面积152平方米。周家庄遗址内涵丰富，文化堆积时间长。南部发掘区的文化堆积有西王村三期、庙底沟二期和龙山3个时期；北部发掘区的文化层堆积主要是龙山时期。从发掘看来，周家庄遗址至少包含庙底沟一期、西王村三期、庙底沟二期和龙山4个时期的遗存。其中，庙底沟一期（即庙底沟类型）只有零星彩陶和红陶片发现，未发掘到任何遗迹现象。其他3个时期都有数量不等的遗迹现象发现。

西王村三期文化发现1条浅沟和2个灰坑。浅沟被后期遗迹破坏严重，基本上没有出土遗物。2个灰坑均为圆形坑，一个近直壁，一个呈锅底状。2坑所出遗物只有陶器，可辨器形有尖底瓶、盆、钵、罐等。陶片大都呈浅黄色，纹饰基本是线纹。

庙底沟二期文化发现有房址和灰坑。房址只发现一个，为地穴式，圆形，向外略呈袋状，有通道通往室外，房内有用火的痕迹。灰坑除圆形或近圆形外，还有数量不少的不规则坑，袋状坑和锅底状坑都有，但基本不见直壁坑。其中一个灰坑中埋有身首异处的人骨，这应是社会矛盾急剧对立的结果，也应是社会出现分化的具体表现。出土物以陶器为主，并有少量骨器和石器。陶器以夹砂陶为主，多灰陶。纹饰以篮纹为主，占一半以上，其次是素面、绳纹等。器类有釜灶、大口深腹罐、小口高领罐、敛口瓮、盆（深腹盆、曲腹盆、宽沿盆、斜腹盆）、鼎、斝、盘、豆、刻槽盆、杯等。其中，前5类在所有器类中占有较大比例。

龙山时期除了有房址和灰坑外，还发现了道路。灰坑基本是圆形或不规则形，且袋状坑和锅底状坑都有。2区内都发现坑内乱葬人骨的现象，表明这个时期社会分化的加剧。房址为半地穴式，地面平整后先经火烧烤，形成3—5厘米的板结面，然后再在其上敷一层白灰面。除了半地穴式房子外，

■龙山时期陶器

庙底沟二期时期的那种地穴式房子很可能还在流行。道路发现一条,反复踩踏的厚度有30厘米。出土物有陶、石、玉、骨等,其中尤以陶器为大宗。陶器以夹砂陶为多,灰陶占有绝对地位。纹饰以绳纹为多,其次为素面、篮纹等,方格纹很少。龙山时期的主要器类有:鬲、甗、束颈深腹罐、圈足罐(瓮),敛口瓮、盆、豆等,此外还有斝、小罐、单耳杯(双耳杯)、甑、釜灶(灶)、器盖、侈口深腹罐、方格纹圆腹罐、双腹耳鼓腹罐、双腹盆等。

从单个器类看,在龙山时期,周家庄遗址与临汾盆地和垣曲盆地同类器物并没有太大的差别。不过,从纹饰看,周家庄遗址多绳纹,少见方格纹的特点并不同于垣曲盆地;从器类看,周家庄遗址除鬲、甗外,束颈深腹罐、圈足罐(瓮)等的大量存在与垣曲盆地也形成鲜明的对比。相比之下,其特点更接近临汾盆地,表明以周家庄遗址为代表的运城盆地与临汾盆地的文化面貌相近。从一些主要器类看,这种差别很可能从庙底沟二期文化便已开始。

发掘之余,考古队还对周家庄遗址的分布范围、遗存分布情况进行了调查。目前已知的遗址范围:南北长2200、东西长2500米,遗址面积约500万平方米。从调查看,该遗址至少包含仰韶、庙底沟二期、龙山、二里头、二里岗、周代6个时期的遗存。其中,仰韶和庙底沟二期遗存主要分布在遗址的东南部。龙山时期的遗存遍布整个遗址。二里头和二里岗时期遗存只是零星分布在遗址的东部。周代遗存除东部有零星分布外,主要集中于遗址的西南部。

过去,运城盆地的考古工作相对薄弱,周家庄遗址的发掘和调查有助于重新认识运城盆地先秦时期的文化面貌,探讨与周边地区的关系。

王力之　王立忠　洪　梅

原载2005年6月1日1版

24

山西芮城清凉寺揭露庙底沟二期文化大型墓地

芮城清凉寺墓地属于寺里——坡头遗址，该遗址位于山西芮城县东北部，东南距县城约20公里。2003年深秋到初冬，山西省考古研究所等单位对清凉寺墓地进行了小规模考古发掘，取得了重要收获，在《中国文物报》上报道后，引起了学术界的普遍关注。鉴于墓地随时有被盗掘的危险，2004年，经国家文物局批准，又对该墓地进行了较大规模的田野考古发掘。

这次发掘的地点仍旧选择在清凉寺东北，首先对该墓地的范围进行了详细的考察，然后在墓葬分布最密集的区域由西到东逐墓进行清理，至去年11月底，已经清理墓葬262座，其中包括2003年发掘的30座。通过对墓地集中、较大面积的发掘，对该墓地的情况有了进一步的了解和认识。

墓葬排列有序，南北成行，东西成列。其中最明显的大型墓葬，相互之间的距离相近，显然经过有意的安排。小型墓的下葬年代与大型墓有别，由于保留下来的墓葬经历代破坏，现存墓葬不如大型墓那样整齐划一，但从迹象上看，也有明确的排列顺序，方向与形制和大型墓基本相同。

■2004年清凉寺发掘区(西-东)

墓葬无论大小，均为长方形土坑竖穴，全部开口在表土层或后期的垫土层下，在不同区域厚度差别较大，由于历代对这片墓地所在区域有不同程度的破坏，因此绝大部分墓葬现存的口部不是当时下葬时的地平面。大、小型墓葬主要依规模大小确定，小型墓葬一般长约2米、宽仅

■M57

0.5—0.8 米、深度多数约在 0.5—0.8 米之间，个别墓揭去耕土即为人骨；大型墓宽约 0.3—1.8 米、长约 2.3—2.6 米、大多数现存深度约 1—1.2 米、部分墓葬的深度达 2 米以上。

墓主人均为成人，头向正西，多数为一次葬，以仰身直肢者为主，也有部分墓葬的葬式比较特殊。死者骨骼上一般均涂朱红，有的墓葬在整个墓底均撒一层朱砂，尚红是当时的一种葬俗。

大部分大型墓均有熟土二层台，这些墓葬应该有葬具，但没有保存下明显的痕迹；大墓中约有一半以上有小孩殉葬，显得地位十分高贵；墓内的骨骼被扰乱的达 90%，因此骨骼不全或位置错乱的迹象比比皆是，而且有些墓葬的墓圹内还有部分头骨或肢骨与墓主人并非一个个体。这些迹象表明早在下葬后不久这类墓葬就已经被盗扰了。

在所有发掘的墓葬中，有随葬品的墓葬约占 1/3，这可能导致大型墓葬绝大部分被盗扰，其中分布于东部区域的大型墓几乎全部被扰乱。被扰乱的墓葬中虽然也留下个别精致的随葬品，并且有精美的玉器，但数量与下葬时显然相去甚远，部分随葬器物早已流失。

小型墓葬中也有随葬玉石器，而且在一些规模不大的墓中出土的器物比大型墓中的数量还多，种类也基本相同，只是缺少大墓具有特殊身份象征的器物。

墓葬目前发现的随葬品中最多的是玉石器，随葬玉石器的数量从 1—12 件不等，器物的质地和形制也有很大的区别，放置的位置有头部、臂上、下腹部和其他位置。玉石器的种类较少，

■M53 与 M54(下)

■M73 出土七孔石刀

其中最多的是玉璧、环，石刀、玉石钺等，其他器物还有玉琮、石斧、小玉饰等，在这些随葬品中，至少有一部分应该是属于礼器范畴的遗存。

墓葬除出土玉石器外，还有骨簪等饰品和鳄鱼骨板、兽牙和猪下颌骨，但这些器物一般均发现于大型墓葬中，而且并不普遍。

墓葬存在着比较复杂的打破关系，综合地层上的证据，可以以较大型的墓葬为准将清凉寺墓地的主要墓葬划分为3个小的阶段，其中大型墓葬排列整齐有序，应该是属于同一个阶段、同一个部族的墓地；被这些大型墓葬打破的那些小墓是早于大型墓的另外一个阶段；此外还有少数打破大型墓的小墓属于墓地最晚的阶段。

墓葬中发现了少量陶器，这些器物并不是标准的断代器类，根据对小口高领陶罐、侈口深腹盆等器物的特征分析，这批墓葬相互之间虽然也有时间先后的差别，但可以将上述不同阶段的遗存均归入同一个考古学文化；陶器的基本特征与庙底沟二期文化的同类器物比较接近，在墓葬的填土和与其具有打破关系的灰坑中也未发现更早或更晚的遗存，具体年代属于该文化的晚期，和临汾盆地的陶寺遗址早期比较接近。

大型墓不可能全部是具有首领级地位人物的墓葬，除了墓葬的规模有别外，其总数也显得过多，并且在同一时期的墓葬基本均为较大型的墓葬，似乎是一个阶段或大部分成员均可以用的葬制，而其中的首领当然只能是少数。这些大型墓与小型墓之间的不同及其复杂的遗迹现象到底反映了当时的一种什么现实，目前还不能作出圆满的解释。

小型墓葬的死者可能也有身份或财富方面的差距，而且似乎与大型墓葬不属于同一个族群，但没有找到十分有说服力的根据。

由于目前尚未对发掘资料进行系统的整理，对这类遗存的认识也还有待进一步深化，然而该墓地代表的阶段正是史前一个十分关键的时期，因此这批以随葬玉石器、葬制特殊而引起学术界关注的遗存对我国古代文明起源及与此相关的学术课题研究均具有十分重要的意义。

薛新明

原载2005年2月23日1版

25

陕西吴堡县后寨子峁遗址发现庙底沟二期至龙山早期遗存

后寨子峁遗址位于陕西省吴堡县辛家沟乡李家河村西北约 400 米的后寨子峁山梁上。后寨子峁由 3 座山梁连接而成,平面略呈“人”字形,遗址就分布于 3 座山梁上。2004 年 8 月,为配合青岛—银川国道主干线陕西境内子洲至吴堡段高速公路的修建工程,陕西省考古研究所在考古调查过程中首次发现了该遗址,并于 8—12 月对其进行了勘探和第一次发掘。后寨子峁遗址面积约 21 万平方米,本次发掘面积近 3000 平方米,主要为庙底沟二期至龙山早期的遗存。

后寨子峁遗址的布局大致可以分为 3 部分,即 3 个山梁各为一部分,其中地势较低的 1、2 号山梁均发现有石砌的围墙,而地势较高的 3 号山梁则未发现石围墙。目前已在这 3 个山梁上共发现房址 70 余处(已发掘 48 座)、灰坑近 20 座(已发掘 13 座),并发掘陶窑 1 座、石围墙及墙外壕沟各 2 段。

1 号山梁三面临沟,西北端与 3 号山梁相连。在 2 座山梁相接的马鞍部有一道西北—东南走向的石围墙,将它们隔断。墙体外侧(即 3 号山梁一侧)地势较低,略似壕沟,其底部低于围墙内侧(即 1 号山梁一侧)地面。围墙和壕沟使地势较低的 1 号山梁形成一个相对独立的整体,这样既有利于 1

■带有土踏步和储藏室的房址

号山梁的防护，可能也有当时聚落内部人群血缘关系和社会结构方面的因素。石围墙中部偏西北处有一石台阶,共5级,应是1号山梁与外部的一条通道。石台阶上和石台阶外的壕沟底部有多层踩踏路面,分别通向山下和高处的3号山梁,表明3座山梁上的人们有着某种密切的联系。石围墙残长约35、残高0.5—1.8米,均以当地砂页岩石片、石条和石块砌筑而成。墙体表面整齐美观,上部内收呈护坡状,墙体与土坡之间填以土石，保证了墙体的坚固耐用,也反映了砌墙技术较为成熟,在之前应当有一个较长的发展历程。另外,石台阶以内有一座葬有完整狗骨架的圆形坑，当与城墙或石台阶修建的某种宗教仪式有关。

■陶窑出土陶器

2号山梁与1号山梁地势相似,临沟的三面山坡中上部残存有断断续续的石围墙,石围墙外未见人工壕沟。与3号山梁相连的马鞍部也有石围墙,而且墙外挖有规整的壕沟，使得2号山梁也成为相对独立的部分，并在壕沟东端留有土台阶与外部相通。此处的石围墙残长约30、残高1—4米,砌墙的石材、技术、风格和墙体结构均与1号山梁的围墙相同。壕沟深约2—3、口部宽3—3.5、底部宽1.8—2.45米。石围墙从壕沟底部起建，以壕沟一侧边壁为依靠向上砌筑，墙体略向沟壁斜靠以增加其稳定性。墙体至壕沟口部以上则垂直起建，可见靠沟壁斜建的墙体部分既有保护沟壁的作用，又有加固墙基的效果。

3号山梁上未发现石围墙,这可能与其地势最高有关，加之3座山梁之间互为犄角之势,有利于安全防卫。

本次发掘的48座房址分别位于3座山梁上。其中1号山梁11座,2号山梁22座,3号山梁15座，除此之外各山梁上均有尚未发掘的房址。房址沿山坡层层而建,由下而上形成多排,规模相当宏伟。2号山梁上的房址一直延续至山顶台地上，且房址分布密度较大。房址建造方式可分为窑洞式、半地穴式以及半地穴式与窑洞式相结合的复合式3种，未发现典型的地面式房址,这应与遗址所处的山坡地势有关。房址的平面形制大致可分为“凸”字形、“甲”字形、“吕”字形、刀把形和不规则形等种类。

“凸”字形房址一般为窑洞式建筑，由主室和门道组成：主室平面多为近圆形或圆角方形，顶部虽已坍塌，但从室壁残存的弧度分析应当是穹隆顶；门道为内宽外窄的过道，多为拱形顶。室内地面和墙裙多为平整光滑的白灰面，主室正中或门道一侧一般有灶坑。室内面积多为10平方米左右，主室复原高度约为3—4米。此类房址约占所发掘房址总数的1/4，规模一般较小。

“甲”字形房址只发现一座，位于3号山梁东南部，与“凸”字形房址形制、规模和建造方式比较接近，所不同的是甲字形房址门外有一条很长的坑道通向远处，使窑洞显得更加幽深和隐蔽，门外通道宽约1.2、长约15米。

吕字形房址均为复合式建筑，由前室、过道和后室3个主要部分组成。后室一般是主室，为窑洞式建筑，直接掏于生土断崖之中，穹隆顶，平面有圆形、圆角方形和后圆前方等形制，面积较大，一般在15—20平方米之间。后室的地面和墙裙多为平整的白灰面，地面正中有一处黑彩绘制的灶坑或火盘，多为圆形或圆角方形，略低于地面或与地面持平，中间有烧火痕迹和灰烬，应是炊饮、取暖、照明或保存火种的场所，墙裙底部与地面相交的地方有一周深红色的彩绘条带，类似于当今房屋装修时的地角线。过道是连接前后室的窄长形通道，类似于唐墓中的甬道。过道有拱形顶的，也有立柱搭顶的，面积一般为2—3平方米。过道的地面、墙裙也饰以白灰面和红色彩绘“地角线”，墙裙顶部白灰面上有一周用手蘸黑彩抹划的痕迹。白灰面厚约0.004—0.011米、红色彩绘“地角线”宽约0.04—0.1米、墙裙高约0.6—1.2米、黑色彩绘灶坑或火盘边长（或直径）约0.5—1.4米。前室一般为半地穴式建筑，平面形制为方形或长方形，地面和墙壁以平整的砂页岩石片砌筑，面积多在3—6平方米之间。前室、过道和后室之间有窄门或立柱相隔，使3部分相互连通而又相对独立。此类房址的总面积多在20—30平方米之间，其房址数目在所发掘的房址中约占1/4，在3座山梁上均有分布，很

■遗址地貌俯视

可能是有组群关系房址群的中心单元。

刀把形房址只在2号山梁上发现一座，由近方形主室和窄长的通道组成，通道位于主室前壁东侧。主室为窑洞式建筑，边长约2.5—3米，面积约8平方米。室内地面以大型石片铺砌，地面正中石板上凿有一处圆形的洞，直径22厘米、深23厘米，口大底尖，可能是储存火种罐或尖底器的坑洞。这种房址面积较小，与附近的另一座大型房址似为一组，可能是该大型房屋的附属储藏室或厨房。

有些房屋后室的后壁正中或一角掏有一处小型的洞室，高于后室地面约20—70厘米，类似于小侧室或大壁龛，多为穹隆顶，少数为拱形顶，面积多在2—4平方米之间，地面上有灰烬或烧火痕迹，应当是储藏室或厨房，其中一处储藏室的墙角发现有壁灯遗迹。

48座房址之间存在着明显的组群关系，如3号山梁的F3和F6，二者朝向同一个方向，门前原有土坯铺设的道路相连，F6门外的斜坡和土踏步拐向F3方向，而且2座房址门外有一处共用的院落（坪），院落地面为大面积的踩踏面。这表明F3和F6之间有着极为密切的关系，房屋主人亦应存在着亲密的血缘或社会关系。

3号山梁的2座房址内发现有被肢解的人骨，经鉴定均为青壮年男性，可能是被处死的战俘或是该部族内部违规之人。

发掘表明，许多大型窑洞四壁有石块或土坯加固的痕迹，这可能是由于窑洞建筑多掏在生土之中，穹隆形土屋顶极易形成坍塌和裂缝等不安全事件，迫使原始先民们采取的加固保护措施。有些房址的原始地面之上有稍晚的地层堆积、地面和灶坑等遗存，应是该房屋被加固或废弃后二次利用的结果。

发掘的13座灰坑多位于房址内或在房址附近，多为筒状灰坑，少数形制不规则，有的灰坑壁上保留有清晰的工具痕。

3号山梁东侧发现一座陶窑很值得注意，它由窑室、窑门和操作坑3部分组成。窑室平面为圆形，底部直径约

■绘制黑彩地画的“吕”字形房址

陶窑正视

2.5米，穹隆顶已坍塌，复原高度约2米；窑室外有一较窄的窑门，宽0.55—0.72米，其底部与窑室的底部在同一平面上；窑门外为一竖穴土坑，类似于操作间，长0.7米、宽1.35米、深0.85米。窑室和窑门的底部和壁面均有厚达30厘米的红烧土，操作间底部有大块的木炭，并出土2件可以修复的陶器，时代约为庙二至龙山早期，未发现更晚的遗物，故而可以初步断定这一遗迹的时代为庙二至龙山早期。

本次发掘出土的器物有陶器、石器和骨器3种。陶器以夹砂陶为最多，泥质陶也占相当大的比例；陶色以灰陶为主，褐陶次之，另有少量黑皮陶和红陶；纹饰以粗绳纹和篮纹为主，篮纹多为横篮纹或向右下方倾斜，附加堆纹比较常见，另有少量压印方格纹、蓖点纹、划纹以及黑色彩陶等；常见器类有缸、瓮、尖底瓶、喇叭口折肩瓶、鼓腹罐、高领罐、盆、平底碗、单耳杯和牛角形陶响器等，几乎不见三足器。石器以磨制为主，也有极少量的压剥细石器，磨制石器主要器类有石斧、石刀、石凿、石锛和石纺轮等；细石器有石刀和石镞。骨器有骨锥、骨笄和骨匕等。陶器与绥德小官道庙二至龙山早期遗址出土的器物比较相似，与内蒙中南部园子沟遗址的器物既有相似之处又有一定的区别。由于发掘工作刚刚结束，器物修复和资料整理尚未正式开展，所以目前只能初步断定，后寨子峁遗址的时代约为庙底沟二期至龙山早期。

后寨子峁遗址是陕北地区第一处大规模揭露的史前大型聚落遗址，其城址布局独特，遗迹分布密集，房屋形制丰富、规模庞大、组群关系清晰，屋内装饰华美，出土器物种类繁多，在陕北乃至北方地区都是罕见的。该遗址地处北方草原向中原农耕地带的过渡区，对于研究陕北地区、河套地区乃至我国北方地区新石器时代考古学文化面貌、文化谱系、聚落形态演变规律以及环境变迁与人地关系等各个层面的学术问题将有较大的推进作用。

王炜林　马明志　杜林渊

原载2005年9月21日1版

26

山西抢救性发掘陶寺墓地被盗墓葬

2005年春节前，山西陶寺墓地被盗。经国家文物局批准，3—6月，山西省考古研究所、中国社会科学院考古研究所山西队、临汾市文物局联合组队对被盗地点进行抢救性发掘，实际发掘面积102平方米。

■出土双耳罐

出土遗迹主要是墓葬，根据其形制可以分为小型墓与大型墓2类。

小型墓2座，规模较小，坑口距地表深1.8米，墓壁加工不规整，墓底不平；均为竖穴土坑墓；葬式均为单人仰身直肢。其中IIM27，平面形状为圆角梯形。墓口长约1.94、宽0.36—0.7、深0.14米。头向东南，面朝西南。头部被锤碎，胸肋骨、右下侧手骨、脚部被扰动，人骨保存质量极差，易碎。墓主人下颌位置出土绿松石管3颗，此外头骨及上身骨骼粘有朱红。

■发掘现场

大型墓4座，均为竖穴土坑，平面为长方形，口径略大于底径，坑壁加工规整。均在陶寺晚期被盗扰，葬具、人骨均不存。其中IIM26，墓口距地表深1.9米。坑口长约3.38、宽1.9—2.24米，墓底长3.9、宽2.46、深3.75米。墓底仅存少部分棺板灰，此外还有不少

■出土陶瓶

绿松石饰品。墓室北壁有5个壁龛,出土彩绘陶壶2件,其中一件陶壶口部覆盖玉璧一块。其余壁龛还出土有兽肋骨、骨刀、双耳罐2件以及陶盆1件。

出土遗物主要有铜器、玉石器、贝蚌骨器、彩绘陶器4类。铜环出土于遗址第3层,直径4.6厘米,材质为纯红铜,这是陶寺遗址发现除铜铃及铜齿轮形器外的第3件铜制品。玉石器也有少量出土,其中IIT7464:7三牙璧颇为特殊,

■铜环

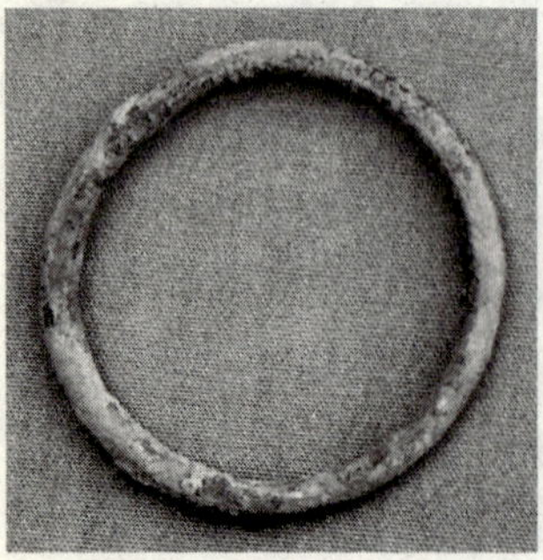

此牙璧钙化严重,呈白色,全器为圆形带中孔,外缘刻出3个牙,每个牙的大小形状大致相同,整器一边厚一边薄,一侧肉的断面呈扁长方形,另一侧断面呈楔形,楔形的一侧肉的内缘方厚,外缘尖薄,外径15、内径7、厚0.1—0.4厘米。彩绘陶器是本次发掘最大的收获,M26出土陶瓶为泥质黑陶,口沿内侧、颈、肩部有彩绘装饰,红彩为主,白彩做边框,图案有彩带、云朵等。侈口,长颈,折肩,斜直腹内收,平底。口径16.5、底径8.4、高31.5厘米。M26出土双耳罐为泥质灰陶,口沿内侧、颈、肩部装饰彩绘,纹饰与上述陶瓶大致相同,直口,双桥形耳自口连接至折腹处,平底,口径7.5、底径4.5、高11.4厘米。

本次发掘的4座大墓均遭到彻底的捣毁,墓主人的尸骨、棺椁、随葬品被随处抛弃。从遗址第3层还出土有不少随葬品的情况看,当时毁墓抛尸的目的并不一定是盗掘古墓、追求昂贵的随葬物品,而是对墓葬主人所代表阶层的一种切肤之痛的报复行为。本次发掘的墓葬出土陶器具有明显的中期特征,因此墓葬的年代定在陶寺中期为宜。

王晓毅　严志斌

原载2005年11月9日1版

27

内蒙古赤峰上机房营子遗址考古发掘

2005年夏，为配合内蒙古赤峰市三座店水利枢纽工程建设，由内蒙古文物考古研究所组织，吉林大学边疆考古研究中心和文学院考古学系对上机房营子遗址进行了抢救性发掘，发掘面积近2000平方米。

上机房营子遗址位于赤峰市松山区初头朗乡上机房营子村村北约0.5公里的山坡上，东南距初头朗乡6、距赤峰市大约50公里。遗址处于阴河右岸北坡的山地上，面积近4万平方米。

发掘区北部发现的2座红山文化陶窑(Y1、Y2)和1座夏家店下层文化陶窑(Y3)，是本次发掘的重要成果之一。

Y1的窑室平面呈圆角长方形，南北长2.25、东西宽1.24、窑壁残高0.6—0.7米。窑室有3个窑柱，南北两端的窑柱平面呈半圆形，中间的窑柱平面呈圆角长方形。3个窑柱之间有2个"U"形火道，2个主火道与双火膛相通并且与沿窑壁一周的"U"形火道相连。火口和火膛位于窑室的西侧。火膛底部与火道连接呈漫坡状，窑的全长为2.78米。窑壁、窑柱和火膛表面均涂抹泥，经火烧成青灰色或暗红色。窑柱及火道之上铺有不规整的石块，石块较厚重，极少见有扁薄的石板，个别有烧裂现象，有的在大石

■发掘现场

块之间还填充有小石块。石板之上放置有陶器,多为倒扣式,也有倾斜或口向上放置的,小型的陶器多放置在大陶器内。陶器主要有夹砂灰陶和灰褐陶,有少量泥质红陶。种类有筒形罐、斜口器、盆、钵等,其中以筒形罐为主。器表饰有弧线之字纹、弧线篦点之字纹、篦点纹、成组刷划纹、刻齿纹和人字纹等,筒形罐器底多数印有席纹。

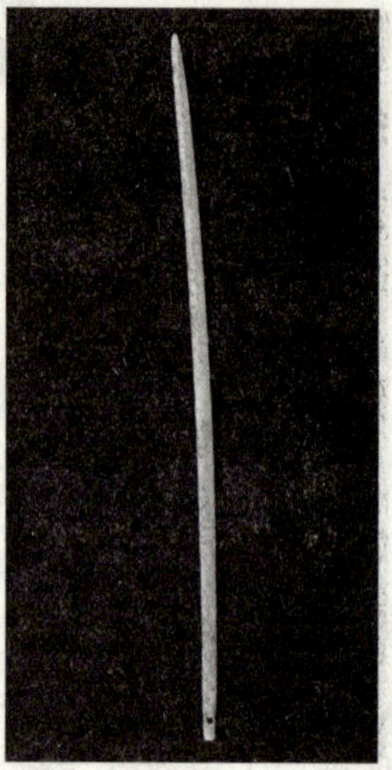

■骨针

Y2位于Y1的西南侧,窑室平面呈圆形,直径0.84—0.88、窑壁存高0.51—0.57米。在窑室西南壁上端挖有一斜向的凹槽,长0.2、深0.2米。窑壁经火烧成红色或暗红色,凹槽及周边被火烧成青灰色。窑室内放置有多个陶器,底部陶器为斜放或倒扣式,上部陶器多为斜置,大陶器内放置有小陶器。窑底发现有5块石头,形状不规则,石块周围及底部发现有大量灰烬。陶器主要有夹砂红陶和红褐陶,有少量泥质红陶,陶器颜色偏红,应为敞口燃烧所致。器类有筒形罐、斜口器、壶、盆、钵等。纹饰主要为弧线之字纹,少量刷划纹、人字纹。筒形罐器底多数印有席纹。

■陶窑

2座陶窑共复原40余件陶器,是迄今为止辽西地区发现的红山文化时期陶窑中出土陶器最多的陶窑。

Y3平面呈圆形,窑室直径1.25—1.37米,东北部被夏家店上层文化灰坑(H51)打破。窑壁残高0.12—0.56米,壁呈弧形,推测窑顶为穹隆状。窑箅仅在东南部保留一部分，厚 0.45—0.5 米。沿窑壁边缘均匀分布有 4 个圆形火眼，较粗，直径在 0.2 米左右。火膛较大，全长 2.32 米，内堆积有大量的红烧土块、灰烬、炭渣、黄土及陶片等杂物。火膛底为红烧土硬面。火口位于窑室的西南，宽 0.5、高 0.38 米。自火口处向下呈斜坡状伸向火膛。窑壁、窑箅、火眼及火膛壁均抹泥，被火烧成青灰色。迄今为止，在辽西地区尚未发现夏家店下层文化的陶窑。

对遗址内夏家店下层文化石城的布局和功能的解析，是本次发掘的另一重要发现。整个石城址依山势而筑，东西石墙外侧为 10 余米深沟壑断崖，南为陡坡或临崖，西城墙外临断崖处还建有一道城墙，北城墙外挖有壕沟，在北城墙的南侧还东西向的石墙，其中部有一凹缺，应为门址，两侧有高出地面的石堆，疑为门垛。在南部有小石墙将其分割成东西若干个区域。石城坐北朝南，整个石城址平面大体分为几个区域：北部大体呈长方形，地势较平坦，有陶窑、房址、灰坑、窖穴、墓葬等，当时应为居住区；西部城墙外侧筑有数个“马面”，防御性较强；东部城墙外临断崖处的坡地上分布有数十座墓葬，几乎盗掘殆尽。

■陶器

共发掘夏家店下层文化时期和夏家店上层文化时期灰坑及窖穴 178 个，其中在一些窖穴的底部有排列有序的石条或石块，或是残留有大量灰烬和炭化谷粒，推测可能为贮藏粮食的窖穴。此外，在一些灰坑内还发现有一些身首异处，四肢不全，或头骨塌陷，或被腰斩的现象，反映出当时部落与部落之间的战争或争斗是经常发生的。这些非正常死亡的人有相当一部分应是战争中的俘虏或奴隶。

发掘夏家店下层文化时期和夏家店上层文化时期房址 10 座，其中夏家店上层文化时期房址多为土坑半地穴式，呈圆角长方形或圆形。夏家店下层文化时期房址亦为土坑半地穴式，平面呈圆角长方形。居住面和穴壁抹泥后经火烧烤，个别房址在门道出口处放有脚踏石块。

出土文物近千件，以灰坑出土物为主，按质地可分青铜、玉、石、陶、骨、角、牙、贝、蚌等，其中以骨器为大宗。陶器的种类有筒形罐、斜口器、壶、盆、钵、鬲、豆、甗、箅、碗、尊等。石器有刀、镞、斧、锛、瑗、棍棒头、剑、磨盘、凿、磨棒等。骨器有凿、锥、针、矛、镞、牌饰、管、珠。此外，还有青铜、角、牙、贝、蚌等质地的工具和装饰品。

在位于城内显著位置发现有数处椭圆形石堆和双重石圈建筑，并发现有火灼的卜骨，应是与祭祀活动有关的遗存。

阴河中下游地区夏家店下层文化石城址的集中分布区，目前已发现夏家店下层文化石城址近百个，此次上机房营子遗址大规模的考古发掘，在阴河中下游地区尚属首次，石城址的大规模发掘，为搞清阴河中下游地区夏家店下层文化石城址的营建方式、布局和功能提供了新的材料。

陈国庆　张全超

原载2005年11月9日1版

28

甘肃酒泉西河滩揭露出一处史前大型聚落遗址

西河滩遗址位于甘肃省酒泉市清水镇中寨村七组村西，处于一条自南而北流向的季节性河流东岸二阶地上，遗址面积约180万平方米。为配合国家重点工程西气东输管道施工建设和学术研究的需要，甘肃省文物考古研究所与西北大学考古系联合，先后于2003和2004年对该遗址进行了2次考古发掘，揭露面积1万余平方米，发掘出史前时期的房屋基址57座，烧烤坑406座，储藏坑153座，陶窑7座，祭祀坑22座，墓葬3座以及1处圈栏遗存，并出土了大量的陶器等遗物，收获重大。

房屋基址的形式分半地穴式和地面式2种。半地穴式房址平面均为长方形，地穴深度在0.25—0.6米之间，室内地面均经硬化处理，并有1至数个烧烤坑和多个储藏坑。地穴周壁或外围排列有疏密不等的柱洞，多有门道，朝向多为东、南。地面式房址平面形式较为复杂，其中有长方形的单室，也有长方形主室附加后室和侧室的多室形式，墙体一般为木骨泥墙，并有下挖的基槽。门多开于东、南方向，也有在北面的，后者在门前设有挡风墙。房屋面积一般为20平方米左右，最大者超过100平方米。房屋排列有一定规律。

■多室式房屋建筑基址

烧烤坑的形式多样，平面形状有圆形、长条形和不规则形，坑壁多内斜，底部形状有平底和圜底。口部直径多为1米左右，较大的口径超过2米，小型者口径不足0.2米。坑内一般保留有大量灰烬。坑内出土有陶器残片、石器和动物骨骼，其中有些动物骨骼被烧烤成黑色。

储藏坑有大、小型2类。小型储藏坑直径一般在0.6米左右，多为坑壁较直的筒状坑，深度一般0.6—0.8米；也有口小底大的袋状坑，较筒状坑稍深。坑内的出土物有陶器、石器、骨器以及动物骨骼等日常生活用品。大型储藏坑平面皆为圆形，直径多在2米左右，深度一般为1.5米左右。有的大型储藏坑，数坑并排联为一组，附有房屋建筑，可能有专门用途。

祭祀坑皆设于建筑基址内或其近旁，多以整羊或附带有陶器等埋祭，有一定特色。

■南部发掘现场

陶窑中以一组组合式陶窑最富有特色，其是在一个长2、宽1.5、深2米左右的长方形坑的北面，沿坑边并排设有3座窑，西面设有1座。窑室平面形状，其中3座为圆形，1座呈较长的不规则形，窑壁有坚硬的红烧土层。窑内出土有陶器残片等遗物。

墓葬为竖穴土坑的形式，墓主人骨骼较乱，应属于迁葬所致。随葬器物有陶器，玉、石器，骨器等。

在遗址北部居住区的较空旷地带，有一处面积约200平方米的范围，其内分布着密集的牛、羊蹄印，周围有数量较多的柱洞，很可能为圈养牲畜的圈栏遗存。

发掘出土了大量的陶器残片，已复原陶器40多件。陶器的形式有双耳或单耳的彩陶罐和素面罐、单耳杯、彩

■墓葬出土彩陶罐

■遗址出土细石器

陶盆、器盖、纺轮等。石器出土数量众多,其中大多数为细石器。细石器种类有石叶、刮削器、尖状器、石核等;大型石器中有打制的石斧、盘状器,磨制的石刀、石凿、石纺轮等。骨器也有一定数量的出土。还发现有青铜器残片和残铜块。

该遗址还发现有汉及魏晋时期的墓葬和陶窑等遗存,具有一定的研究价值。

西河滩遗址史前时期遗存为该遗址的主体堆积,已有的发现表明,这是一处大型的史前聚落遗址。其规模之大、遗迹遗物之丰富,在西北戈壁地区古代遗址中是罕见的。出土陶器等遗物的面貌反映出,西河滩史前时期遗存是介于河西马厂类型文化与四坝文化之间的过渡性遗存,其对于河西走廊史前考古学文化谱系的建立,进而全面认识我国西北地区史前考古学文化的类型与分布等,有重要的意义。

赵丛苍　王　辉

原载 2005 年 7 月 29 日 1 版

29

河南登封王城岗遗址发现龙山晚期大型城址

2002—2005年，北京大学考古文博学院和河南省文物考古研究所承担的“中华文明探源工程预研究——登封王城岗城址及周围地区遗址聚落形态研究”专题组，在王城岗遗址展开大规模的考古工作，发现一座河南龙山文化晚期的大城址，考古发掘获得重大收获。

王城岗遗址位于河南省登封市告成镇与八方村之间的岗地上。这里是颍河流经的登封中部的低平谷地，海拔270米左右。遗址的东部为五渡河，其南部为颍河，王城岗遗址在颍河与五渡河交汇的台地上，向南眺望伏牛山余脉箕山、大熊山和小熊山，西望中岳嵩山之少室山，北依嵩山之太室山前的王岭尖，地理位置十分重要。

王城岗遗址考古新发现“中华文明探源工程预研究——登封王城岗城址及周围地区遗址聚落形态研究”项目，其研究目标和主要研究内容是：对王城岗河南龙山文化晚期城址及周围的遗迹进行调查、钻探和发掘，探索这些遗存与王城岗河南龙山文化晚期城址的关系，进而讨论王城岗城址和相关遗存的性质及其在中华文明起源和形成过程中的作用等问题。

对王城岗遗址新的考古工作，是在2002年开始进行的。王城岗遗址的四至大体为：东起五渡河西岸，西至八方村东部，北依王岭尖南缘，南抵颍河北岸，遗址面积50余万平方米。通过钻探得知该遗址的文化层平均厚2米左右，最厚处可达9米。这次钻探的最大收获是在王城岗遗址上发现一座河南龙山文化晚期的大城址。

王城岗遗址面积大，为了更好地收集考古资料，同时考虑到王城岗遗址长期研究与保护的需要，用电子全站仪对遗址进行了详细测绘，并大体依遗址的四至范围，用网格法将遗址分成400×400米见方的6个区，南北向分两行排列，每行有3个区，西行由南到北每区的编号依次为W1、W2、W3区，东行由南到北每区的编号依次为W4、W5、W6区。20世纪70年代末—

■ 北城壕(北—南)

80年代初发掘的探方,主要位于W5区的北部,王城岗河南龙山文化晚期小城址亦位于W5区北部。2002年10—12月的发掘,在W2区开探方9个,在W5区开探方8个,发掘面积400余平方米。去年9—12月的发掘,在W2区开探方6个,在W5区开探方19个,发掘面积约500平方米。发掘的遗存主要有河南龙山文化、二里头文化、二里岗文化、春秋、汉代、唐、宋元、明清时期。

河南龙山文化晚期大城与城壕

大城位于王城岗遗址中部,其北城墙夯土残长370、残高0.5—1.2米;北城壕长约630、宽约10、残深3—4米,北城壕向东通往五渡河;西城壕残长130、宽约10、残深1.5—2米,西城壕向南似通往颍河。其东面和南面的城墙与城壕,从所处地势较低和钻探等情况看已被毁坏。这座大城址的面积据现有资料推算有30万平方米左右。

大城夯土城墙的地层关系以W5T0670东壁为例:第5层(河南龙山文化晚期)→大城城墙夯土(河南龙山文化晚期)→第6层即城墙夯土基础(河南龙山文化晚期)→第7层(河南龙山文化晚期)。大城的城墙夯土呈黄色,土质纯净且坚硬。夯层分数层,层厚0.08—0.3米,基本呈水平状夯筑。从对城墙夯土的解剖得知:夯层表面有夯具痕迹,似用河卵石类夯具所夯砸,夯窝明显。城墙夯土中包含物较少,主要为方格纹、篮纹和细绳纹陶片,其年代为河南龙山文化晚期。城墙夯土为平地起建,修建在生土或经平整的河南龙山文化晚期文化层上,逐层夯筑而成。

大城城壕的地层情况以W5T0672东壁为例:第10层(河南龙山文化晚期)→第11、12、13、14、15、16层即大

■北城墙(南-北)

城城壕内的堆积（皆为河南龙山文化晚期）。

关于大城和城壕的年代，大城城墙夯土上被河南龙山文化晚期层(W5T0670第5层)所叠压，其自身又压在河南龙山文化晚期层(W5T0670第7层)上；城壕开口于河南龙山文化晚期层(W5T0672第10层)下，在城壕中发现有河南龙山文化晚期的堆积(W5T0672第11、12、13、14、15、16层等)。由此，我们将大城和城壕的年代初步推定为河南龙山文化晚期（王湾三期文化晚期）。大城城墙和城壕主要是被春秋时期的遗存所叠压或打破的，可以看出河南龙山文化晚期的大城和城壕在春秋时期被破坏得较为严重。

在去年的发掘中，还发现河南龙山文化晚期的祭祀坑、玉石琮和白陶器等；于同年的钻探中，在王城岗遗址中部偏北处还发现几处大面积夯土基址，这些重要遗存的发现进一步表明该遗址的重要性。

其他时期遗存　在遗址发掘范围内中，二里头文化遗存发现较少，遗迹有灰坑，遗物有陶器、骨器等。二里岗文化遗存发现较多，遗迹有灰坑、墓葬、房基、路土，以及人头骨器皿堆积等，遗物有陶器、石器、骨器、蚌器、牙器等。殷墟文化遗存发现不多，遗迹有灰坑，遗物有陶器、石器、骨器、蚌器。春秋文化遗存在遗址中普遍可见，遗迹有灰坑、墓葬、水井、陶窑和灶等，遗物有陶器、石器、骨器、蚌器和铜器。汉代文化遗存不多，遗迹有灰坑和墓葬，遗物有陶器、铜器、铁器等。唐代遗存可见，遗迹有灰坑和墓葬，遗物有陶器、瓷器和铜器。宋元明清文化的遗存普遍可以见到，遗迹有灰坑、灰沟等，遗物有陶器、瓷器、铁器、铜器等。

王城岗考古工作的新发现为学术界研究夏文化以及夏代阳城的地望提供了全新、重要的资料。

方燕明

原载2005年1月28日1版

30

山西保德林遮峪遗址调查试掘

为了配合国家文物局制定的“河套地区先秦、两汉时期的生业、环境与文化”这一课题的实施，2005年，山西省考古研究所对林遮峪遗址进行了首次试掘。

遗址位于保德县城西南约35公里的林遮峪乡林遮峪村南一个叫堡梁的台地上，紧靠黄河东岸，东高西底。在遗址的周围，主要是冲沟中间发现有大量被搬迁过的遗物而形成的二次堆积。

■遗址全景(西–东)

发现的遗迹有石砌城墙、房子、墓葬等。遗物可分为以下几个时代：A、庙底沟文化遗存泥质陶有尖底瓶、彩陶钵、彩陶盆；夹砂陶有弦纹罐等。B、仰韶文化海生不浪类型遗存仅见底部为小钮的尖底瓶。C、阿善文化遗存和老虎山文化永新店类型遗存为遗物中最多。夹砂陶和泥质陶的比例约对等；以灰陶为主，可见少量红褐陶和红陶；纹饰最常见有篮纹、绳纹、附加堆纹、划纹、剔刺纹、方格纹、素面、磨光等；器形有罐、盆、斝、豆、器盖、瓮、壶或尖底瓶等；还有少量的纺轮、石斧等生产工具。D、朱开沟文化遗存较少。仅见少量的三足瓮、肥足鬲、浅盘高柄豆、盉等。

林遮峪遗址位于堡梁台地的最前端，台地的两边有很深的自然冲沟，是典型的黄土高原坡状台地；台地最后端有一道用自然石片或石块垒砌的石墙，暴露在

■第三地点发掘的窑洞式F1，

地表总长为140米。石墙最宽处有3层台阶状阶地，每层阶地宽约5—14、高约3—5.5米。这样做不仅省时、省力，而且保证石墙在修筑过程中的安全性、牢固性。石墙的修筑方法为：先在石墙外侧（东端）挖一个较深的壕沟，壕沟中的泥土先利用自然的台地夯筑或将生活区垫平，之后，用石头或石片包砌第一层台阶，顺次往上做好第三层台阶。这样做的好处是：城墙前有壕沟作为第一道防线；城墙高大陡峻，防御功能良好。并不是所有的地方石墙都这么厚，而且只在东部、东南部容易攀爬处筑有石墙。石墙内部形成了一个相对独立、安全的生活环境。

石墙内侧发现有大量庙底沟二期文化、龙山文化、夏时期的先民留下的遗迹。有灰沟、灰坑、房子、墓葬等。墓葬排列整齐，头向一致，应是专门选择的墓地。房子有窑洞式和半地穴式2种，门道向东或东南。房子中门道北侧仅出土石刀4把，叠放在一起，反映先民已开始农业生产。由于石墙内遗存比较丰富，选择3个地点进行了发掘。

第一地点位于城墙附近，目的是探究城墙的修葺方法和时代。布方2个，编号为2005BLZD1T01、T02。

第二地点位于遗址中心区偏南，目的是了解文化层堆积情况。布方2个，编号为2005BLZD2T01、T02。第二地点1层下发现灰土，之后便是灰土、花土和生土块交叉形成的堆积。出土陶片、小件器物较多。从发掘来看应是一条向南流的冲沟回填而成。

第三地点位于遗址中心区略偏北。发现窑洞式房子1座，灰坑2座。编号为D3F1、H1、H2。H1、H2均打破

■第二地点T01第四层出土骨柶

■第二地点T02第二层出土玉环

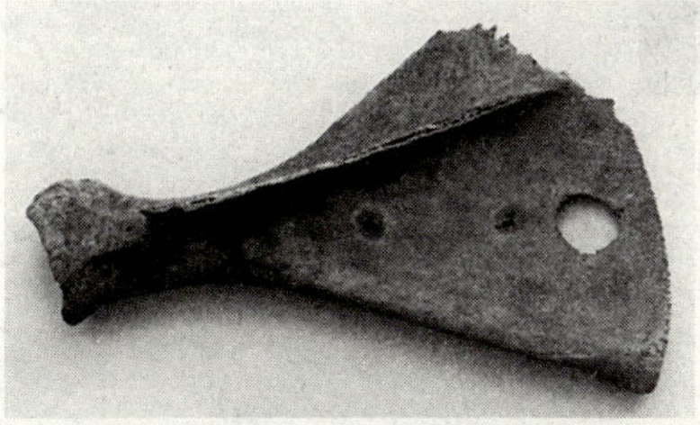

■第二地点 T01H1 出土卜骨

F1。H1、H2之间没有关系。窑洞式房子内面积(含门道)为13.2+1.5平方米,推测有4—5人在此居住。火塘位于房子中部,圆角方形,东侧有较深的豁口。经解剖得知有二次使用的痕迹。房子向内收分较大,没有墙裙,残高1.56米,推测原来高度为2.4—2.8米。窑洞内填土为花土,陶片较少,应是在窑洞废弃后将倒塌的生土取走,在晚期才将其回填。值得一提的是打破窑洞的灰坑H2,为椭圆形直壁坑,中间土色较灰,石块少,出土有花边鬲、鬲裆、三足瓮等器物;纹饰以绳纹为主,篮纹很少;全部为灰陶,夹砂陶较多;磨光陶也较少;其时代应在夏商之际。这是本次发掘中所见到的最晚的遗存。

林遮峪遗址的发掘没有找到预期的商代晚期与1971年发现的铜器墓相关的遗存,其主要遗迹和遗物属于龙山时期老虎山文化永兴店类型。遗址中发现的龙山早期的石砌城墙,填补了山西在这一时期缺乏石城的空白,为今后林遮峪遗址的保护、研究规划的制定提供了可靠依据。

马升　王俊

原载2005年9月28日1版

31

安徽亳州程井遗址考古

2004年，国家重点建设项目东营—香港（亳州—阜阳）段高速公路建设，在安徽省亳州市谯东镇南于行政村程井自然村东北取土发现程井遗址。总面积约为20万平方米，其上全部被1.5米厚黄泛层覆盖。经国家文物局批准，安徽省文物考古研究所及时组织专业人员，配合工程建设对该遗址进行了抢救性发掘。发掘工作从7月开始，至2005年7月结束，历时一年。发掘区域主要位于程井遗址的中东部，计揭露面积2400平方米。遗址文化内涵极为丰富，时代包括龙山、商周、战国、汉代、唐宋等若干时期的文化堆积层。发现有龙山时期的灰坑、储藏坑；商周时期的墓葬、壕沟、灰坑、祭祀坑、土水井和柱洞等；唐宋时期的砖水井、路面、炼铁炉、灶和陶窑等。

■古墓葬区发掘现场

龙山时期的灰坑，主要位于取土场的西南部，坑口有不规则形、圆形与椭圆形等，多数为口大底小，斜坡状，少数为直壁，口径0.5—5.3、0.4—1.65米，出土遗物有陶鬶、盆、罐、甑、碗、蛋壳陶杯、三角形鼎足、骨标、骨锥、残石斧及石锛、卜甲和卜骨等；商周时期祭祀坑均为圆形，直径0.6—0.7、深0.35—0.5米，内有一头猪，为猪分解后对称状放置坑内，猪头有向南和向北之分。壕沟位于遗址的中部，形状近似圆形，直径80—100、沟口宽8—10米，沟壁为斜坡状（稍陡），深2.2—2.5米，出土遗物有大口尊、甑、瓮、鬲、鬶、罐等口沿、锥状和袋状鬲足、斝足、弹丸、网坠、纺轮、蚌镰、蚌铲、骨镞、铜削等。

大批商周—唐宋时期的古墓葬是这次发掘的主要收获，计461座，其中有商代1座，西周30座，春秋190座，战国128座，汉代54座，唐宋18座。

先秦时期的墓葬皆打破龙山至商周时期的文化堆积层及文化遗迹，墓葬分布非常密集，仅在900平方米的范围内发掘墓葬324座。墓葬之间的叠压和打破关系异常复杂，许多早期墓葬被后期的墓葬打破或叠压，部分墓葬残缺不全仅残存头颅或下肢骨骼部分。墓葬均属小型墓葬，主要形制为长方形土坑竖穴墓，部分有生土二层台。西周墓内有腰坑，坑内都殉狗一只。墓葬一般长2—2.4、宽0.5—0.8、深0.7—1.3米。墓葬方向，除西周墓为南北向外，大多数为东西向。墓葬多数为成人墓，也有少数儿童墓。人体骨骼保存较好，除被打破外，均能清理出完整的人体骨架。葬式主要有仰身直肢、仰身屈肢，一般两手交叉于下腹部或两手上抬置于胸部；其他葬式有侧身直肢与侧身屈肢。葬具已全部腐朽，只有少部分的墓葬能清理出葬具的痕迹。墓葬随葬品大部分放置在墓主人的头部，有的墓葬随葬品则放置在墓坑的一侧，随葬品多寡不一，多者10几件，少者2—5件。随葬器物组合，西周时期为簋、鬲、豆、罐、盆；春秋时期为罐、鬲、盆、豆、壶和鼎、豆、盆、罐；战国时期为鼎、豆、壶与鼎、豆、罐。

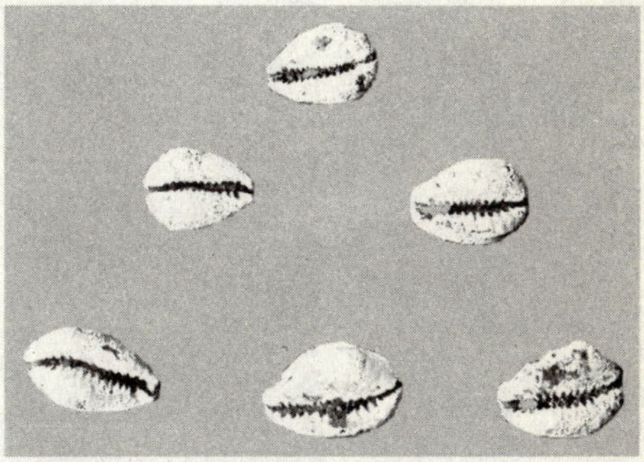

■墓葬出土贝币

■遗址出土蚌镰和骨鱼标

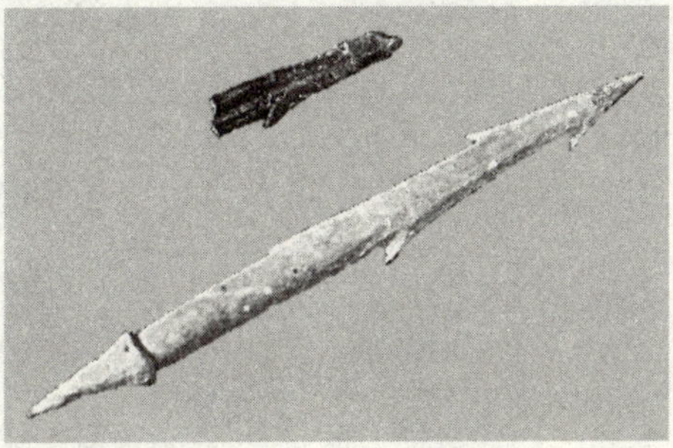

汉代墓葬主要有空心砖墓和砖室墓，均为长方形。空心砖墓有单室、双室(设有脚箱)、三室(设有头箱和脚箱)等结构。墓室长2.02—5.04、宽0.85—1.4米。空心砖的尺寸大小不一，一般长0.93—1.5、高0.33—0.8、厚0.12—0.18米。空心砖正面有纹饰，饰4个方格对角纹，方格纹内饰云雷纹或柿蒂叶纹，中间饰1个圆涡纹。砖室墓均为长方形，多数为单室墓，双室墓较少。部分墓有斜坡形墓道。墓砖多数为素面，少数墓砖一面饰绳纹。墓壁均

■遗址出土不同类型鼎足

为错缝平铺砌法。墓室长2.05—6.3、宽0.78—2.54米。唐宋时期的墓葬形制有长方形、船形、龟形和方形圆角穹隆顶等,除方形圆角墓稍大外,其余形制的墓葬均较小。

这次发掘出土文物1500余件,主要有陶器、骨器、蚌器、料器、玉器、铁器、铜器等。陶器占大宗,有簋、鬲、盆、罐、豆、鼎、壶、勺、盘、匜、钫、灯、纺轮、弹丸、网坠、管等,铜器有带钩、镜、环、铃、簇、戈、矛、剑、敦和印章等,骨器有簪、标等,蚌器有珠、蝉、耳鼻塞、兔饰、环饰等,料器有珠、圭形挂件、项饰等,其他有贝币、玉琐、铁削、铁剑、铁佛像、石砚台、黛板以及钱币等。

程井遗址文化内涵丰富,其龙山、商周遗存的发现,提供了该地区先秦古文化的遗存信息。尤其是周代墓群数量多,分布密集,年代跨度大,叠压和打破关系复杂,对建立皖西北地区周代墓葬年代标尺具有重要的意义。此外汉代空心砖墓的发现,对该类型墓葬的分布范围及特点也提供了重要的线索。对探索皖西北地区龙山、夏、商、周诸时期文化的特征、源流及与淮夷和焦、夷古氏族的关系,均具有重要的研究价值。

汪景辉　杨立新

原载2005年11月4日1版

32

贵州六枝老坡底抢救发掘新石器时代聚落遗址群

2005 年 3 月，为配合贵州六枝老坡底火电站大型工程建设，贵州省文物考古研究所与六盘水市文物管理所对电站建设用地范围进行考古调查，发现蔡家坟和青岗林两处新石器时代遗址。5—7 月，省考古所组成考古发掘队对该遗址进行了重点钻探和第一阶段抢救性发掘，同时展开详细调查，于老坡底坝子四周坡地上又发现下大田、台子田、丫口地、对门坡、包包寨和罗家寨 6 处新石器时代遗址。这样在坝子四周现已发现 8 处大约同时期遗址，遗址分布密集，直线距离不超过 1 里。其中 4 处遗址位于电站施工区内，4 处在施工区外。考古队对位于施工区内的遗址进行了重点钻探和试掘，取得重要成果。

遗址群位于六枝特区县城西北约 30 公里的岩脚镇老坡底村，这里系一南北长东西窄的狭长形坝子，周围为石灰岩山，山体坡度较缓，地势开阔，山下有许多坡度较缓的斜坡阶地，遗址就分布在这些地势稍高的坡地上。坝子北侧有乌江上游重要支流的三岔河（又叫老坡底大河）自西向东流过。六枝至梭戛公路则从坝子西侧穿过。坝子面积仅约 2 平方公里，四周村落稠密。遗址与现村寨紧邻，有的甚至部分被村寨所叠压。施工区内的 4 处遗址位于坝子偏南部，总面积约 11 万平方米，发掘面积近 2000 平方米。

蔡家坟遗址位于坝子西坡的仡佬

■老坡底遗址分布图

■石斧

寨东北侧，分布在老坡底坝子第一阶地与第二阶地之间，是地势最低的一处，面积较大，约3万平方米，但遗址许多地方破坏严重，耕土下即是遗迹和生土，部分地方堆积稍厚，地层可分4层。遗迹主要开口在生土面上，有建筑遗迹、柱洞、灰坑、水坑等，出土物主要是陶片和少量石制品。

台子田遗址位于仡佬寨西南侧，与蔡家坟遗址相距仅约500米，为坡地遗址，由西向东地层堆积逐渐变厚，最厚处近1.5米，地层可分为4层，遗迹主要集中出现在第3层红烧土层面上和4层下生土面上。有房址、围栏、灰坑、沟等。F1开口于第3层下，面积近50平方米，由40个柱洞分排组成，南北向柱洞4排，间距2米左右，东西向柱洞7排，间距约1米，每排柱洞微有错开，但基本呈一条直线，洞径15—30厘米，深浅不一，有的2个柱洞并在一起，个别柱洞呈方形孔，未发现灶坑。第4层下生土面上发现数排围栏遗迹，由柱洞和众多小孔洞组成，小孔洞呈圆形，孔径2—4、深约10厘米。孔洞条状分布，孔洞之间稍微错开，长一般在5米左右，小孔洞之间分布有一些柱洞，应是房屋建筑的围栏一类遗迹。灰坑有不规则形和袋状2种，坑内堆积较单纯。出土物主要有大量碎陶片和少量石器。

下大田遗址位于坝子西南侧坟边组寨旁坡地上，遗址东侧被公路破坏，地层为坡状堆积，东侧较厚，最厚处近2米，可分为6层，新石器时代文化层主要是4—6层，清理出的遗迹有房址4座、灰坑10个、灶坑3个和许多零散柱洞。房屋遗迹呈具有一定弧度的长方形，有的2间相连，单间面积10平

■下大田遗址F3和F4

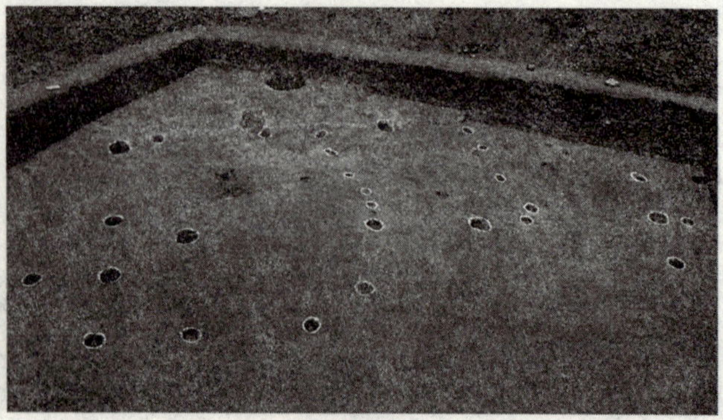

方米左右，柱洞15—20厘米，房址中间有一灶坑，坑形状、大小不一，有近长方形、椭圆形等。灰坑有不规则形、椭圆形和袋状。出土物有大量陶片，少量石器。

青岗林遗址位于坝子东南侧的青岗林村民组寨前，坡状堆积，高差大，地层厚薄不一，最厚处达1.5米以上，新石器时代遗迹主要开口在生土面上，有房屋建筑遗迹3座、灰坑5个和大量零散柱洞。F1呈不太规则长方形，可分为2间，残留柱洞20个，洞径约20厘米，西侧有一灶坑，坑内填满草木灰。F2柱洞分布较密，结构不甚清楚，南侧有一火塘，东侧围绕柱洞有一排呈弧形的小孔洞遗迹，长约15米，小孔洞洞径约5、间距5—10厘米，应为房屋建筑遗迹外侧的围栏或篱笆墙。灰坑有不规则形和椭圆形。出土遗物除大量陶片外，还有磨制骨器和石器。

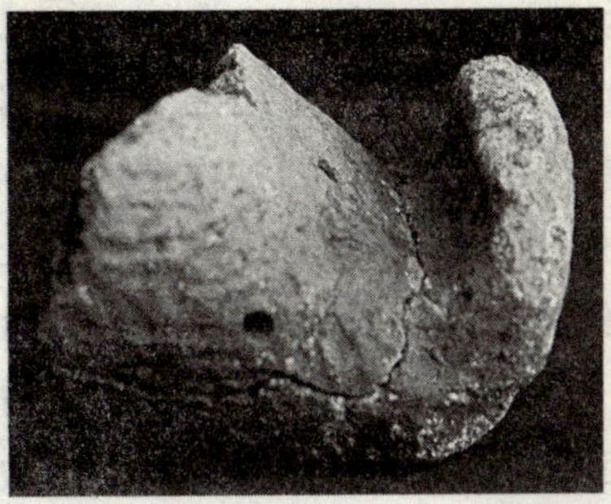

■支座

上述几个遗址地层堆积厚薄不一，但地层特征和出土物基本相同，即每一个遗址地层中都有一层比较纯净的红烧土堆积，红烧土层以上地层和遗迹中不仅出土大量陶片、石器和骨器，还出土许多瓷片和釉陶片，瓷片主要是青瓷和白瓷，釉陶片主要有酱色和绿色，器形可辨者有瓶、罐和碗等。红烧土层以下地层和遗迹只出土陶片、石器和骨器。因此老坡底遗址群的年代以红烧土层为界可分为2个大的时期，烧土层以上时代较晚，为宋明时期，烧土层下为新石器时代中晚期。

新石器时代出土遗物主要有陶器、石器和骨器。陶器均为碎片，陶质均为夹砂陶，且主要是夹粗砂陶，未见泥质陶。陶质疏松，烧制火候低。陶色不纯，基本上是褐陶，以红褐陶和黄褐陶为最多，次为灰褐陶，还有少量黑褐陶。纹饰主要是方格纹，有粗细之分，还有少量叶脉纹、波折纹和戳印纹，基本上不见绳纹。器形可辨者有釜、平沿罐、敛口钵、镂孔靴形空心支座、网坠、陶饼、弹丸和器足等，未见平底器和圈足器。石器和骨器数量不多，多磨制。石器有石斧、石砧和砍砸器等。骨器均用动物骨骼加工而成，有骨刀、骨铲和骨纺轮等。

老坡底新石器时代聚落遗址群的

发现与发掘，是贵州新石器时代考古的重要突破。长期以来，贵州新石器时代考古一直是空白，这次在2平方公里的一个山间小坝子中发现了8处地层堆积和文化内涵基本相同的遗址群，表明它们应是同时期共同生活在一起的同一文化的小聚落，不仅为贵州新石器时代文化的研究提供了丰富的实物资料，而且对探讨中国西南山地聚落遗存的构成与分布等具有重要意义。遗址虽只作了较小规模的试掘和发掘，但揭露出的遗迹却比较丰富，有大量柱洞、房址、灶炕、围栏、灰坑、窖穴、沟等，连间房址和围栏建筑遗迹等在贵州是首次发现。出土陶器虽较破碎，但层位关系明确，一些器形如靴形镂孔支座、宽折沿釜、陶网坠等在贵州新石器时代还是新器形，不仅有助于建立贵州新石器时代文化的发展序列，还有利于贵州与周边省份新石器时代考古学文化关系的探讨。

贵州省考古所正积极与基建部门联系，力争在电站施工前再进行更大规模的抢救发掘，提取更多的考古资料，以早日廓清贵州新石器时代文化面貌。

张合荣

原载2005年10月5日1版

33

四川江油市现新石器时代洞穴遗址

2004年11月,四川省文物考古研究院、绵阳市博物馆、江油市文物保护管理所对江油市大康镇旱丰村9组的吴家后山大水洞进行了调查。经报国家文物局批准,2005年10月,四川省文物考古研究院在绵阳市博物馆和江油市文物保护管理所的配合下,对大水洞进行了发掘。

大水洞坐北朝南,洞内堆积外高内低呈斜坡状。发掘区选在距洞口26—36米之间相对平缓的范围内,在紧靠洞东壁取东西向开10×10米探方2个,发掘面积200平方米。

根据发掘,地层可分为3层,时代应为新石器时代。

属新石器时代的出土遗物有:陶片、石凿、石矛、石斧、石锛、石坯、砺石、骨锥、骨切割器、骨刻划器、蚌饰等。

■骨切割器

出土陶片611片,以灰陶为主,其次为黄褐陶、磨光黑皮陶、红褐陶。陶片火候较高,陶质以夹细砂为主,泥质陶次之,粗砂陶最少。纹饰有拍打的绳纹,抹上去的凹纹、压印纹及戳印纹,以绳纹组合的各种图案为主。可识别的器形有陶罐,多为侈口圆唇,也有方唇,近半数口沿饰花边。领较高,平底,其中有一半陶罐平底做成假圈足。陶器为轮制,采用泥条盘筑法。

出土石器19件,均通体磨光。其

■骨锥

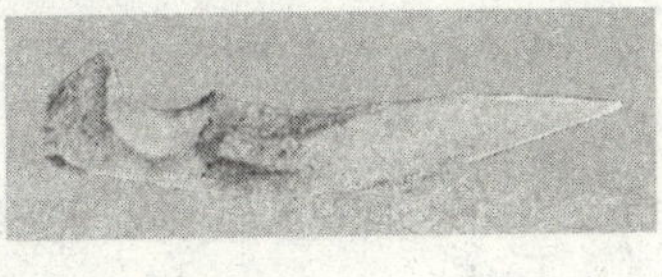

■石凿

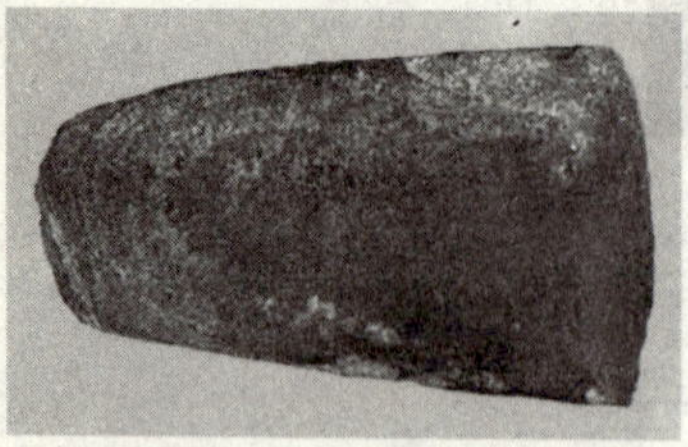

■石斧

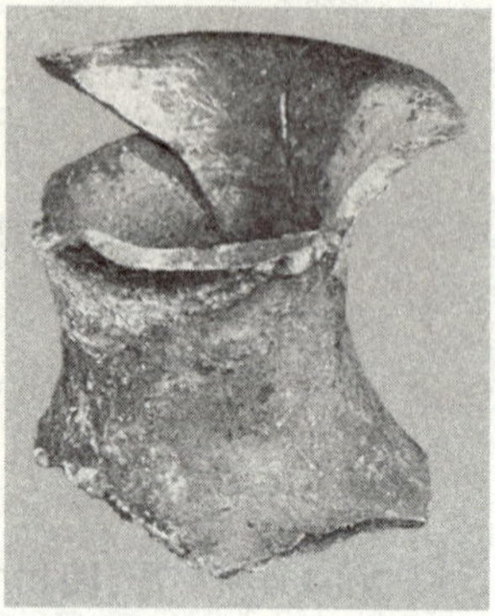

■陶罐口沿

中石斧13件、石锛3件、石凿2件、石矛1件。石料多选用质地较坚硬石灰岩,极少使用砾石。石器多双面刃,刃部多舌形,也有铲形刃。石凿为圭形。

出土石坯29件。

出土砺石大小残块共118块,上面均留有磨制石器后留下的痕迹。

骨器均为动物肢骨经敲打后磨制而成。其中有骨锥5件、切割器1件、刻划器4件。

出土蚌饰1件,上有穿3个,双面钻孔。

据发掘情况分析,依托顺东壁而下的水源,当时人类活动大致可以分为2个区域。生活区在距洞口26—36米之间靠近东侧洞壁东西宽10米范围内。人们利用洞顶垮塌大石之间的间隙生火取暖熟食,所以在该范围内有灰烬堆积,灰烬堆积最厚处达0.6米。工具制作区紧靠在生活区的东北侧,面积约50平方米。该区域内出的石坯和砺石较多。

大水洞遗址第3层出土文化遗物与距今约4800年的绵阳边堆山遗址早期文化遗物比较,在年代上应早于后者;与茂县营盘山遗址隔江相望的沙乌都遗存所出遗物相类似,所以估计年代在距今5000年左右。就该遗址所处时间及地理位置而言,对研究古羌人进入成都平原的路线及古蜀文明的形成,这批资料无疑是很重要的。

胡昌钰

原载2005年11月30日1版

34

内蒙古赤峰发现一处保存完整的夏家店下层文化山城遗址

2005年7—11月初，在赤峰市三座店水利枢纽工程建设中，内蒙古文物考古研究所对三座店石城遗址进行了抢救性发掘，发现了一处保存完整布局清楚的夏家店下层文化山城遗址。

该遗址位于赤峰市西北40公里，松山区初头朗镇三座店行政村三座店自然村阴河左岸洞子山上。遗址由大小两座并列的石城组成，大城在西，小城在东。大城西面是陡崖，东、北两面有石砌的城墙，南面是陡长的坡。从山顶高处直达南侧坡底约140多米范围内，都有遗迹分布，东西宽度从断崖到石墙最宽处可达110米，面积约14000多平方米。小城紧傍大城东侧，略呈长方形，南北长50、东西宽40米，面积2000平方米。四面都有石砌的城墙。

发掘主要集中在大城内。目前已经揭露4000多平方米。清理的遗迹有石砌的圆形建筑基址、半圆形建筑基址、窖坑以及石墙、积石台和零星墓葬。其时代绝大部分属青铜时代夏家店下层文化，包括石城本身；只有积石

■城墙

■F16

是最常见的一类遗存，已清理出38座。墙体用石块砌筑，直接从地面起建，不设基槽，砌墙的石块皆就地取材。砌石之间有的用草拌泥黏合，有的则似乎是直接垒砌，也有的墙体为土石混筑，并发现少许壁面上抹泥的现象。这类遗存有双圈石墙和单圈石墙两种建造形式。双圈者的外圈直径8—10米，内圈为室，外圈与内圈之间形成一周“回廊”，中间多有隔墙。单圈建筑的面积略小，直径3—5米，一般是作为双圈建筑的附属出现。室内都有泥土筑就的使用面(个别为白灰面)，面上有用火的痕迹，并遗有陶鬲、陶罐等器物，这样的面一般不止一层，多者有三、四层。回廊内也发现局部经加工的硬面和烧烤用火痕迹。值得注意的是，该类建筑的石墙有的用直径不足10厘米小石块垒砌，在室内墙脚处也贴敷一周同样的小石块。石块间掺和泥浆，发掘所见皆堆积在使用面的周围。此外，在建筑基址的南侧或东南侧，往往发现台阶状砌石，有明显的踩踏痕迹，是进入建筑内部的通道。

台遗迹属夏家店上层文化，此外遗址中还可以见到少量红山文化时期的陶片。墓葬由于缺乏随葬品，时代待定。

地层堆积在大部分地段可分3层，第一层为表土层，许多建筑基址出露于地表，尚可辨识。第二层灰褐色，层内包含夏家店上层文化积石台遗迹，以及铁梃铜镞等战国—汉代遗物，而属于夏家店下层文化的石砌建筑遗迹都被压在该层之下。因此可以判断第二层应为夏家店下层遗址废弃之后的堆积。第三层灰白色或浅褐色。普遍堆积在夏家店下层文化建筑石墙的周围，个别被石墙叠压。此为遗址使用时期的文化层堆积，包含的陶片等遗物也比较多。

圆形建筑基址（房址或石圆圈）：

半圆形建筑基址：这类遗迹皆附

着在石墙的外侧，形式上类似城墙上的半圆形“马面”。一般面积较小，没有明显的使用面，筑造比较简单。

■陶器刻符

窖坑：已清理13座，多为挖地的竖穴，圆形直壁，坑壁用石块砌筑，也有的一侧依托自然山石的陡壁，其余部分再用石块补砌围封。

以上三类遗迹往往是一个固定的组合，共同组成更高一级的建筑单元（院落），有石墙把它们连接在一起。

城墙的总长度约200米，清理了40米，包括4个“马面”。城墙的两侧用石头包砌，内填黄土；外侧砌筑半圆形的“马面”，外侧现存高度3.5—4米。墙外有壕；内侧较矮，依附城墙旁侧以及墙体之上有石砌的圆形或方形建筑。

较晚的遗迹只见夏家店上层文化积石台一种，集中分布在两处地点，一在坡下东侧，一在坡顶。各有3—4座积石台，石台作长方形，东西向，东西长约3、南北宽近2米，这是一种摆放在地面上的积石遗迹，四周用较大的石块码边，中间填充乱石。在石台东侧往往发现一件破碎的陶器残片，附近不远处栽立一块条形石桩，祭祀的性质非常明显。

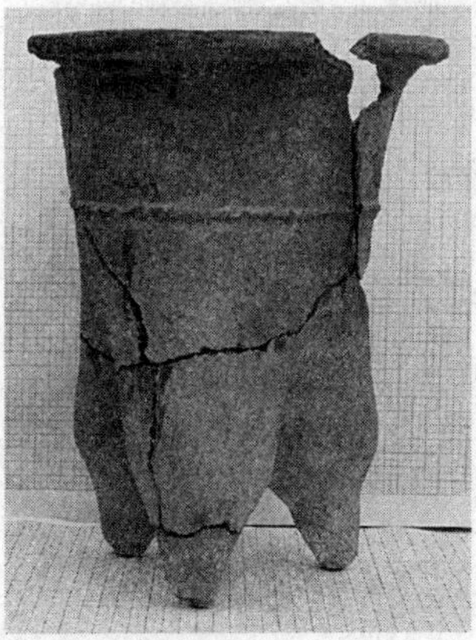

■陶鬲

出土遗物：石器有磨石、石臼、斧、铲、刀、饼形器等，有些臼窝直接凿在大块基岩之上。磨石比较常见，表面光滑平整，个别磨出一条细窄的槽，多置于石墙上或夹在乱石之中。陶器种类有筒形鬲、罐、瓮、盆、钵等，都是夏家店下层文化常见的类型，但从形态看比较晚。出土位置多集中在圆形基址的室内及回廊内，少数见于灰坑或地层中。骨器较为少见，有骨锥、骨簪、卜骨等。遗址内动物骨骼比较少见。遗址中发现两枚刻有类似文字符号的陶片，皆夏家店下层文化遗物，每片一个字符，作上下结构，具有典型的表意特征。在夏家店下层文化时期存在如此成熟的文字类符号，无疑是一个重大的发现。

三座店遗址属夏家店下层文化的山城类型，该遗址基本未被后世扰动破毁，遗迹间也不存在复杂的叠压打破关系，因而最大限度地保留着它的初始状态。此外，从出土遗物看，其时代应为夏家店下层文化的晚期；从遗迹所处的层位分析，其布局基本属同一平面。全面地揭露清理这处遗址，对于聚落考古研究来说，具有十分重要的价值。

关于夏家店下层文化山城遗址的性质，学术界存在着不同看法，以前普遍认为是具有防御性质的聚落遗址，近年又有学者提出祭祀说的新观点，这的确是一个值得深入研究和思考的问题，三座店遗址所能提供的发掘资料，应该有助于对这一问题的解决。

郭治中　黄　莉

原载2005年12月16日1版

35

浙江遂昌好川墓地发现史前平民墓区

2004年，浙江省文物考古研究所会同遂昌县文物管理委员会办公室对遂昌境内的好川文化遗址的专题调查勘探,历时半年结束,取得重要收获。

调查勘探采用小流域地毯式普查结合重点试掘的方法。基本摸清了好川文化遗址在遂昌的分布情况及特点。从好川村顺忠溪而下至县城妙高镇约12公里，山间低谷丘陵地貌,沿溪的相对独立又比较低矮平缓的岗丘和坡地是这次调查勘探的重点，这些地点普遍可以采集到好川文化时期的遗物,遗物裸露地表。在尹村(孤丘)和后江李家山(山坡)和岭头岗边缘坡地进行了小规模的试掘。尹村、岭头岗的试掘资料表明,由于长年雨水冲刷、人力垦种等自然人为的双重作用，水土流失严重，遗址所在的地形地貌环境变化较大,文化堆积保存不好。尹村、李家山2处地点保存的少量堆积,出土的云雷纹圜底内凹罐等遗物形态特征显示年代相对较晚，系商周时期的遗存，尹村发现的4组以云雷纹圜底内凹罐为基本器形的器物组（残),应该是一种特殊性质的墓葬，现场没有明显墓坑发现，文化面貌明显不同于好川文化。

岭头岗的边坡及不同高程阶地上勘探试掘结果显示，岭头岗存在早于好川墓地的文化堆积，岭头岗原先也是个聚落遗址，在边坡和不同高程阶地上均发现小面积以夹砂红陶、泥质灰陶为主要内涵的堆积，没有黑陶和曲折纹、条纹等硬陶发现。从残存的有限的考古资料获得的信息看，岭头岗遗址好像很难与岗顶发现的好川墓地

■岭头岗东北坡地墓地

■豆

■壶

■杯

相对应。岭头岗由居址演变成为墓地当与其优越的地形环境有关。

尽管考古调查勘探没有发现与好川墓地相适应的聚落遗址，但获得的相关信息表明，发现好川文化遗物的岗丘，尤其是发现遗物较多的地点原本就是好川文化的聚落遗址，只是聚落规模不大，延续时间短，文化堆积薄,保存较差罢了。为进一步开展工作提供了有益的线索和借鉴。

本次好川文化遗址专题考古调查勘探的最大收获是在岭头岗的东北坡地发现好川墓地的平民墓区。在岭头岗的东北坡300平方米的发掘面积内，发现好川文化小型墓葬20座,均为长方形竖穴土墓坑，墓坑长不足2、宽1.5米左右,墓坑几成方形,深1米左右。墓向绝大多数为东偏南的120°左右，仅3座墓葬墓向系北偏东的30°上下。随葬品很少,20座墓葬共出土随葬品60件,墓均3件。其中陶器50件,器形主要有豆、壶、罐、三足盘、圈足盘、杯、钵等,石器10件,出自5座墓葬,其中石镞7件、石锛3件。无一玉器发现。大部分墓葬仅1、2件陶器,陶豆常见。3座墓向北偏东的墓葬均无随葬品。

这20座小型墓葬与1997年发掘的80座墓葬间隔约20—30米。两者比较,墓葬形制相同,墓坑几成方形,墓坑的长、宽比均为3:2;墓向一致,东南向居多;随葬品豆的数量最多,豆、壶、三足盘、杯、罐等随葬陶器形态雷同，随葬陶器组合、形制变化趋势相同，延续时间在好川墓地五期的区间内,毫无疑问,它们同属好川文化,是好川墓地的有机组成部分，共同构成完整的好川墓地。

显然，好川墓地布局有着周密的规划，埋墓位置、顺序遵循严格的规定。1997年发掘的墓葬，位于岭头岗的中心区域，居高居中，墓坑宽大方正，随葬品漆器、玉器、石器、陶器组合齐全，数量丰富，墓均13件，玉器、陶器制作精美，不少墓葬随葬柄形玉器、玉钺、陶鬶、陶盉等是象征身份地位和用于祭祀的礼器。20座小墓埋于岭头岗顶边缘东北坡，墓区地形落差明显，与岗顶相比落差更在5米以上。墓坑小、随葬品少，制作十分粗糙，除个别陶器为日常生活用器外，绝大多数是制作十分粗糙、烧制火候很低的冥器，有些还是残器，如M21随葬的3件陶器中有2件竟然是圈足盘的残足。20座墓葬无一玉器发现。随葬品数量多寡悬殊，贫富分化严重。前者拥有较高社会地位和大量财富，后者社会地位低下，财富更少。

岭头岗中心和边缘的2个墓区不是地理概念上简单的一南一北，墓区间20—30米的间隔也不是预留的尚未埋墓的空间，而是刻意规划营造的不同社会地位阶层无法逾越的鸿沟；墓区高程5米上下的落差，也不是地形意义上的一上一下，而是墓主人生前社会身份地位等级的天壤之别。显然，拥有巨大墓坑和众多随葬品的墓主人是社会上层贵族，而埋于山坡边缘的有很少随葬品的小墓只能是社会地位低下的平民阶层。

■夯土墙西墙

岭头岗边缘坡地考古勘探，20座小墓的发现，大大丰富和加深了对好川墓地的了解和对好川文化的认识，好川文化是个复杂的等级社会，遂昌好川墓地、温州老鼠山墓地是好川文化等级社会2个不同类型、层级的氏族墓地；好川墓地岭头岗贵族墓区、平民墓区的发现蕴示在同一氏族(家族)内部已分化为不同的阶层，贵族拥有显赫的社会地位和大量的财富，平民社会地位卑微，清贫如洗。

好川墓地贵族、平民墓区的发现与揭示，为深入研究好川文化、全面深刻认识和把握好川文化的社会发展进程提供了又一批十分难得的实物资料、同时也为研究史前社会贫富分化，阶级产生、国家形成的过程、机制等重大学术问题提供了不可多得的个案资料，具有重要的学术价值和现实意义。

谢文君　王海明　扬　卫

原载2005年1月7日1版

36

河北保定发现先商时期遗址

2004年10—12月，为配合保定市公交公司职工住宅楼建设，河北省文物研究所、保定市文物管理所联合组成考古队，对公交公司占地范围内前期勘探发现的遗址部分进行了抢救性发掘，发掘总面积550平方米。清理出先商时期房址3座、灰坑17个、灰沟1条，晚期路1条。

遗址位于保定市新市区西北部小车村北、公交公司占地范围内东院，其北部为小车村农田，从整个遗址的分布范围来看，发掘部分仅是整个遗存的南部边缘，遗存的中心区域应位于公交公司北部围墙外的耕地中。

已发掘遗址部分地层堆积较为单纯，包含物较多，出土有先商时期陶片、石器等物；遗迹主要为房址和灰坑、灰沟。已发掘的3座房址均为圆形半地穴式，填土为黑灰色，斜坡门道，底部均分布有直径5—7厘米的柱洞，但房址内均未发现灶及地面的痕迹。其中F1破坏较为严重。F1、F2门道为东南向，F3门道向东。以F2为例：平面近似圆形，直径约3.3米，底部发现18个柱洞，斜坡形东南向门道，长2.5米，门道左侧发现柱洞4个，右侧发现3个。灰坑以近似圆形为主，并有部分椭圆形、长方形

■房址

灰坑。

该遗址出土物主要为陶片及石器，骨器、蚌器数量较少。陶片中泥质陶多于夹砂陶，器表颜色以灰、黑色为大宗，胎质以褐胎为主，灰胎次之，并有一定量的褐陶，少量泥质红陶。器表装饰以绳纹为大宗，其中包括一定数量的旋断绳纹、交错绳纹和附加堆纹等复合纹饰；泥质素面、磨光陶器占有相当的比例；此外还有少量刻划纹和篮纹。绳纹中以中粗绳纹为主，并有少量细绳纹。陶器中可复原者甚少，器类以平底器和三足器为主，另有少量的圈足器。可辨器形有鬲、甗、罐、盆、豆、瓮、尊、纺轮等；石器主要有刀、镰和刮削器，并有少量斧、锤、镞、砺石等；刀为磨制，镰除磨制外，亦可见打制成的半成品。该遗址骨蚌器较少，骨器有骨锥，蚌器有蚌刀，且未见骨料或动物骨骼。

■陶甗

小车遗址从出土器物来看，其与过去发现的河北容城上坡、易县下岳各庄、定州尧方头等遗址出土器物相近或类似，应同属先商文化范畴。先商文化在太行山东麓有着较为广泛的分布，小车遗址的发掘为先商文化深入研究提供了新资料。

■小车遗址出土石刀

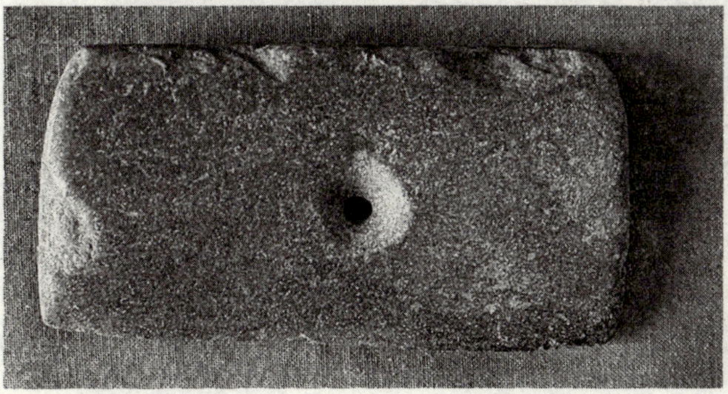

贾金标　胡金华

原载2005年9月9日1版

37

山西柳林高红发现商代夯土基址

柳林县位于山西省中部西缘，黄河东岸，地处吕梁山中段西侧，属黄土高原丘陵区。整个地势北高南低，三川河横贯全境。三川河流域的考古调查与发掘是西部考古项目“人类生业与环境变迁”研究课题的第二期工作。山西省考古研究所西部项目考古队继2003年在吉县洲川河流域工作之后，2004年工作区域选定在柳林县的三川河下游，调查面积大约168平方公里，经过2个月的工作，共发现汉代以前的遗存122处，采集了部分遗物，获取了一批宝贵的新资料和新信息。特别引起注意的是调查过程中在高红村发现了商代夯土基址，并进行了为期5个月的发掘，发掘面积2000余平方米。

吕梁山西麓由于屡次发现独具特

■遗址地貌远眺

色的青铜器而备受关注。高红 H1 一类遗存分布于陕晋两省的黄河两岸，其源流与去向至今并未搞清，继续探索这支独具特色的青铜文化仍是重要任务。高红遗址的调查与发掘遂成为此次重点工作之一。

高红村位于三川河北岸，东距柳林县城约 11.5 公里，西距黄河边军渡村 5 公里，307 国道将高红村南北分开。村南独立的山梁，当地人称柿枣垣，被东西横贯县境的三川河三面环绕，北邻 307 国道。柿枣垣地势西北高东南低，山梁东、南部坡度较缓，西、北部较为陡峭。纵横的沟壑将山梁分割成大大小小相对独立的单元，环绕山梁修出层层梯田，高红 H1 就是在半山腰的断崖边发现的。大致在西北部高地和东南部低地交接处，从南北两端各切入一条冲沟，严重地破坏了顶部的完整性。山梁上下均发现有陶片，离河岸不远有战国、汉代陶片和灰坑一类的遗迹；在高处的缓坡上采集到的陶片和高红 H1 所出陶片相同。

垣顶面积约 4 万平方米，地势较平缓，看不出任何夯土的迹象。首先在东南角修梯田切出的断崖上发现了一段夯土，保存较好，高近 3、长 30 余米。剥掉表层的灰土，均匀的夯层清晰地展现在眼前。每层夯土厚约 6—7 厘米。随后扩大了夯土的调查范围，发现夯土集中在垣上东部低地上，有几处夯土从垣上向下延伸至 4、5 阶梯田处。

为了了解夯土的年代，对打破夯土的灰坑和夹在夯土中的灰土进行了试掘，在断崖边共布探沟 6 条，发掘面积近 40 平方米。仅 TG3 中有灰土夹在夯土中。为了保护夯土，除 TG3 外，所有的探沟都是清理到夯土便停止工作。通过对 TG3 的发掘，了解了夯土的一些情况。夯土为粉砂土，土质纯净，夯层厚在 5—6 厘米左右。夯窝密集，

■7 号夯土台基南侧(东–西)

■遗址探方远景

有圆形、椭圆形、不规则形，夯窝径在1—2厘米左右。似用5、6根木棍捆绑起来作夯土工具。从打破夯土的灰坑所出陶片看，和高红H1内所出器物类同，时代也应相当。

从断崖上走向不同、断续分布的夯土看，这些夯土可能是建筑基址。通过钻探发现了20余处夯土基址，形状有不规则形、长方形、“回”字形、曲尺形等。夯土基址集中分布在垣顶东南部低地。西北部高地仅南部有2处夯土，1个灰坑；北部因破坏严重，没有发现遗迹现象。随后环梯田进行钻探，从垣顶下延十数阶梯田，没有发现夯土城墙及其他遗迹。或许是因山梁三面环水，西北临峭壁的天然屏障替代了墙垣的功能。

为了了解夯土基址的时代、构筑方法、相互关系、性质及功能等，选择基址群中面积最大的7号及其北部的8号夯土基址进行发掘。发掘面积2000平方米。

揭露出的主要遗迹现象有：7号夯土台基东西长46.8、南北宽11、现存高度1米。8号夯土在所布探方内东西长26、高约1.8、南北宽2—2.5米，北侧利用生土崖，稍加修整为倒梯形基槽夯筑而成，南侧用版筑。7、8号夯土南北相距18米，其间有广泛分布的活动面。

23号夯土墙，长17.9、宽0.4、残高0.2—0.5米。南端与7号夯土垂直相接，北端距8号夯土约0.35米。7、8号夯土间的活动面被该墙分为东西2部分。23号夯土墙以西，东西大致等距离并列有6个长方形柱洞，柱洞南壁和7号夯土台基的距离在1.4—1.8米之间，排列不在一条直线上，柱洞之间南北相错最大距离约0.4米，柱洞长1—1.2、宽约0.3、深1.2—1.3米，坑壁及底土质坚硬，打破活动面。

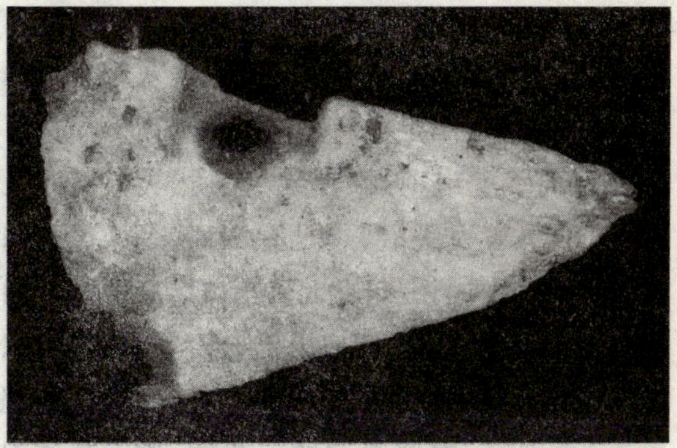

■卜骨

21号夯土在23号夯土墙东部的7、8号夯土间。长6.5、宽4、现存高度约0.4—0.6米，从平面看，它和7、8号夯土有共同的活动面，但它南侧一块附着于台基主体的夯土则压在活动面上。由此判断它可能晚于7、8号夯土。

■陶骨

7号夯土南侧仅发现有断续的活动面，厚不足1厘米，硬度较差。

目前的发掘工作到活动面就停止了，遗物均出自打破夯土活动面以上的遗迹单位，和夯土同时期的遗物还没有发现。目前还没有涉及到夯土基址建筑时期遗存，要弄清建筑基址间的相互关系和构筑方法还有待下一步的工作。

遗物大多为陶器、兽骨，还有少量的石刀、骨镞、卜骨、原始瓷片等。陶质有夹砂和泥质2类，陶色有灰色和褐色，以灰陶居多。夹砂陶器有鬲、甗、罐、瓮、尊等；泥质陶器类有盆、瓮、敞口盆、小口广肩罐、束颈侈口花边罐、小口折肩罐、素面小罐、杯、钵、斝等。鬲有2类，一类夹粗砂，直口、高颈或矮颈，口沿上饰花边，有高或矮的柱足根;另一类夹细砂,矮颈卷沿,有的口上有花边,锥状足根。甗有腰隔,浅灰色。尊大敞口,圈足,鼓腹,饰三角形划纹或素面。瓮有薄胎、厚胎、泥质、夹砂,口沿一般为平沿,袋足有2种,一种是平足底,一种是锥状足。小口广肩罐一般是短颈翻沿,折肩上饰云雷纹,腹饰绳纹。纹饰以绳纹居多,亦有云雷纹、三角划纹、内填绳纹的三角纹、饰于鬲腹部的楔形点纹,少量的器物素面或素面磨光。绳纹有的印痕深,排列整齐,捻结清晰;有的纹痕浅,亦很规整;也有的纹痕浅且散乱,卜骨目前仅发现1块,2处灼痕,有凿。

通过钻探发现了20余处夯土基址,现存建筑群的建筑总面积近4000平方米。通过大面积发掘,初步了解了夯土基址所处时代、构筑方法,获取了陶器、兽骨等实物资料,采集了部分木炭标本和孢粉,并对一部分土样进行浮选。为研究当时的气候、环境及遗址所属人群的经济形态、行为方式等提供了基础资料。

如此大规模的夯土建筑基址,非有组织的集团的力量不能做到,这里应是强有力的政治集团的活动场所。高红H1一类的商周时期遗存分布于陕晋高原黄河两岸,其源流一直是探索的重要课题。通过这次的钻探与发掘,取得了一批可贵的实物资料,丰富了其文化内涵,加深了对这一考古学文化的认识。

马 升 谢尧亭 王京燕
王 俊 王金平

原载2005年3月2日1版

38

河南安阳殷墟大司空遗址发掘

2004年3—8月中旬，中国社会科学院考古研究所安阳工作队配合安阳豫北棉纺织厂旧厂区改造进行考古发掘。实际发掘面积达数千平方米。发现并清理的遗迹现象有夯土建筑基址群、墓葬、车马坑、窖穴、灰坑、凌阴遗址等。

本次发掘共发现清理夯土建筑50余处，其中F 19—F24、F33—F41等15座建筑，组成一组建筑群。该建筑群以“四合院式”建筑为中心，前后至少三进院落，东西至少2个配院。有完善的排水系统。其中F22基址夯土厚达2.8米，夯打质量也较其他基址为好，其前面的庭院也最宽，推测F22是该组建筑群的中心建筑。在F22的北侧护坡土表面，有4组用螺壳和蜗牛壳摆成的图案，螺壳和蜗牛壳上都有穿孔，原来可能是缝缀在某种织物或皮革上，从其形态判断可能是鹰、夔龙和凤鸟等形象；另外还有大量的陶片平铺在护坡土层表面，少量卜骨和卜甲杂置其间。这些遗存可能都与某种祭祀活动有关，以F22为中心的这组建筑群可能是某族的族宗庙遗址。

在该组建筑群的北部基址F39下叠压着2座墓葬，从随葬陶器判断时代为殷墟四期偏晚，因此该建筑基址群的建筑年代应不早于殷墟四期偏晚

■北侧护坡土层表发现的螺壳摆放的“鹰”形图案

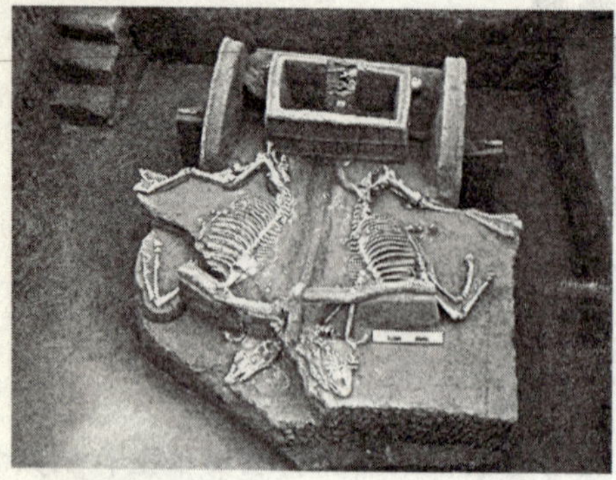

■车马坑

阶段。

清理中、小型墓葬近500座，大多数被盗扰。其中M303是一座保存完好的殷代贵族墓葬，出土青铜礼器有鼎7（大圆鼎1、方鼎2、扁足鼎2、分裆鼎2）、簋2、甗1、圈足盘1、觚6、爵10、大口尊1、觚形尊1、圆形捉手盖提梁壶1、圆罍1、盉1、尊式斝1、分裆斝1、提梁卣2、斗1、铙3件，共计40件。并有大量青铜兵器、陶器和1套车马器（其中有2件直径约20厘米左右的圆形青铜饰件）以及少量金箔等。

另外，在这次发掘中，还发现了墓底呈梅花点状排列的5个腰坑的现象，为历年发掘所未见。大司空遗址的商代墓葬常见壁龛，随葬器物置于壁龛之中，墓葬虽然被盗，但随葬品多数保存完好。

车马坑共发现4座，其中3座保存完好。M231和M226两座车马坑南北排列，相距仅5米，都有精美的青铜车饰和马饰。其中M226发现一套用兽牙雕刻而成的马饰为以前殷墟发掘中所罕见，而且两坑分别发现有直径约20厘米左右的圆形青铜饰件和圆形金饰件，均为以前殷墟车马坑中所不见。值得注意的是，这2座车马坑南北排列，层位相同，方向一致，应为一组，但两者的埋葬方式不同，车舆形制相异，相同形制的圆形饰件M226是金质，M231为铜材，马饰也是2套，一套为兽牙雕刻，一套为青铜泡饰。同为一组车马坑，就应该是同一墓葬或同一组墓葬的陪葬品，其等级也应是相同的，推测这2座车马坑之间的差异可能反映了两驾马车性质和用途上的不同。

灰坑和窖穴发现400余座。灰坑以不规则形居多，窖穴以圆形柱状或袋状为主，普遍较深，多数在2米以上，长方形窖穴多数有梯状台阶或盘旋梯状台阶。内填松软灰土，包含物丰

■墓室局部

富，有大量陶片和兽骨。

在对动植物标本的采样时，采取了完全采样法。即对不同时期的多个窖穴的填土全部过筛取样，获取了一批动物骨骼，其中有大量的微型动物骨骼，如各种鱼类的牙齿和鸟类骨骼；对数个体积稍小的窖穴整坑提取土样，进行浮选，获得一批完整的植物标本。这些样本的提取，都为以后对此区域内商代晚期动、植物群及古环境、古气候的研究提供了很好的完整资料。

凌阴遗址的发现和确认也是本次发掘的一个重要收获。以前在陕西和新郑都发现过秦代和战国郑韩时期的凌阴遗址，在此之前是否存在这类遗迹则不可知。本次在大司空遗址发掘中发现一处这类遗迹：是在一个深达2—3米的窖穴底部，再向下挖一个长方形坑，此坑深达6米以上。长方形竖穴坑底的温度比地面温度低6—10℃左右。应是当时夏天贮藏易腐物品之所，应属凌阴类遗迹，或可说是后代凌阴遗址的前身。

另外，在一个窖穴中发现一片刻辞卜骨，内容为干支表。这是继多年前大司空遗址发现四字刻辞甲骨以来第二次发现刻辞卜骨。

这次发掘所获遗物极其丰富，除商代晚期的大量青铜器、金箔片、陶器、玉石、骨、牙、蚌等标本外，还获得了一批史前时期的彩陶遗存，为深入探讨该地区历史文化的动态演变提供了丰富的资料。

岳洪彬　岳占伟　何毓灵

原载2005年4月20日1版

39

河南安阳殷墟孝民屯大面积发掘

2003年4月，按照国家文物局要求,由河南省文物局组织,中国社会科学院考古研究所和河南省文物考古研究所联合组成殷墟孝民屯考古队,配合河南安阳钢铁集团120吨转炉建设工程，在殷墟孝民屯遗址进行考古发掘工作,截至去年5月上旬,田野工作结束。

孝民屯遗址位于殷墟西部边缘一般保护区,面积约22万平方米,划分为南、北2个区域,其西、南、东3面已被安钢集团厂房包围。遗址自宋代以来被孝民屯村占压，千百年来村民生产生活对遗址本身已造成严重破坏。20世纪70年代以来中国社科院考古所为配合安钢建设在此区域进行过零星发掘，发现有铸铜遗迹及小型殷代墓葬。

本次发掘有着明确的学术目标。其一，中国社科院考古所安阳工作队曾在孝民屯西北地发掘到部分兵器范等铸铜遗物，在距南区东南约300米处，发掘到丰富的青铜礼器铸范和熔炉块等文化遗物，故寻找和大面积揭露该铸铜遗址的核心区域是这次发掘的主要学术目的。其二,在南区的南部即是已发掘的著名的“殷墟西区墓地”,发掘前,在发掘区勘探出分布密集的晚商墓葬近千座,应与“殷墟西区墓地”属同一个墓区,故殷商墓地的布局及墓葬的棺椁制度也是此次发掘研究的重点。其三，进一步探索殷墟布局。

为了完成既定学术目标，根据基建区域内文物勘探的结果，决定对文物分布密集区进行地毯式的大面积发掘,一年多来,共发掘6万余平方米。取得了多项收获，较好地完成了学术任务。

钻探资料显示，北区除近代墓群外，该区中北部分布有大面积古代文化层堆积。发掘的遗存中,龙山时代窑址有2组保存较完整；商代夯土建筑基址破坏十分严重，仅残存部分基础及裸露的柱础石，建筑形制和布局不清楚;古墓葬皆小型墓,绝大部分被严重盗毁。南区遭历代破坏,尤其被现代村庄严重毁坏,发掘前已罕见古文化层堆积,甚至绝大部分区域原生土也遭一定程度破坏,严重者深度超过1米,残存的古文化遗存较少且多为底部。考古队对遗存相对丰富的中、南部进行了全面发掘。发掘的遗存中,商代地面建筑仅残存部分基础,半地穴式房址已非原始深度,部分仅残存室内踩踏面,室外地面毁坏殆尽,部分布列较有规律的房址,可能分属3个群落;墓葬皆小型墓,绝大部分遭盗掘;铸铜遗址分布于该区域南部,原活动地面不复存在,残存与铸铜相关的部分遗存中,多仅为其底部。

主要发掘成果有:

1.南区发现一处殷商时期大型铸铜遗址,是本次发掘的重要成果之一。该铸铜遗址分布范围东西约370、南北约130米,面积约48000平方米。主要文化遗存有取土坑、范土澄淀坑、范土堆积坑、土范阴晾坑、窖穴、大型青铜器铸造间及浇注工作平台、水井和匠人墓地,以及与铸铜活动有关的废弃物堆积等;熔炉及坩埚类遗物多为碎片,缺少固定完整的场所及典型完整器;出土陶范数以万计,分外范和内范2大类,制作考究,花纹繁缛华丽,刀法娴熟,工艺精湛,部分陶范上有铭文;依出土陶范分析,该作坊的产品中最常见者有鼎、簋、觚、爵,其次是袖、尊、卣、觥、豆、彝、鬲(分裆鬲)和动物形卣盖等等,偶见兵器类范,其中鼎以圆鼎居多,少数为方鼎,口径多在25—30厘米之间,少数达40厘米左右。大型青铜器铸造间发现3处,皆为半地穴式,浇注工作平台位于房屋中部。保存较好的一处,残存有一件大型青铜容器的内范底座,直径达1.58米,也就是说曾经在该

■鼎腿泥模

■房址航拍片

铸造间铸造过一件口部内径达1.58米的巨型青铜容器。此外，在另一间铸造间的填土中出土2件未经焙烧就被抛弃的泥模鼎足，直径13—17、残高近45厘米，其中一件上端浮雕饕餮纹，饕餮的眉、眼和和阴线底纹等皆清晰可见。土范阴晾坑分方坑和圆坑2种，壁陡直，底平坦，残深逾2米，底部用木炭铺垫。

2.房址近135处(组)，其中时代为殷商时期者131处，隋代半地穴式建筑2组，唐以后地面夯土建筑2处。发掘殷商时期的大型建筑基址（基础)6座，小型地面建筑基址(基础)25座；半地穴式建筑100组(套)，逾200间，时代皆为殷墟二期，除北区一组外，其余相对集中于南区中南部之3个区域，即构成相对独立的3个群落。保存相对最好的一处村落发掘出半地穴式建筑27组(套)，共70间。该村落的特征可概括为：①房屋分布集中，错落有序。建筑的基本分布方式为由南往北，大体按东西成排分布，排与排间的房屋南北向相互错位，以利于通风。②房屋结构紧凑，布局合理，等级分明。每组(套)房屋构成一个相对独立的单元，单元内有1、2、3和4间4种组合方式，且各组合的形式也比较固定，出入门道一般位于建筑的南部或东部。由于房屋设计非常强调厅或门厅的概念，其他房间通过厅或门厅组合为一体，故完全可以借用现代民用建筑的概念，将1、2、3和4间4种组合方式分别称为一室、一室一厅、二室一厅和三室一厅。聚落中二室一厅的房屋居多，约占总数的一半；三室一厅的房屋有3组，由于有2组是二室一厅的变体，故真正意义上的三室一厅只有1组，它大体位于村落的中部；一室的房屋仅2组，其余是一室一厅。由单元房屋的组合，一定程度上可反映出聚落内部的等级制度，居民的主体是居住在二室一厅和一室一厅中的普通村民，居住在三室一厅者的地位相对较高，而居住在标准布局的三室一厅内的，显然又是聚落内地位最高者。③房屋保存完好、功能齐备。门厅以外的其他房间，多在一侧发现土台，显然是用于睡觉的“炕”。绝大多数房间皆发现数量不等且保存基本完好的灶（广义上与用火相关的遗迹），依形制大体分4类，有的专门用于炊煮烧饭、有的主要用于保存火种兼取暖和炊煮、也有的专用于烧烤食物等。不少房间保留有实用的生活器皿，还有一些房间出土了占卜用的龟甲。

3.墓葬1276座，时代分别为商代、西周、战国、汉魏、北朝、隋唐、宋元和明清，其中殷商时期墓葬近1000座。殷墓相对集中分布于近10个区域，区域内常见2或3个一组的组合，时代多为殷墟三、四期，有个别一、二期的，葬具有木质棺椁、席和皮革等，随葬品常见觚和爵。比较重要者是墓葬中画幔的成功清理及墓葬底部与葬具有关成组的桩孔之发现，为研究殷墟墓葬增添了不少新材料。

4. 众多与殷商时期祭祀活动有关的遗存，祭祀遗迹类型有人牲环形沟、人牲坑、人牲猪牲坑、牛牲坑、马牲坑、车马坑、羊牲坑等，它们有的与建筑的奠基相关，有的与墓葬有关，也有的与生产活动（如铸铜等）等有关；祭祀牺牲有人、马、牛、猪、羊、飞禽等。比较重要的是人牲环形沟，平面形状呈“回”字形，边长30多米；豁口位于南部，发现的10多位人牲中绝大部分埋于北部沟中。人牲皆被杀死后埋人，身首异处是其主要特征，出土时大多没有头颅，埋葬特征为有的仰身，有的俯身，有的侧身，更有的仍保持着双手被反绑的姿势。祭祀坑如J6为圆形桶状，深近8米，分5层埋人或猪，其中最底层埋4人，第4层埋猪4头等。再如铸铜遗址南部，发现东西并列的2个坑，东坑除埋人2具外，还埋入大量牛的下颌骨，皆为1/2部位，牙齿全部被拔去，总数超过100件，分2层，每层约60件；西坑除少量出土牛下颌骨外，集中出土3700

■铜器铸造间

多枚牛的牙齿，为一次性倾倒。

5.灰坑近1189个，时代分别为仰韶、龙山、先商、早商、晚商、战国、北朝、唐宋等，时代以殷商时期居多，且相当殷墟三、四期者占绝大多数，部分灰坑是带有旋转阶梯的窖穴。

6.龙山时期陶窑3组共6座，隋代砖窑1座，宋代砖瓦窑1座。

7.出土文物数千件，以墓葬出土物为主，按质地可分金、青铜、铁、玉、石、陶、瓷、骨、角、牙、蚌、铅、漆木等，其中以鼎、簋、卣、鬲、觚和爵为代表的商代小型青铜礼器近百件，以戈、矛、镞、刀、斧、锛、凿等为代表的商代青铜兵器和工具约250件。

8.注重多学科研究，如大量墓葬人骨经体质人类学者现场鉴定、记录和采集；对数百个单位进行土样采集浮选，获取大量植物标本等。

通过对殷墟西区大型铸铜遗址、大型建筑基址、祭祀场所、平民聚落和墓葬的阶段性发掘，取得了许多重要成果。此次殷商时期成组半地穴式居址的发现与整体发掘，在殷墟发掘史上尚属首次，为深入研究商代社会提供了全新的科学材料。此次平民聚落的发掘，形象、直观地展示了商代晚期生活在都城边缘地带的平民的生活场景，房屋虽小，但布局、设计中却充满了浓厚的生活气息，这与规模宏大、制度严格的宫室建筑与生活形成了鲜明对照；铸铜遗址的发现与大规模发掘，极大地丰富了商代青铜冶铸作坊考古材料，为研究殷墟青铜器铸造业提供了更多、更新的学术资料；大量事实说明殷墟遗址不仅在王陵区和宫殿区有着丰富的祭祀遗迹，就是被认为属遗址边缘地带的殷墟西区，也是举行祭祀活动的重要场所；各种重要文化遗迹的发现，进一步丰富了殷墟西区的文化内涵，提高了学术界对殷墟西区在商代晚期社会政治和经济等领域所处地位的认识。

王学荣

原载2005年6月15日1版

40

山东寿光双王城发现大型商周盐业遗址群

为配合南水北调东线工程山东寿光双王城水库工程建设，山东省文化厅配合重点工程考古办公室与潍坊市、寿光市文化局组成考古队分别于2003年夏、2004年春、秋3次对水库工程范围内及周围进行了考古勘察、钻探和小规模试掘工作，在8平方公里范围内发现商周盐业遗址39处，多个遗址内暴露出卤水井、盐田（坑池），还发现专门烧制盔形器的陶窑群。

双王城水库位于寿光市以北35公里，北距渤海南岸25公里。水库建于20世纪六、七十年代，面积约5平方公里。据当地村民介绍，在水位下降和地表附着物减少时，能清晰地见到城墙、城门等遗迹，故该地被传为双王城。现设计的水库是在原水库基础上向北、西扩建。新水库面积约9平方公里。

所有遗址出土物均以盔形器为主，所占比例在95%以上，有的遗址几乎全是盔形器。由于盔形器主要集中出土于渤海西岸一带的商周遗址内，目前，学术界普遍认为，沿海地区的盔形器属于制盐工具，因此，双王城发现的这些遗址应是当时的制盐遗存。

这39处盐业遗址集中分布在原双王城水库周围8平方公里范围内，每平方公里近5处。其中，在北部3.5平方公里范围内，已发现30处遗址，

■双王城水库周围地貌

每平方公里达9处。制盐遗存分布如此密集、制盐规模如此之大，这在山东乃至全国属首次发现。

除6处制盐遗存面积为1—3万平方米（经钻探，像08遗址是由3个小遗址组成的）外，其他遗址面积多在3000—5000平方米，这个规模应是当时遗址的通例。每个遗址应基本代表当时的一个生产单位。就出土盔形器碎片的密集程度和文化堆积的厚薄而言，像013、016、S01、S02、SS7等15处制盐遗存，地表和水沟两侧出露的盔形器数量少，又罕见生活用具，文化堆积在0.1—0.5米，说明人们在此制盐生产活动的时间较短，可能只进行过一次或几次生产活动。而其余遗址堆积厚，一般在0.5—1米，出露的盔形器陶片多，还有少量陶鬲、罐、盆等生活用具，说明人们在此生产活动的次数较多些。但是，目前还未发现像阳信李屋那样的制盐居住聚落遗存。因此，考虑到当时的制盐方式，初步认为绝大多数遗址应是季节性制盐留下来的遗存。

在015遗址发现了烧制盔形器的窑群，面积近2万平方米。在遗址东南部，经钻探发现陶窑4座。在北部水沟的断面上可清晰看到3座陶窑，均为竖穴式。其中，南部偏北的那座陶窑，保存有窑室和工作间。窑室暴露长度1.1、深1.05米，四壁涂抹草拌泥，已烧制为砖青色，非常坚硬。窑室北有2个相连的工作间，第一个暴露长度为0.9、深0.64米，与窑室相连的一面也涂抹草拌泥，壁面也呈砖青色；第二个深0.8米。窑址周围分布着大量盔形器碎片。此外，还在S05遗址发现了墓葬。

■遗址地表上的盔形器碎片

09遗址北部、014遗址中部，还发现了井。井口大体呈椭圆形，直径1—3米，已钻探深度超过3.5米（未至底）。井内堆积大体分为上、下两部分，上为生活和生产垃圾，下为青灰色和豆绿色淤泥淤沙。014遗址东部、

010遗址中部发现多个坑池。014遗址的坑池西距井30米，坑池长30米，钻探宽度约20米，面积超过500平方米。坑池斜壁、平底，深0.4米。底部铺垫豆绿色粉砂土和深褐色黏土，非常坚硬。坑池内堆积着草木灰与豆绿色淤沙土相间层，厚36厘米。其中，草木灰土有4层，豆绿色淤沙5层。草木灰已板结，硬似薄砖，不含陶片等遗物。坑池内豆绿色淤沙与井内完全相同，其来源应出自井内。010遗址内发现了多个坑池，每个面积、堆积形态与之相似，只是草木灰和淤沙层稍薄些。

■盐池底部铺垫土及草木灰、淤沙层

经钻探，遗址堆积模式一般为，每个制盐遗址内包含井(深坑)和若干个坑池等遗迹，盔形器、烧土、灰土等文化遗物和堆积集中分布于井四周和坑池的一侧，形成一个个数百平方米面积大的“疙瘩地”。

沿海地区的盔形器属于制盐用具，至于如何使用，学术界有煮盐、晒盐之说。盔形器(如阳信李屋)多泥质、厚胎，并不适合煮熬，而且，考古调查、发掘中也未发现支座、盐灶之类的遗迹，这表明盔形器并不是煮熬海水或卤水之用。圜底、尖底不适合平地置放，侈口、深腹，不便于日晒，也不利于水分蒸发，因此，用之晒盐也不太可能。

双王城水库北距海岸25公里，北距大荒北央、莱央子商周制盐遗址(群)也有10余公里，鲁北地区集中出土盔形器的遗址大部分离古海岸都有一段距离，说明当时制盐所利用的原料并不是海水。据现代资料显示，渤海湾浅小，海水盐度很低，但南岸冲积平原地区分布着丰富的地下卤水带，卤水盐度是海水的2—6倍，仅莱州湾沿岸地带面积就达1500平方公里，总储藏量达74亿立方米，含盐8亿吨，是山东得天独厚的“地下液体盐矿床”包括双王城在内的渤海沿岸所发现的制盐遗存基本位于地下卤水分布带上或周围。这些情况表明,双王城一带的制盐原料应是浓度较高的地下卤水。

因此,这次发现的井,应该就是卤水井。坑池内的淤沙薄层与井内的质地、颜色完全相同,这表明面积达数百平方米的大坑池曾储放过地下卤水,坑池底部分别铺垫黏土和砂土层的目的是防止卤水渗透。坑内层层的草木灰堆积,似是为提高卤水浓度有意识倾倒的,草木灰的板结硬化应是灰中碳酸根与卤水内的钙、镁离子化学反应的结果。如此说来,这些坑池可能就是盐田、盐池。而有意识使用草木灰制盐,与后世制盐中的淋灰法相似。盔形器集中分布在卤水井周围,说明盔形器应是汲取地下卤水的用具。传统看法认为这些方法出现在汉唐以后。因此,这些新发现极大地改变了盐业史中的一些传统认识。

所发现的盔形器有泥制和夹砂2种,二者所占比例差不多,烧成颜色有灰色、红色和红褐色,腹部多浅弧和斜直,上拍印粗绳纹,底部为尖圜底或尖底。底部平均厚度为2.26、最厚者达3.1厘米,而腹部平均厚度为1.31厘米,明显薄于器底。这些特征明显与阳信李屋商代盔形器(见本报2004年3月5日版)存在差异,具有前后发展的递变关系。与盔形器同出的还有素面鬲、绳纹鬲、罐、盆等。附近大荒北央遗址的考古发掘资料表明,这类盔形器还与西周初期的三角划纹陶簋、乳状足素面鬲、袋足绳纹鬲等器物共存。因此,双王城盐业遗存的年代多为西周早期,个别遗址可能早到商代晚期。

燕生东　袁庆华　李福文　王德明

原载2005年2月2日1版

41

贵州威宁中水考古发掘

2004年10—12月，贵州省文物考古研究所与四川大学考古系等单位联合对贵州省威宁县中水古文化遗存进行考古发掘，揭露面积近3000平方米，清理出祭坑、墓葬、灰坑、房址、沟等200余处，出土大量的陶器、石器、骨器、玉石器、青铜器等文化遗物。

中水位于贵州省威宁县与云南省昭通市交界处，东距威宁县城100公里，西北距昭通22公里，紧邻乌蒙山区西缘，海拔高度约1800—2000米。中水系云贵高原北部一山间小盆地。

1978—1979年，贵州省博物馆考古队曾在中水梨园发掘了一批西汉时期墓葬。1995年，贵州省文物考古研究所又在中水吴家大坪发现了2处埋藏有大量炭化水稻的坑。出土的水稻经碳14测定年代距今3100±50年(未树轮校正)。

此次发掘点都位于中水盆地内中河两侧的坡地和山梁上。由于是第一次发掘，分别在吴家大坪、水果站、鸡公山、营盘山和新街等几个地点进行试掘，并根据试掘情况又决定重点发掘鸡公山遗址和新街墓地。本次试掘和发掘的几个地点，除新街的银子坛墓地之外，文化堆积都很薄，文化内涵也都比较单一，并分别属于4种不同的文化类型。在发掘中，用浮选机对各遗迹单位的土样进行了浮选。

鸡公山文化。以鸡公山遗址为代表，另有吴家大坪等地点。鸡公山顶海拔1939.5米，遗址分布在山顶处，总面积约4000平方米。该遗址的文化层堆积很薄，众多遗迹就在表土的草皮和耕土下，主要遗迹有祭祀坑、墓葬、灰

■发掘中的鸡公山遗址

■鸡公山遗址出土陶器

坑、建筑等。祭祀坑是该遗址数量最多的一类遗迹,分布在遗址大部分地区,以北部最为密集,坑呈长方形、圆形、椭圆形、不规则形等,大小悬殊,坑壁普遍涂抹一层青膏泥,有的坑烧土壁较厚,多数有用火遗迹。坑内普遍埋有数量不等的陶器,器类主要有瓶、壶和罐。多数坑内填土夹杂有大量的炭屑、红烧土和石头等,少数坑内还有人骨遗骸,或为人体残部、或为躯体扭曲变形,可能是祭祀用人。建筑遗迹以残留的柱洞为主,根据柱洞分布的情况看,其建筑规模较小。其建筑形式可能有地面式的木骨泥墙建筑。墓葬已清理12座,散布在遗址中南部,皆为竖穴土坑墓,大小仅能容身。部分墓葬的墓坑上部、底部或墓旁都有一个小坑,土坑周壁抹有一层青膏泥,这应是一种特殊的埋葬习俗。部分墓葬无随葬品,有随葬品的也仅一至数件,多为陶器。M2出土有骨镞和石镞,M4和M6各出土一件用细青铜丝做的小耳饰,这是整个遗址目前发现的唯一青铜器。遗址出土石器主要有弧壁穿孔石刀、小石锛和有肩石器。还出土大量完整和可复原陶器。陶质以夹砂褐陶为主,其中多为夹砂红褐陶,次为夹砂黑褐陶和夹砂黄褐陶。陶器烧制火候较高。器表纹饰主要为弦纹和戳印纹。陶器基本为平底,主要是小平底,鲜有圈足器,不见圜底器和三足器。器类主要有罐、瓶、壶、杯、钵、盆和器盖等,陶器群主要由细颈小平底瓶、单耳壶、折沿深腹罐、单耳敛口深腹罐、小平底喇叭口杯、单耳钵、带耳盆构成。从陶器反映的情况看,这组器物具有鲜明的地域特征,代表着一种全新的地域性考古学文化。初步推测其年代约相当于中原的商周时期,在当地文化发展阶段上属于新石器时代末期至青铜器时代初期。

营盘山类型。该文化类型以营盘山遗址为代表。遗址位于面向中河的

■红营盘墓葬出土铜器

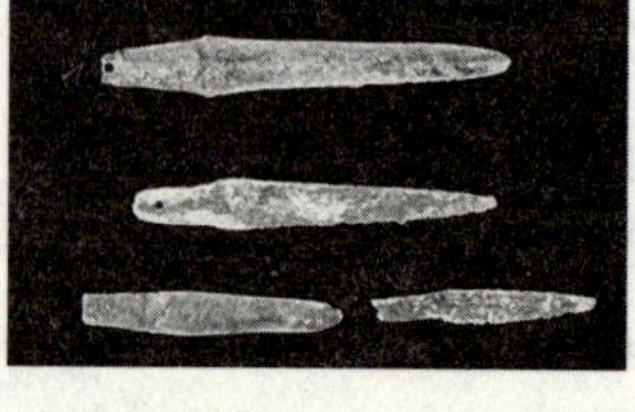

一条缓坡上，面积约3000—4000平方米。本次试掘的区域内地层堆积简单，第2、3层为文化层。遗迹有房址2座、灰坑2个、沟1条。出土大量陶、石器。石器有弧壁穿孔石刀、磨石和打制石器。陶器以夹砂红褐陶为主，次为黑褐陶，另有夹砂白陶、泥质黑陶、泥质红陶等。器物组合主要为蒜头鼓腹罐、喇叭口杯、折肩钵、曲腹碗、圈足碗、折沿罐等。营盘山类型的陶器，既与鸡公山遗址陶器有一定的联系，又与新街银子坛墓地出土的陶器有一定的关系。初步推断，营盘山类型的年代可能介于鸡公山文化与银子坛类型之间。

■银子坛墓地

红营盘类型。该文化类型以新街红营盘墓地为代表。墓地主要分布在一条平缓山梁的南坡上，墓葬分布相对稀疏。此次清理的26座墓葬，规模偏小，面积不超过2.5平方米。部分墓葬有葬具板灰痕迹，为长方形板式葬具。葬式为单人仰身直肢葬。大部墓葬都有随葬品，出土有陶、石、玉、铜和骨器等，共计56件，其中兵器有柳叶形青铜剑、骨箭镞、青铜箭镞等，其中青铜剑明显受到巴蜀文化的影响；工具有铜刀、穿孔磨石等；装饰品有铜镯、铜指环、石璜、玉玦等；陶器组合有带流鼓腹罐、圈足鼓腹罐、单耳折沿罐、圈足碗（钵）、杯等，器表多为素面，另有少量乳钉装饰。陶器器形独特，为贵州此前所未见。陶器均为手制，火候较低。陶器一般放置在头顶，少数放置在胸部；铜剑和磨石一起放置在胸腹之间；装饰品均为随身佩戴之物。该墓地的时代大约在战国时期或更早。

银子坛类型。该文化类型以新街银子坛墓地为代表。位于红营盘墓地的西边，2处墓地相距约400米。分布在与红营盘墓地同一山梁的北坡上，地势稍低。该处墓葬分布密集，墓坑开口位于第4—6层下。已清理墓葬82座，出土陶、铜、铁、玉、骨、漆等质地的器物250件以上。均为长方形竖穴土坑墓，有复杂的叠压打破现象，墓葬形制有从狭长形向长方形再向近方形发展的趋势。有明显板灰葬具痕迹的墓葬占相当比例。目前发掘的早期墓葬均为单人一次葬，后期则出现多人一次葬和二次葬的合葬现象。葬式多为仰身，上肢和下肢摆放情况富于变化。

■银子坛墓葬出土陶器

上肢有直肢、内屈于胸、交叉等多种情况;下肢有直放和交叉等情况。后期的多人合葬,一墓内所葬个体在2—5人之间,并出现将颅骨置放在肢骨之上的捡骨二次葬现象。另外值得注意的是,所清理的墓葬中有部分墓圹短小、入葬者的骨骼纤细,较明显是儿童墓葬,表明夭折的儿童也可以葬入公共墓地。有个别的儿童墓葬还有厚葬的现象。葬具痕迹的发现,是此次发掘较为重要的收获之一。在相当部分墓葬的底部和墓壁发现葬具板灰痕,从板灰痕看应是由侧板、挡板、底板和盖板合成的长方体板式葬具。部分葬具平面的板灰痕迹略呈“井”字形,但四角又似乎有角状装饰。随葬器物以陶器为主,主要组合有单耳盘口罐、盘口深腹罐、喇叭口杯、折腹杯、喇叭口钵、浅盘豆等。主要放置在头顶,少数放置在脚侧,随葬陶器较多者则放置在头顶及身体两侧。部分陶器的肩部或口沿有刻划符号。此外有铜(银)镯、铜钗、指环、铜带钩、骨玦、玛瑙管和玉珠等随身佩戴的装饰品。少数墓葬随葬铜矛、铜剑等青铜兵器。这些青铜兵器应属于滇文化风格。银子坛晚期墓葬中出现了棺椁式葬具,随葬品中也出现了五铢、盖弓帽、铁器等,这些应是受汉文化影响的结果。根据对这些汉式器物的观察,其晚期墓葬的时代约为西汉中晚期,而早期墓葬的时代也可能要早到战国晚期。

本次威宁中水的考古发掘,是贵州历年来田野考古工作规模最大的一次,揭示出数种古文化遗存,填补了贵州地区史前考古的许多空白。目前虽然没有发现这数种古文化遗存间直接存在着地层叠压关系,但根据陶器可以看出它们彼此之间既存在时间上的早晚关系,又存在着相互联系。这些不同时期文化类型遗存的揭露,可初步建立起贵州西部乃至云南东北部新石器时代末期至早期铁器时代考古学文化发展系列。

鸡公山遗址的发现,不仅填补了贵州新石器时代末期至青铜时代早期考古和聚落考古的空白,还为研究分布在贵州西北部与云南东北部地区的一种新考古学文化提供了典型器物组合,为探讨贵州地区和完善西南地区的考古学文化发展序列提供了重要资料。此外,鸡公山遗址中发现数量如此众多祭祀坑，在西南地区史前文化遗存中尚属首次。

红营盘和银子坛两墓地紧邻，但器物、葬俗和葬制等却有很大差异，这为探讨当时该地的居民集团提供了重要资料。从两墓地青铜兵器的情况看，该地文化曾分别受到过巴蜀文化和滇文化的影响，这又为贵州西北部在不同时期与巴、蜀、滇的关系提供了新的资料。

贵州威宁中水联合考古队

原载2005年1月5日1版

42

新疆罗布泊小河墓地全面发掘

新疆文物考古研究所于2002年底开始了小河墓地的考古工作，当年发掘墓葬4座，2003年12月—2004年3月发掘墓葬33座，调查小河流域遗址点22处，此次发掘的主要收获已在《中国文物报》做过简要介绍。2004年9月—2005年3月，新疆文物考古研究所与吉林大学边疆考古研究中心合作，在沙漠腹地连续工作近半年，发掘墓葬130座，对整个墓地进行了全面的揭露。发现了许多新的重要的埋葬现象，如结构独特具有祭祀功能的泥壳木棺墓、以泥壳木棺墓为核心的墓地布局、整个墓地规格最高的大型木房式墓葬、成排布列的奇异的“木尸”墓；相当一部分墓葬还基本保存着埋藏时的原貌，墓葬中的尸体、服饰及大量的随葬品保存较好，采集了30多具古尸标本；另外，从遗迹遗物看，墓地早晚文化特征发生了明显变化。通过跨4个年度，近10个月的沙漠考古，共计发掘墓葬167座，出土珍贵文物数以千计。

■木房式墓葬

小河墓地地处孔雀河南部支流小河东侧约4公里处，外观为一个椭圆形沙山。这一沙山位于一座原生的高阜沙丘之上，在不断的自然风积和构筑墓葬时的人工堆沙过程中，沙山越来越高，发掘前测得其高度7米余，长74、宽35米左右。墓地南部

■墓地局部

保存相对较好，这里墓葬可分5层，底层的第5层墓葬建构于原生沙丘上，这层墓葬形成之后，在其分布区的南北两侧各立一排整齐的木栅墙。南侧的木栅墙为墓地南边界墙，北木栅墙以北的区域，在木栅墙出现之后也开始布墓，此后整个墓地可分为南、北2个墓区。

墓地绝大多数墓葬结构一致，一般是先挖沙坑、坑中置棺具，然后在棺前后栽竖立木。南区1—3层墓葬密集、上下反复叠压打破，很难判断墓室的范围，但多数墓葬特别是2、3层墓葬可依据棺前木柱上的遗痕推断出墓葬的开口位置，可知墓室的深度一般在1米左右。4、5层墓葬，位置低，沙质潮湿紧密，具有一定的直立性，所以部分墓葬墓室形状明确，基本呈2.5×1米余的长圆形，墓室普遍较深，最深的接近2米。墓葬均有棺具，一墓一棺。木棺由胡杨木制成的侧板、两挡、盖板拼合而成，均无底板。形制可分3类：第一类，侧板弧形，两端内侧保留了树干本身的自然弧面，两板端头相触，近端头凿出"U"形槽用来嵌长条形的挡板，盖板较细窄。第一类木棺普遍见于南区1—3层墓葬中，第4层偏晚的墓葬也采用这种棺型，1934年，瑞典考古学者贝格曼调查时，在北区接近木栅墙顶部的位置也见到一例。第二类，侧板也呈弧形，但两端不见树干本身的自然弧面，两端头也不接触，侧板端头出棱，用来竖立挡板，挡板通常较宽，呈上窄下宽的长方梯形，盖板多宽大。南区第5层绝大多数木棺及北区部分木棺采用这种形制，第4层早期的墓葬也沿用了这种棺型。第三类，侧板近乎直板，挡板普遍宽大，木棺的平面基本呈长方形或长方梯形。这类直板棺分布在北区和南区第5层墓葬中，又以北区的最为典型。木棺上普遍覆盖着牛皮，最多的覆盖5、6层，有的还盖有毛织物，牛皮上中部多放一把红柳枝及芦苇一枝。

木棺前常竖立不同形制的立木，棺后竖红柳棍或细的胡杨木棍。棺前立木因死者性别不同而有区别，男性棺前立木似桨，桨面涂黑、桨柄涂红，柄端多刻有7道旋纹，“桨”的大小差别很大，最高的3米多，最宽的0.8米左右。女性棺前立木基本呈柱体，形制上也有不同，有的为上下均匀的多棱形木柱，有的上部为粗的多棱柱、下部则为细的圆柱，木柱端头均涂红，缠一段毛绳，绳下固定草束。2种立木的象征意义已很明晰：柱体象征男根，“桨”象征女阴。在一些“男根”和“女阴”立木的顶端还发现嵌有小铜片。埋葬时，女阴和男根立木同木棺一起多被掩埋

■泥壳木棺墓

在墓室中，多数墓葬在墓室的最前端再立一根高约3、5米的粗木柱，木柱露出地表的部分涂红，成为醒目的墓葬标志物。有些木柱顶端变细，可能用以悬挂牛头。在这些粗木柱根部多置放一把由芦苇、骆驼刺、麻黄或甘草等干旱区植物组成的草束，草束中夹粗芦苇秆和羊腿骨，旁侧放草篓。2、3层墓葬和4、5层墓葬组成这种草束的植物有所不同，4、5层墓葬草束一侧的草篓上多盖有大的木盖，草篓的系绳上多穿有小的铜环。2、3层墓葬粗木柱的根部将自然树根略削为跎状柱础，柱根部通常留出一突出的旁根，上镶嵌小铜片，4、5层墓葬则基本不见这种现象。

发掘的墓葬除北区一例女性和一婴儿的合葬、南区一例两男性木尸的合葬外，均为单人葬。167座墓中，儿童墓不到20座，主要是成人墓，头向基本向东，仰身直肢。死者头戴毡帽，帽上大多缀红毛绳、伶鼬皮、插羽饰，足蹬短腰皮靴，腰著腰衣，身裹毛织斗篷，斗篷以木别针插别，斗篷边缘捆扎小包，内包麻黄草枝、麦或粟粒。多数死者具项饰、腕饰，在斗篷外右侧置一草编篓，身上大多放置麻黄小枝、牛(羊)耳尖、筋绳，其他如羽箭、缠红毛绳羽饰等也较常见。一些特别的随葬品，可能与墓主人的身份、地位有关，

■木房式墓葬墓室两侧叠放牛头

如随葬品丰富的男性墓中常见的缠毛线、束鬃毛、嵌骨雕人面像的尖头木杆形器、夹条石的蹄状木器、蛇形木杆、带皮套的羽箭、彩绘木牌等，还有男、女性墓中都随葬的裹涂红皮革的小型木雕人面像、额面切齐的大牛头。另外，一些墓葬中特殊的随葬品不止一件，如男性墓中木雕人面像一墓有2、3个，羽箭更是多达三、四十根，女性墓中还见双木祖。小河墓地墓葬因男女性别不同所著服饰和一些随葬器物明显有别，不同墓区和层位随葬品组合、器物特征也发生了一些变化：男性毡帽上插排状羽饰，女性毡帽上插单杆羽饰；男性斗篷穗多位于下摆，女性多位于颈肩；男性腰衣似带，女性腰衣如短裙；1—3层所出腰衣结构简单，多为平织和斜编的单色织物，而4、5层腰衣则普遍缂织出红色阶梯纹，北区男性腰衣更为独特，常见一人着短裙式和窄带式2种腰衣的情况。男性在棺前"女阴"立木下立冥弓和木箭，女性在身上放木祖、皮囊和木梳。1—3层男性棺前"女阴"立木下所立冥弓较小，与木箭分立在立木的两侧，而4、5层墓葬冥弓要大得多，且与木箭并立在立木的一侧；男性墓葬中所见木杆形器上镶嵌的骨雕人面像，形态各异；另外草篓、别针、木梳等在形制、花纹上经过仔细对比，也可以发现变化的线索。1—3层墓葬死者的面部、身体上普遍发现涂有乳白色浆状物质，4、5层和北区死者的面部则多涂红，有的可见涂划出红色线条。

墓地发现少量特殊的泥壳木棺墓。这类墓葬结构上大同小异。均挖竖穴沙坑，坑中放置直板或弧形侧板的木棺，棺中葬一个体，发掘的4座墓均为成年女性，其服饰、随葬品等和其他随葬品比较丰富的普通女性墓葬并无区别。木棺上竖立木板，拼合成长方形

■泥壳木棺墓出土木雕人像

的木板室。在木板室的头挡中部都凿出一孔,孔中由外向内塞一节短木楔。木板室中通常摆放高20余或50余厘米不等的木雕人像、插有长条形青石棒的裹皮角状器、木罐、草编篓、盘等。木板室外纵向放置一根象征男根的立木和一根胡杨木棍,木板室口部盖草帘、搭绕草绳,然后抹泥。最后在泥壳木棺周围栽竖高约5米左右的多棱形木柱,这些木柱围成直径2米余的柱圈,柱上涂红,柱顶端粗细变化处用草绳悬挂牛头。发掘过程中,在这些木柱圈内及周围堆积中采集大量牛头、羊头,大概是举行祭祀活动后留下的遗物。

在墓地北端有一座木房式墓葬,贝格曼记录的木构房屋即为此墓。可惜墓葬已严重被盗,但从清理出的残迹及残留遗物仍能见其规格不同一般。墓葬由木构的长方形墓室和梯形墓道组成。墓室面积7平方米左右,深约150厘米。由多棱形的粗木柱和宽平的木板构筑,木柱位于四角及墓壁中部,上端修出凹槽用以承接顶梁,木柱外侧立放木板作为壁板,壁板内侧底部横置刻有细密锯齿纹的涂红木板。墓室中部立隔板,形成前后室。室内壁板、木柱上绘红、黑色S纹、竖条纹、网格纹等。墓室外壁蒙盖多层牛皮,牛皮上敷碎草。围绕墓室堆垒有大量碎泥块,墓室前壁两侧碎泥块上叠放7层牛头。墓道结构简单,由侧放的木板、木柱围成,底部铺有一层碎泥块。墓道前耸立一根高近3米的木柱,上刻有8周凹槽纹。木柱与墓道、墓室基本上呈南北向一条直线排列。墓内不见人骨,仅在扰沙中发现一节肱骨和胸骨,鉴定认为可能属一成年女性的骨骼。墓室内残存遗物不多,重要的是在墓室底部的位置发现圆形石质权杖头1件,中部的圆孔里还插有已朽断的木质杖杆;木雕人面像2件、带有金环的圆形铜镜1面、铃形铜器1件,墓室上部及周围扰沙中还发现骨雕人面像、彩绘木牌、多节的木雕人面像以及百余件牛头和羊头。

墓地南区各层墓葬一般是由墓地中部向外围埋葬。第2层居中位置是一座男性墓，随葬品丰富、特殊。第3层几乎不见规格明显较高的墓葬。第4、5两层各以一座埋葬着女性的泥壳木棺墓为核心布列墓葬，泥壳木棺墓近旁的墓葬无论男性和女性，随葬品多比较丰富。第4层在泥壳木棺墓东南埋葬一列4座木尸墓，在这一列墓的南侧也见一木尸墓，在泥壳木棺墓西亦有一木尸墓，从各墓棺前木柱上的遗痕看，6座木尸墓是在短时间内连续埋葬的，墓主均为男性，木尸的形态也基本相同，面部扁平，上绘红色X纹。其中有一座2具男性木尸的合葬墓，从随葬品看，规格较高。北区靠木栅墙居中的位置并列的2座女性泥壳木棺墓，它的北侧有一由8根木柱围成的半圆柱圈，柱圈内有3具直板木棺，墓主均为男性。从贝格曼的材料看，在这2具女性泥棺墓的西侧也有一个木柱圈，现仅存3根高柱和中部的一个被盗的直板棺，从残存遗物看，墓主为男性。由此推测北区早晚分布有多个泥壳木棺墓，晚期泥壳木棺墓中可能葬有男性。

小河墓地上层的100多座墓葬已被破坏，完整保留下来经过科学发掘的墓约是原来整个墓地的一半。墓地上部采集到的高3米左右的木雕人像、数千根的短木楔在发掘墓葬中未见，表明上层被破坏的墓葬和已发掘的墓葬有较大的区别。发掘墓葬分层明确，早晚之间遗迹遗物发生明显变化，这些现象都表明墓地使用了相当长的时期。过去在孔雀河古墓沟墓地发现有用大量短木楔围成放射状的“太阳”形地表标志的墓葬，从小河墓地采集的短木楔推测它的晚期可能存在过类似的墓葬。据 ^{14}C 测定，古墓沟墓地的年代在公元前二千纪初，小河墓地年代的上限有可能早于古墓沟墓地年代，它的下限可能和古墓沟墓地大体一致。

从20世纪初开始经过将近一个世纪的工作，已积累了较为丰富的楼兰地区史前考古的资料，这些资料表明，在这一地区存在一支文化面貌独特的考古文化，小河墓地的发掘丰富了新疆或整个中亚地区史前考古的内容。它在许多方面拓展了史前考古研究的视野，它将在更宽的领域对周边其他地区的考古产生影响。

小河考古队

原载2005年4月13日1版

43

福建浦南高速公路考古发掘

浦南高速公路是福建省“十五”规划的重要工程，地处闽北浦城县至南平市一线。2004年5月，考古人员在福建公路所经地段沿线50米范围内进行文物普查，发现近90处新石器至唐宋时期遗址。2005年9月，为配合浦南高速公路建设，福建省文物管理委员会考古工作队暨福建省博物院考古研究所、闽越王城博物馆、南平市博物馆、浦城县文化馆联合组成考古队对浦南高速公路沿线浦城县境内古代文化遗存进行抢救性考古发掘，2个月来，已发掘遗址8处，出土陶瓷器、石器、青铜器等300多件文物。

一、商代窑群

位于福建省浦城县仙阳镇下洋村猫耳弄山，发掘面积250平方米，共发现商代窑炉6座，平面分别呈椭圆形和长条形。龙窑(Y1)依山而建，沙底，倾斜坡度5—10°，方向86度，长约7.6、窑壁残高0.5、宽1.6米，窑炉的火膛、火道和窑室保存完整。其余5座窑炉平面呈椭圆形，依次叠压于龙窑(Y1)的下方，且具有一定的打破关系，每座长约2.8—4、窑壁残高0.5—1、宽1.2—1.3米，火膛、火道和窑室保存较好。从叠压和打破的关系来分析，椭圆形窑要早于龙窑(Y1)。窑内包含了大量的黑衣陶等器物，可辨器形有：尊、罐、豆、盆等，陶胎以灰色为主，陶质较硬，造型以圜凹底、平底器居多，圈足器较少。纹饰有：方格纹、篮纹，并以黑

■椭园形窑炉遗址

■西周青铜剑

■M1

衣篮纹为多。黑衣陶系福建地区典型的商代遗物,因此,这6座窑炉的年代上限应为商代早期,下限应为商代末期。

闽北浦城商代窑群的发现,证明了福建制陶手工业已相当发达,是窑址比较集中的地方。该窑群保护较好,尤其是长条形龙窑在福建省是首次发现。

二、青铜时代遗址

位于浦城县仙阳镇三源村龙止湾,发掘面积575平方米。遗址所在的龙止湾上遍植茶树,地层堆积受到了自然和人为的严重破坏,大多是从山顶冲积下来的二层堆积。堆积层仅2层,即扰乱层和第2层(文化层),扰乱层出土了旧石器时代的打制石器和一些几何形印纹硬陶。第2层清理灰坑10座,其中最大的一个灰坑平面略呈方形,出土了大量的几何形印纹硬陶残片,可辨器形有:尊、罐、釜、鼎、杯、南瓦等,纹饰有:篮纹、网格纹、席纹、云雷纹等,生产工具有:陶网坠、砺石、磨盘,装饰品有:玛瑙、石环、陶镯等,其基本年代为商周时期。

在扰乱层里意外地发现了人工打制石器,器形有砍砸器,石核、石片和尖状石器,属华南闽台区东砾石加工制造类型,年代在1万年前,为探索闽北旧石器考古提供了新的线索。

三、西周土墩墓群

位于浦城县仙阳镇管九村洋山自然村,20多座土墩墓主要分布在村后的山顶和半山腰上,对其中9座进行抢救性发掘清理。土墩墓高度一般在2—3米,均为一墩一墓,墓底用河卵石铺砌,墓室为浅穴室,墓长4—5.1、宽2—3.2、厚度0.05—0.1米。出土的青铜器有:剑、戈、矛、箭镞、刮刀;陶器有:盖罐、鸭形器、原始青瓷三系尊等60余件。其中一柄青铜剑全长35厘米,剑柄两边各有一耳,剑身和剑柄处雕刻有精美的云纹、云雷纹,曲尺纹等,采用“失蜡法”铸造,其中镂空,透雕的工艺十分精湛,在地下埋藏3000多年,剑刃仍十分锋利。

我国曾在浙江、安徽、江苏3地发现过土墩墓,土墩墓的叫法也是江浙考古学者最先提出的。根据分析,这些地方都是地处东南沿海,在古代吴越文化的分布区域内。浦城县分别与江西、浙江三省接壤,地理位置与吴域文化区域相连,此次发现的土墩墓如此集中,进一步阐明了它们之间的密切关系。

四、两晋南期墓群

位于浦城县莲塘镇吕处坞村,古墓群分布在村北的鸡脖岗山。山的相对高度约40米,红壤,较疏松。古墓葬分布在西南面的山腰和山脚处,这次共抢救性发掘清理了8座，墓室均已坍塌，有的局部被挖山取土破坏，但墓室结构较清楚。墓室平面分别呈“凸”字形和“刀”形，墓壁大多以四顺一丁2组平砖或三顺一丁各一组起砌，然后以平砖错缝顺砌至1—1.36米起券。墓底均用单层平砌呈人字形铺垫。墓砖纹饰有：平面为网格、叶脉、绳纹等；侧面为米字、网格、叶脉、人面、太阳、圆钱、交叉线、半圆、梳篦等。这次发掘出土文物百余件，以浙江越窑青瓷器为多，器形有盘口壶、罐、钵、盘等，铁器有：刀、剪，还有寿山石猪等。

此次会窑清理的8座墓葬，纪年最早的M1为“永嘉五年”(311)，正处西晋末期。平面呈“凸”形，甬道残长0.6、宽1.14、残高0.5米，墓室长4.82、宽2.2、高2.34米，随葬品20件。M4为“元嘉三年”(426)，是南朝前期。平面呈“刀”形，甬道长0.76、宽1.12、高0.86—0.96米，墓室长4.38、宽1.08、高1.08米，随葬品8件。2座墓正可以反映埋葬习俗从西晋到南朝的发展变化。2座墓的材料表明，南朝前期基本保留西晋末期的做法，仅在墓室前部新出现了单层平砖铺砌的供台。墓砖纹饰也基本沿袭西晋末期的图案。

浦城一带是西晋“永嘉之乱”后中原士族较早迁徙、居留的地区，他们带来的中原文化传统和习俗在这里得到继续。这可能也正是两晋南朝之际埋葬制度和习俗变化不大的原因之一。

目前，浦南高速公路的考古发掘正在继续进行中。

陈寅龙

原载2005年11月30日2版

44

新疆新源出土一组青铜器

2005年8月25日,新疆建设兵团农4师电力局职工段强和段天宝两兄弟在挖高压电线杆地线沟时，无意中发现一组6件文物。段家两兄弟将这一消息报告当地县文物保护管理所，并与县文管所所长关恒真一同将出土文物送到伊犁哈萨克自治州博物馆进行鉴定，经鉴定这些文物是一组珍贵的青铜器。8月27日,州文物局派专业技术人员赴出土文物现场进行了实地勘察，并对文物出土点进行了清理发掘。这些珍贵的历史文物已上缴新源县文管所收藏。

■文物出土地点(南—北)

出土文物包括青铜铲、青铜凿、青铜刀各1件,青铜镜3面。青铜铲方形带銎,斜双肩,弧刃,两面饰有三角形纹饰。铲身长14、肩部宽9.7、刃部宽8.6、銎深7、端口内径2.8、外径3.5、厚0.7—0.9厘米,刃部呈“V”字形,有磨损和使用痕迹。青铜凿凿身呈圆柱形带銎,刃部扁平,刃部以上有一凹槽。凿身长18.6、銎深6、端口内径1.8、外径2.5、刃宽2.5厘米。青铜刀弓背弧刃,柄部曲首带凹槽。刀身通长26、刀柄长11.7、刃部0.3—0.4厘米,出土时完好,现稍残。青铜镜3面出土时扣在一起,均为弧形面、弧形背,弧度在1厘米之

■段氏兄弟发现的六件青铜器

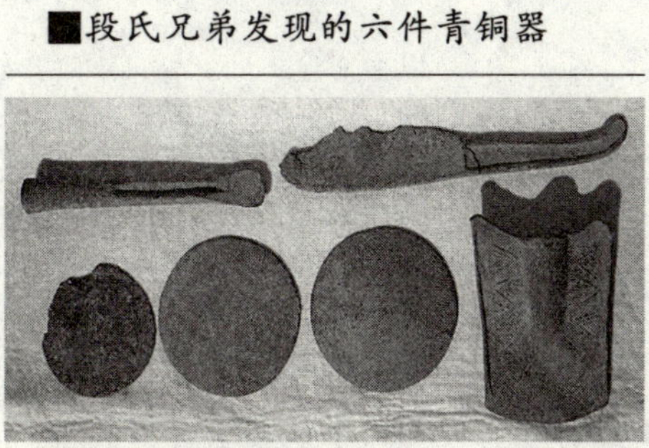

间，镜心到边缘厚度均匀，素面。直径分别为10.6、10.7和9.7厘米，厚0.25厘米。

伊犁州博物馆和各县文物保护管理所收藏有数百件青铜器，此次出土的6件青铜器在州博物馆均可找到相同的藏品类型。有关伊犁河上游中国境内出土的青铜器，近年国内学者虽做过一些研究，但到目前为止仍是凤毛麟角，所用观点也基本上是借用前苏联在伊犁河下游哈萨克斯坦国研究的成果，尚没有建立起独立的研究体系。从弓背斧、弓背弧刃刀、铲等典型器物看，其与伊犁河下游哈萨克斯坦国发现的安德洛诺沃文化有着一定的渊源关系，应属典型的青铜时代文物（中亚青铜时代时限在公元前2000—前1000年）。这次发现为进一步研究伊犁河流域文化增添了新的内容。

李溯源

原载2005年9月23日2版

45

河南固始发现西周大型夯土基址

2003年9月—2004年6月，河南省文物考古研究所为配合国家大型基本建设项目312国道安徽叶集至河南信阳高速公路的建设，在固始县高墩子村发现并发掘了西周大型夯土基址一处、西周时期墓地一处以及一批西周时期的灰坑等重要遗迹和遗物。

■夯土台基剖面

西周大型夯土基址位于固始县城东南，陈琳子镇高墩子村南，东距淮河支流史河约1.5公里。基址现保存于地表以上的面积约2000多平方米，高出现在地表约1.5米，经过考古钻探和发掘，发现基址中部为一大型房基，周围有一周环壕，这是河南省目前发现面积最大的西周时期的夯土基址。

■F1(西北-东南)

夯土基址的平面形状为圆角方形，东西长约64、南北宽约62、高2米。台基由黄生土掺杂龙山时期的文化层夯打而成，夯土内含有龙山陶片和大量红烧土块，夯层厚约15—20厘米。台基的周边发现有多次修补的夯土块。在台基的中间，为一大型房基(编号F1)，平面形状为方形，东西长约32、南北残宽5—30米，如果复原，其全部面积约为960余平方米。房基的西南和东南部保存较好，发现南墙东

鬲

部基槽保存较好,基槽宽约 0.5、深约 0.4—0.5 米, 中间有一排比较粗的柱洞。房基的居住面大部分用多层烧过的草木灰和多层纯黄土相间铺垫而成。在南墙和居住面中发现南北不等距离排列的柱洞 15 排,东西排列的规律不明显。整个居住面可分出 3—4 层,共保留柱洞 200 多个,其中一些柱洞之间存在打破关系, 表明该房基在长期的使用过程中经过多次维修。在居住面的西北部和东南部分别发现 2 道斜向隔墙基槽, 基槽内有排列较密集的小型柱洞, 它们与南北成排的柱洞不垂直分布,且二者间距较远。从房基的周边向外约 10 米是整个夯土基址的边缘。

夯土台基的外面为一周环壕,从发掘结合考古钻探表明护城壕紧靠台基边缘,宽约 14—16、其底部距离现在地表深约 2.5 米。护城壕内出土大量西周时期陶片。在台基及环壕的北部和南部都发现有西周时期的文化层,因此,该遗址除夯土基址外,其南北都有西周时期的人类居住。因台基周围现在的地势较低,并且全部为水田,无法进行大面积钻探, 依据目前在村子较高的地方钻探的结果, 整个遗址的面积约有 3 万平方米。

在整个台基上发现一片属于西周时期的墓地和一些西周时期的灰坑,此次共发掘墓葬 7 座, 均为长方形竖穴土坑墓,形制都较小,一般随葬 1—3 件陶器,随葬品的组合为一件鬲或鬲、豆、罐。

在打破居住的灰坑内出土有青铜刀以及铸造青铜镢的陶范。在灰坑和居住面内出土大量陶器, 陶质以夹砂陶和泥质陶为主,陶色以灰陶为主,但褐陶占的比例较大。表面素面磨光的陶器占有一定比例,装饰以绳纹为主,并存在一些刻划的三角纹、附加堆纹等,典型陶器有鬲、甗、罐、深腹盆、簋、豆、器盖,其中瘪裆鬲、大型束腰绳纹甗、带有划纹的折肩绳纹罐为典型的

簋

■甗

■甗

关中西周陶器，但夹砂褐陶素面甗、夹砂褐陶弧裆鬲、高柄碗形豆具有淮河流域地方文化特征。这些墓葬和灰坑出土的陶器的年代约为西周中期，个别单位为接近西周晚期，它们均打破夯土基址，因此基址的年代约在西周中期或略早于西周中期。

固始位于淮河中游，地处北亚热带与暖温带过渡区，属东亚大陆性季风性湿润气候，年降水量较大，地下水位较高，地表比较潮湿，西周时期在这里建造如此大规模的夯土基址除政治和军事原因外也与防止潮湿和过多的雨水有关。这不仅为研究西周时期淮河流域的建筑史提供了重要资料，同时也为研究西周时期这一带古国的历史提供了实物资料。

根据文献记载，西周初期，周王朝在淮河中下游信阳东部到安徽西部分封建立的国家有黄、潘、蒋、蓼等。固始的范围，在古代文献记载中属西周的蓼国，古称蓼县，《汉书·地理志》中六安国“蓼”县下，班固原注说是蓼之“故国”。《左传·文公五年》杜预注：“蓼国，今安丰蓼县。”《水经·决水注》云：“决水自（安丰）县西北流，迳蓼县故城东，又迳其北。”决水即今固始县的史河。今天发现的这处西周时期的大型建筑基址正在史河南岸，固始县城的东南部，与安徽的六安隔史河相望。因此高墩子遗址很可能与文献中记述的古蓼国有关。

袁广阔

原载 2005 年 3 月 18 日 1 版

46

山西绛县横水发掘大型西周墓葬

绛县横水镇由横南、横东、横北3个村组成，位于山西运城市绛县西部，北依绛山，涑水河在镇南穿过，其间为宽阔的缓坡塬地，塬上有数道大小冲沟。墓地坐落于横北村北部，东西两边均为南北向的冲沟，中部有一条小冲沟将墓地分为东西2部分，在冲沟两边断崖上还可看到西汉时期的墓葬。2004年秋，不法分子盗掘了多座大、中型墓，2004年10月—2005年7月，经国家文物局批准，山西省考古研究所、运城市文物局文物工作站、绛县文化局组成联合考古队对墓地进行了发掘。共清理墓葬3座，其中M1、M2是一组夫妇异穴排葬墓，南北相距4米。

墓口距现地表1.8米。均为带斜坡墓道的竖穴土圹木椁墓，墓底大于墓口。墓室开在墓道之东，呈“一”字形，墓道略宽于墓室。M1的墓道入墓室端有二级台阶，M2则为缓平坡。

■M1（左）和M2（西—东）

M1墓口（含墓道）长26.65、东宽3.2、西宽4.4米，总面积约100平方米。墓室口宽约3.2、底东端宽4.15、西端宽4.55、长5.44米。墓道入墓室处距墓口深6.05、距墓底深9.23、总深15.28米。葬具为一椁二棺，椁室长4.3、宽3、深3.15米。二层台上放置一辆车。外棺四周围及上下是方格网棺束，其中，盖上和底下的棺束是木质类，四周是绳子类；其外是“荒帷”；荒帷外及外棺下是粗麻拧成的绳子，在外棺底下的绳子结构是三横二纵，然后再从棺侧四周引上来，将外棺整体兜住。

西、北两面相对保存较好的“荒帷”现存高约160厘米，西北角有下坐的现象，南面上部已塌落，现存高约1.2—1.3米，东面保存最差，基本仅剩下部底裙的局部，高约10多厘米，四壁总面积有10平方米左右。荒帷整体是红色的丝织品布，由2幅布横拼而成，上下有扉边，每幅布布幅宽约80厘米左右，总高约1.8—2米，布幅拼接的地方有明显的接缝。在布的表面是非常精美的刺绣图案，图案内容主题是凤鸟，北壁的画面图案保存较为完整，至少观察到3组大小不同的鸟纹图案痕迹，是成组的图案的组合，每组图案中间是一个大凤鸟纹的侧面形象，昂首，大勾喙，眼圆睁，冠高耸，翅上扬，尾下卷，硕健粗壮的腿，利爪，翅和冠以特别夸张的手法作大回旋，线条流畅，气势磅礴，构成画面的主体。在大凤鸟的前后，分别是上下排列的

■M1 西壁荒帷

■M2 墓室

多只小凤鸟，造型与大凤鸟基本相像，只是更加含蓄。在布幅接缝的地方有图案错位和颠倒现象，可见当时是先在布上刺绣出图案，然后才拼接成整幅。

墓主人头向西，仰身直肢，双手交叠置于小腹上，随葬有大量玉饰，头两侧是耳饰玦和束发的玉箍及带圆堵头的饰发小玉串饰，嘴里有大量玉口啥，项上有玉蚕料管项饰1组，左右肩及胸两侧有5组骨牌联珠串饰组佩，胸正中是3组玉璜玛瑙管组佩，胸到小腹上是3组柄形器。手中有握玉。外棺东端的棺椁之间有3个殉人，以苇席裹包。

随葬车马器放置在二层台及椁盖板上，有车軎、车辖、銮铃、马镳、当卢、节约等。陶器、漆木器、青铜礼器，放置在外棺与椁之间，在椁室内外棺南侧西段，放在一个东西向的架子上，架子

■M2 铜卣

■M1铜盉

有6—7层,30余件陶器在最上面,有鬲、高圈足簋、大口尊、三足瓮、圈足瓮、浅盘豆等;其次是漆器;下部的4层是铜礼器,有鼎5、簋5、鬲、盂、盘2、盉2、提梁壶、贯耳壶、觯、甬钟5,共25件,其中8件有铭文;另有漆木器豆、壶、盒、几案俎等。

M2方向与M1一致。墓口(含墓道)东西长22.3、西宽3.74、东宽2.84米。斜坡形墓道长16.8米,除西端外,越往东越外扩,墓道入墓室处,北侧外扩0.4、南侧0.52、深距现存墓口6.7、距墓底7.7、总深14.4米,填土经过夯打。

墓室口小底大,在与墓道底平时,长5.74米;墓底长6.16、宽3.8米。四壁靠近椁室处,涂抹一层青灰泥,高1.8米。葬具为一椁两棺。椁室呈"Ⅱ"字形,长4.1、宽3.14、高2.27米。椁盖上西部有一车,车轮及车厢放在椁与西壁之间的1.33米的二层台上,车辕和衡在已倒塌的椁室内。外棺在椁室内偏东南,外棺内正中靠西置内棺。

墓主人头向西,俯身直肢葬。头下为玉覆面,颈戴玉五联璜串饰及腹下部,口含玉块,玉璧随葬于头顶下,玉柄形器随葬腹下、盆骨下,右腹部有玉管,腹两侧各有铜环,另有骨牌饰、贝串饰等。棺椁间有4个殉人,东北角2个,西南角和西北角各一。

此外,棺椁间还放置着大量的随葬品,西侧除一件陶鬲外,主要为铜礼、乐器,自南向北分别为:铜盘、铜鼎2、铜盉、铜铲、玉圭、铜簋、铜爵、铜觚、铜尊、铜片饰、蚌泡、漆器、铜甬钟5、铜车軎、蚌泡16、铜甗、铜卣等。西南角清理出一大薄片状铜饰,估计是挂在棺前的"翣"一类的东西。

北侧自东部2具殉人下及以西部分主要是铜车马器,分别为:马头饰、当卢、马镳、车辖、车軎、銮铃、环、铃、斧、节约、饰件、车轭及铜戈、骨镳、骨束腰形饰、木饰件、铜鼎等。

这2座墓葬出土器物与西周中期的晋侯墓地M91、M92一组,组合与形制接近,时代也不会有很大的距离。

M2墓主人为男性,铜器上有"倗伯"为自己做器的铭文;M1是女性,在4件铜器上有"倗伯乍畢姬宝旅鼎(盘、簋、甗)",是倗伯为其夫人做器。但M1较M2墓道长,墓圹大而深,椁室用材讲究,椁内布置华丽,随葬品丰厚,随葬品等级高。M2墓主人为附身葬及两座均有殉人的葬俗,为同期墓葬中所少见。

这组墓葬之南不远处为M3,是一座大型长方形土圹竖穴墓,屡遭盗掘。

《礼记》记载的“荒帷”,在M1中被成功地清理出，为本次发掘的最重要的收获，也是我国考古发现的时代最早、保存最好、面积最大的墓内装饰图案实物，对西周时期晋南方国和埋葬制度研究,意义重大。

宋建忠　吉琨璋

田建文/文　李建生/摄

原载2005年12月7日1版

47

浙江东阳发掘周代土墩墓

2005年6—8月，为配合诸永高速公路建设，浙江省文物考古研究所与东阳市博物馆联合对位于高速公路东阳服务区的古代遗存进行了抢救性发掘，除清理了汉代窑址和晋代墓葬各一座及若干明清墓葬外，主要是对5座周代土墩墓进行了发掘，取得了重要成果。

发现的5座墓大致可分2个类型，第一类是墓葬形制较大，出土器物较多，一般均位于丘陵的最顶部，如D1M2、D2M1。

■玉饰

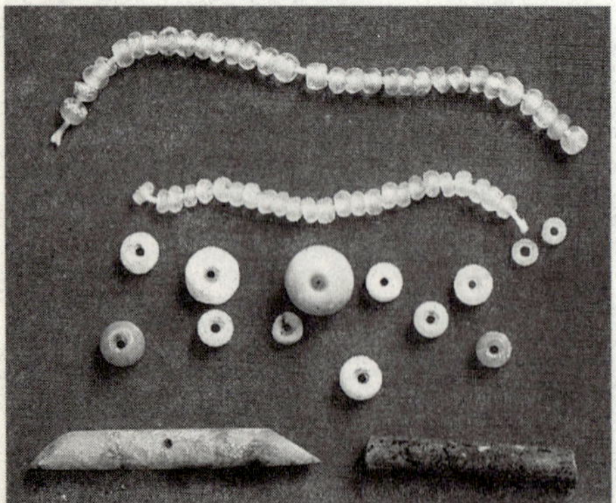

D1M2土墩长16.2、宽10.2、高0.8米，其营建过程是先将原生砂质基岩山体略作平整，局部垫以褐土，使墓坑形状成圆角长方形。墓坑残长10、宽3.2、残深0.45米，坑壁成斜弧状。墓坑底部大部分地方铺有卵石，距墓坑周边约70厘米各有一道宽约10、深约5厘米的浅槽，似作排水用。D1M2共出土100余件珍贵文物，器类较为丰富，包括瓷器、陶器、玉器和铜饰。器物以原始瓷为大宗，有鼎、罐、碗、盘、盂、盅、豆等，装饰戳印纹和S形堆纹等，许多器物的底部还刻有一些符号。墓中还出土了罐、盆、尊、簋等印纹陶器以及玉串饰、铜饰和陶纺轮。

D2M1土墩长15、宽5.5米，现封土中心高度为0.38米，平面略呈椭圆形。D2M1也是将高低不平的原生基岩表面略作平整，斜壁的土坑作为墓坑；底部较为平整，墓坑长9.4、宽2.3—3.3、残深0.1米。D2M1中出土物达百件，有原始瓷、印纹陶、玉串饰和贝壳等。原始瓷多为碗、盂、盘；硬陶多为罐，纹饰为拍印方格纹、曲折纹，并附加堆有泥条弦纹等。从随葬品的分布来看，一般在墓的东侧是原始瓷，中部是原始瓷和印纹陶，西侧则为印纹陶，似乎摆放有一定的规律。

从2座墓发现的随葬品来看，每墓的数量均超过了百件。在出土的原始瓷中，还发现器物的圈足能够看到的，均为分别制作后粘接而成。

南方多雨，又加上红土酸性重，古人类遗骸能保存下来的不多。这次发现的5座周代墓中都出土了相对完整的人体骨架，而且每坑都有迁葬现象，这在浙江省极为罕见。

在D1M2，可以明确看出的至少有3具骨架。骨架1位于墓坑中部稍偏东，为直肢葬；骨架2位于墓坑西部、南与骨架3相邻，下肢骨保存较好，颅骨仅有痕迹及牙齿，上肢仅残存一小节，为直肢葬。骨架1、2应是相对而葬。骨架3仅残存头骨。

■印纹硬陶罐

■器物堆

在D2M1，现存有人体骨架4处，骨架1位于墓坑中部稍偏东，似应为直肢；骨架2位于墓坑中部，可以明显看出其骨骼是成堆摆放，应为迁葬。

从上述2座墓的残留人骨分析，其一墓中有多具骨架，且其骨架摆放方式又不同，这给研究古代的葬俗、葬制和土墩的形成等问题，提供了不可多得的材料。

迁葬现象的确认，也很好地解决了一墓中有不同时期遗物组合的现象。从D1M2墓底卵石铺面且又基本处在同一个平面的情况看，其墓是一次性建成的。从多具人骨出于一墓的现象，而且一墓中有直肢，有成堆摆放，可以推断，当一墓中的主人死亡后，把死亡于其前的不同时间死亡的、与其有密切关系的不同个体迁于此墓，一并埋葬，并把各墓中的随葬品一同迁来，这就解决了一墓中的随葬品在时间上有可能存在差异的事实。

D1M1、D3M1和D4都发现了大量的人骨。

本次发掘墓葬中的第二类，就是以D1M1、D3M1为代表，其墓室均位于丘陵顶部偏下，且墓坑中均由红烧土填埋，只有骨骸，无任何陪葬品。

D1M1土墩为椭圆形，长径13.2、短径7、残高0.6米，堆土下即为原生砂基岩。墓室呈东西方向，墓坑长方形，西端已遭破坏，墓坑残长约8.7、宽1.7米。底呈西高东低的缓坡状，底部铺卵石一层。墓坑东端最深55厘米，坑内填土为红烧土块，底部卵石上填土内含有大量木炭和木灰。出土骨架有明显被灼烧痕迹，可看出的人骨碎片有6堆，均为未成年儿童。

D3M1土墩平面略呈椭圆形，墩残长7.1、宽3.85—1.8米，在底部做一长方形浅坑，西端已残，现存长度为6.4、宽1.9米。坑底铺有大量的鹅卵石，表面较平整，坑内填有大量的红褐色烧土及草木灰，还有未烧尽的树皮等。另在坑底部，再做一长方形坑，长5.8、宽1、深0.18米，底部略平，呈"凹"状，内填有大量的鹅卵石块，可能为排水所用。该土墩坑内无随葬物遗存，但在铺石上存有4处人骨骸，骨骸明显成堆摆放，且有灼烧痕迹。

D4土墩平面略呈椭圆形，向上逐渐圆收，墩南北长8.6、东西2.8—4、现存高度0.82米。D4在取掉表土后，出现2个圆形墓坑，编号D4M1、D4M2。

D4M1，大致位于土墩的中部，直径1.2米，呈锅底状，残深0.2米，周壁及底部铺有鹅卵石，并葬骨架6具，成堆状，头骨保存较好。

D4M2，位于土墩东南部，填土为红褐色土，松软，纯净。内葬有完整头骨一个。

D4M3平面呈椭圆形，长4.2、宽2.4、深0.1米，填土为红褐色内含较多白斑，土质松散，此应为M3墓坑范围；在坑南部有较零散的骨骼残留，应为直肢，出土遗物3件，为原始瓷盂和钵、陶罐。

从D4来看，其应先葬M3，然后在某一时间先后葬了M1和M2，这又是

■原始瓷簋

一种葬式，它与D1M1和D3M1不同，直接在M1上挖坑掩埋。

从上述几例情况观察，可能是有别于第一类即D1M2、D2M1的葬俗，其为祭祀坑的可能性较大，特别从D4的情况看，在M3的上部有2个圆形的坑，其中在一个不大的坑中发现6具骨骼，而在另一个坑中则是仅一个头骨。而在D1M1和D3M1则是都有规则的坑，且坑中填埋有红烧土，骨架均有灼烧痕迹。

从墓葬位置布局观察，也有一定的相互主次关系，D1M1和D1M2相距不到50米，一个在岗顶，一个在偏下的坡上，处在同一个山脊；D4，M1、M2直接压在M3上；D3M1也处在山坡上，其周围没有发现其他墓葬，但M1一侧、此岗的最高部位已经被取土挖去，并不排除墓葬被破坏的可能，所以把这类墓称为祭祀坑是有一定的理由的。

从墓坑的形成来看，此类墓葬的形制要规整的多，墓坑底部的卵石也铺垫得较规整。D1M1是先在山脊上用黄土堆成一墩状，再在黄土墩上挖出一个规则的长方形坑，底部用卵石铺面，四周稍低，成沟状，估计用于排水，而红烧土是在墓坑中直接烧成的可能性较大。

■夹砂陶甗

东阳存在诸多大型古墓葬，也曾出土过车马饰、编钟、青铜剑等青铜器，又有“吴宁古城”为依托，说明西周时期东阳人类活动频繁，可能是区域性的政治、经济、文化中心。

东阳古墓群的发掘是浙江省考古重要的发现，无论从墓葬规模、出土文物、墓内遗迹等各方面看，这些墓葬的发现，对研究古越国的历史和文化提供了珍贵的实物资料。

陈荣军　沈岳明

原载2005年11月25日1版

48

陕西韩城梁带村遗址两周考古

韩城市位于陕西省关中平原的东北部，东临黄河。梁带村隶属韩城市昝村镇，位于市区东北7公里黄河西岸的台地上，遗址紧临黄河。

2004年8—10月，根据村民反映，梁带村村北一带有人盗挖古墓，韩城市文物旅游局、市公安局随即加强了该地的文物保护工作。同时陕西省考古研究所在渭南市文物保护考古研究所、韩城市文物旅游局、韩城市博物馆的大力配合下，于2005年4月起对梁带村及其周围的古遗址进行了调查和勘探，共发现两周时期墓葬103、车马坑17座。经国家文物局批准，抢救性地发掘了车马坑1（K1）、墓葬3座（M19、M26和M27）。截至12月15日，K1和M19发掘工作基本结束，M26和M27的发掘工作仍在进行中。

■K1全景

一、考古调查及勘探

4—5月在梁带村及其附近地区约4平方公里的范围内进行了调查，发现有仰韶、龙山、两周及汉代的文化遗存。在梁带村及其附近的调查分为2个地点：一是在村东北部和西南部以及化石村（梁带村北约200米处）东南部发现有内涵丰富的西周晚期—春秋时期的遗存，主要有灰坑和建筑基址，同时采集了大量的陶鬲、甗、盆、罐、豆、瓦等残片，这对以后认识墓地的年代以及探索墓地与遗址的关系提供了重要的线索。二是对村北进行了详细的地面踏查，根据踏查和发现的个别盗洞，对墓地的四界又进行了抽样勘探，初步确定，梁带村村北一带为一处大型墓地，面积约为33万平方米。

在清理K1的同时,勘探工作亦相应展开,4月主要围绕K1进行,在K1的南面发现了比较密集的两周时期的10座中小型墓葬和4座车马坑,根据墓葬和车马坑的方向均为东北向的特点,考古队随即在K1东、北面进行了详细的勘探。5月初,在K1东60米处勘探出大型墓葬,即M19,随后又在M19东面陆续发现了3座大墓:M26、M27和M28。经过3个月3万平方米的勘探,共发现两周时期的墓葬103、车马坑17座。梁带村两周墓地地层简单,除发现极少量的灰坑外,基本可以确定这是一处较单纯的墓地,在103座墓葬中,有30余座墓中发现有朱砂和塌陷现象,由此看出,这应是一处保存较好的贵族墓地。

■M19 铜环

二、考古发掘

(一)K1 发掘概况　车马坑为一座口大底小的南北向长方形土圹。未发现打破及盗扰痕迹。坑口南北长5.1、东西宽4.2、深4.8米。坑内发现有马车构件、青铜车饰和殉牲的马、狗骨架等。其中清理出车轮7、车舆3个,辕木3根,另有衡木、车轭、轴木。车轮K1:5保存最为完整,直径1.4米,辐数30根;车舆K1:1舆框较完整,长0.91、宽1.3米;车辕K1:14较完整,长2.25、直径0.065—0.09米。所清理出的5匹马骨架,摆放整齐,有俯身屈肢和侧身屈肢2种形式,未发现马匹有挣扎的痕迹,这当是被处死后放置坑内。从车、马摆放位置看,其填埋过程为:先在坑底有序地放置马匹,后在马匹上放置拆解后的马车构件。所出土的青铜车饰中,其中2套軎、辖保持原位,分别位于K1:8、9轮毂部分,在坑内中南部还出有2件轭首、4件轭足等。其中轭

■M19 铜鼎、簋、鬲

首形制少见，平面近“锁”形，上部有向上伸出的舌形鸾铃底座，两面饰蝉纹；下部呈倒梯形，略束腰，上下贯通，出土时还留有少量朽木，两面饰高浮雕兽面纹，眼、鼻非常逼真，高10、宽11.8厘米。

（二）M19 发掘概况 M19平面呈“甲”字形，墓口距地表1.5米；墓道为斜坡状，长26、宽4米；墓口长6.6、宽5.6、深11.8米。东距M27约20米，方向为215°。

墓室的棺椁结构为一椁两棺。椁室南北长4.7、东西宽3.2米，底部铺设纵向木板，共15块，宽0.19—0.24、厚0.15—0.21米。四面侧板由宽、厚0.2米左右的方木拼装围成。椁室顶板共18块，宽度0.2—0.3、厚0.12米，搭在侧板并延及二层台上。椁室顶板、底板铺席，四壁用席子和织物覆盖装饰。

M19 腕饰

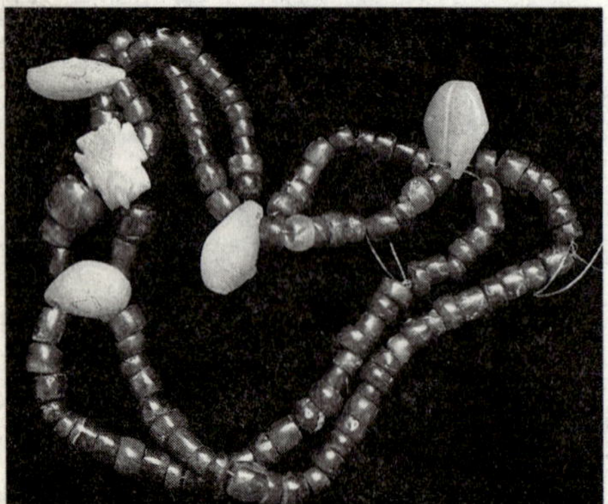

外棺髹漆，长3.03、宽1.65米。东、北侧板彩绘保存较好，内壁为波浪状红彩；外壁为红彩折线、锯齿纹组合图案。内棺髹漆，长2.45、宽0.9米。墓主骨架粉化，仅存16牙齿，仰身直肢葬，周身施撒朱砂。

椁室内装饰品丰富，椁周壁悬挂由青铜鱼、玛瑙珠（管）、陶珠、石贝或海贝组成的串饰，且东西两侧板间横拉4条与椁周壁相同的串饰，平置于外棺之上而悬于棺椁之间，其中3条串饰保持下葬时的状态，且在东西椁板上用矩形铜板固定。串饰有2种组合：一是10左右陶珠加2枚石贝穿成的小串组成一组串饰，2条铜鱼与3组串饰间隔悬挂于东西两侧板；二是10枚左右陶珠加若干玛瑙珠（管）加2枚海贝穿成的小串组成一组串饰，2条铜鱼与3组串饰间隔悬挂于椁室南北两端侧板。串饰组合较清楚的共305组，据初步统计，出土铜鱼609条、玛瑙珠管1800、海贝520、石坠800、陶珠3900余枚（颗）。

棺顶上有4件片状青铜翣，放置于外棺顶板上，并与串饰叠压平置，南部3、北部1件，翣上部为“山”字形，下部为矩形，宽68、高58、厚不及0.1厘米。现已完整提取。在外棺侧板外壁上发现10件龙纹镂空铜环，东西两侧各有对称的4件，南北两端各有对称1

件。铜环直径19.5厘米,环身扁薄,正面连体双龙相对盘曲,长鼻卷曲上扬,獠牙向下向内弯曲,饰有珠重环纹,背面平素。

在椁室西部和南部发现青铜礼器鼎4、簋4、鬲4、壶2、盉1、甗1、盘1、盂1,其中3件鼎形制、纹样相同,大小相次,口径分别为25、23、21厘米。另一件鼎略有差异,窄沿方唇,立耳,垂腹,兽蹄形足,颈饰窃曲纹,腹饰高浮雕垂鳞纹,该器制作精美,口径27.8、腹径28.4、通高25.8厘米。簋大小形制相同,均浅腹钵形盖,上有圈足式捉手,簋身敛口,腹两侧有兽首形耳,平底,矮圈足,下接三矮足。器盖、身饰窃曲纹和瓦棱纹,圈足饰垂鳞纹。口径17.8、腹径21.6、通高21厘米。铜鬲形制大小相同,矮体,宽平折沿,短束颈,腹外鼓,断面呈椭三角形,平裆,矮足下端肥大,腹部与足相对处各有一个竖向扉棱。腹部一周饰波曲纹。沿面上铸有铭文,内容有二:一是"内(芮)太子作铸鬲子子孙孙永宝用享";二是"内(芮)公作铸鬲子子孙孙永宝用享",口径16、腹径14、通高12厘米。其他铜器有銮铃10、马面甲片8、铜铃18、铜片8。

墓主随葬玉器有66件。除在椁室南部和外棺顶板上发现的2件戈和椁室东北部的1件玉管外,其余均为随

■M27椁顶板

身装饰共63件和玛瑙珠(管)442颗(件)。其中由玉牌饰8、玉方管18及210颗玛瑙珠(管)组成的项饰引人注目,复原长度约122厘米,牌饰除一件正面为双龙纹、背面为凤鸟纹外,其余7件均单面刻双龙纹饰。在其腕部和臂部有4组串饰,由玉鸟、玉蚕、玉觿、玉贝、玉泡组成,制作精美,是不可多得的艺术品。其中长、高为1.9厘米的3件圆雕玉鸟最为生动,晶莹剔透的白玉、飘逸柔美的阴线刻工、夸张传神的弯钩式鸟喙,是不可多得的艺术珍品。另外还发现有玉瑗、玉玦、玉握、玉鱼、玉牛首、玉柄形器、玉笄、玉晗等;玉料有白玉、青白玉、青玉、碧玉、黄玉等。从玉器纹饰的题材和制作工艺看,大部分属于西周时期,其余为商、春秋时期。

此外,在椁室内围绕外棺一周还发现漆器18件,有箱、盒、豆等。其中在椁室东部有一屏风状漆器和漆箱顶

板彩绘,图案清晰,色彩鲜艳。二者均红底黑彩。

通过对M19的发掘，专家认为该墓有以下3点较为重要:(1)大量排列有序,组合清楚,摆放位置基本保持原始状态的串饰，是我国已发掘的周代墓葬中首次发现。(2)10件保存完好，制作精美的铜环，在已发表的周代墓葬中较为罕见。(3) 以往的周代墓葬中，曾在棺椁的位置上发现过不同形式的青铜片状饰物，由于保存状况的原因,对其功用名称不太明确,有翣、椁饰和“山”字形器等不同说法,此次M19外棺顶板上放置的4件保存较好且保持原始位置的铜翣，对于此类器物的性质、名称、功用的推定都有着十分重要的参考价值。

(三)M27发掘概况 M27开口于②层下(现代层),被一近代墓和汉代灰坑打破,M27打破生土。平面形状为“中”字形。有南北2条墓道,南墓道为主墓道,长33.8米;北墓道长17.3米。墓室南北长9、东西宽7.3、深13.2米,墓向为218°。

在墓室和北墓道的填土中发现19件玉器,有玉环、玉圭、玉戈,大小不一,玉色各异。这些玉器物都是随意散置于填土中，在其周围未发现用匣箱盛装或用织物包裹的痕迹，而且这些玉器大多已断裂。

墓室的棺椁结构为一椁两棺。椁室南北长5.7、东西宽4.4米。现已清理到距地表12.5米平面上。在清理过程中发现以下几点:

1.椁顶板除中央正常塌陷外,保存完好,22块椁板横向铺设。

2. 顶板下发现有若干条断裂木痕围绕外棺分布于椁室内,南北4根、东西7根压于其上,这当为棺罩。

3.椁室内作为装饰的由青铜鱼、玛瑙珠管、陶珠、海贝及青铜铃组成的串饰已全部暴露,周壁悬挂且东西悬挂5条,南北2条。

4.在外棺外发现大量青铜车马器,计有马衔、镳、辖、軎、当卢、冠、络饰等。西、北壁有青铜兵器戈、钺等。另外还在椁室东北部发现1件漆木鼓和2件石磬。内棺墓主胸部和腰部放置30件金器,有剑鞘、三角龙形带饰、兽首形带扣、环、泡等,金器制作细腻、造型优美,保存完好。特别需要指出的是:(1)制作风格独特的剑鞘;(2)龙形镂空金环;(3)玉剑的出土,这些都是首次发现的两周时期的珍贵遗物，这为研究这一时期的黄金制品和玉器制作提供了非常宝贵的实物资料。墓主随身佩戴和随葬的玉器琮、圭、戈、璜,以及青铜礼器鼎、簋等正在清理之中。

三、文物保护工作

4月下旬,发现车马器和车马构件

后，陕西省考古研究所当即派出专职文保专家随队参加发掘和现场保护，并配备必要的设备和药品，以保证在第一时间、第一现场完整科学地提取文物，使其考古信息得以最大限度的保存。

7月中旬，M19在清理椁室时，发现棺顶有4件镂空青铜翣，造型生动，个大体薄，长58、宽68、厚度不及0.1厘米，质地酥脆，一触即碎，按考古发掘常规办法根本无法提取。现场文保人员针对青铜翣紧贴棺顶板的特殊位置及保存现状，采取渗透加固、表面贴布、整体提取的方法，将此成功提取，使这一珍贵文物得以完整再现。

四、对梁带村墓地的初步认识

关于墓地的年代，根据对K1和M19的形制及出土的青铜车器、青铜礼器和玉器的形制、花纹的分析，并参照以往的研究成果，初步判断其年代为西周晚期—东周早期。

关于墓地的等级，根据以往发掘的晋侯墓地和虢国墓地的墓葬形制、规模和随葬品，特别是M27出土的大量金器和漆鼓、石磬等判断，梁带村4座带墓道的大墓当为诸侯级墓葬。

关于墓地的国别，过去在今梁带村南19公里处发现有少梁城城墙，有专家认为这是春秋时梁国的都城。根据《史记》注释等记载，梁国地望应在今韩城市境内，从发掘的M19、M27及车马坑出土物的情况和墓地的规模分析，这些文化遗存从时间、空间看，有可能是梁国贵族墓地。但M19出土的青铜鬲口沿铸有“内(芮)太子”、“内(芮)公”的铭文，M19为代表的遗存则又有可能属于芮国遗存。而文献记载的芮国地望在今韩城以南约100公里的大荔县及附近。鉴于地望问题与所出土遗物的存在一定问题，梁带村墓地的具体国别尚有待于下一步工作的确认。

关于墓地发现的意义，韩城市商周考古主要集中在遗址调查方面，两周时期的墓葬发掘基本处于空白，而陕西全省同时期的墓地亦发现甚少，所以本次发现的梁带村两周之际的高等级贵族墓地，为了解和研究陕西及黄河沿岸周代的考古学文化，西周晚期—春秋时期的墓葬制度以及社会历史等都具有重要的价值。

有专家断言，这是30年来陕西地区继宝鸡强国墓地之后又一次发现未经盗掘的商周时期的高等级贵族墓地。

孙秉君　张　伟　陈建凌　程蕊萍

原载2005年12月28日1版

49

重庆万州大坪发现东周巴文化墓群

为配合三峡工程建设，对三峡库区地下文物进行抢救和保护，湖南省益阳市文物管理处配合重庆市文物考古部门于2001—2004年，对万州大坪墓群连续进行多次抢救性发掘。发掘面积达11680平方米，共发掘东周至六朝时期墓葬158座，其中东周巴文化墓葬67座、汉墓61座、六朝墓葬30座，出土各类文物600余件，其中各种铜器200余件。

■M136 战国墓出土情况

大坪墓群位于重庆市万州区瀼渡镇石山村大坪社，墓地形状为一长条形台地，东临长江，自南往北为一陡坎，台地南部地势平坦，北部呈缓坡状。东周墓集中分布于北部靠江边一带，汉墓和六朝墓则整个台地从南往北均有分布。

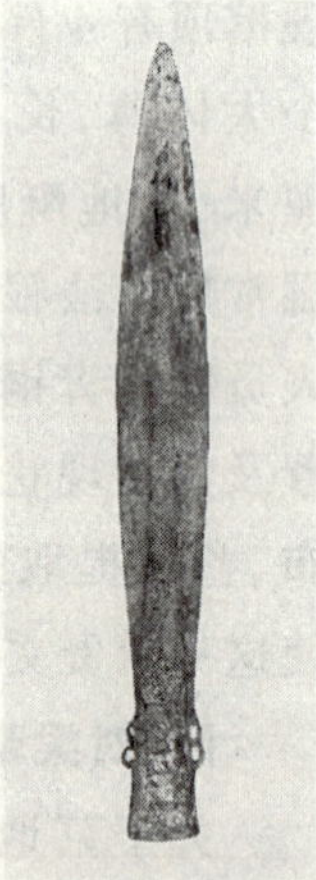

■M70 铜牙

这批东周墓葬形制均为长方形竖穴土坑，残存深度0.5—2.9米不等，大部分墓坑为狭长方形(54座)，少部分系墓口大于墓底的宽坑墓(13座)。墓室最大的面积达10平方米，面积最小的仅1.6平方米，头向以东向的居多，少数为南北向。墓坑填土均系黄沙泥土回填，墓坑上下均未发现白膏泥。少数几座宽坑墓底有枕木沟，葬具已全

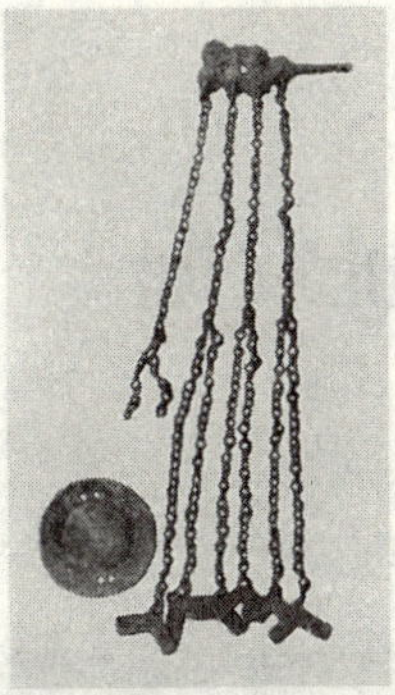

■M136铜带铜链饰

■M115陶豆

部腐朽无存，仅部分墓葬可看出葬具痕迹，从残存痕迹分析有单棺和一棺一椁。从保存下来的部分人骨架观察，葬式以仰身直肢为主，有少量仰身屈肢葬和二次葬，有的保存人骨架的墓未见头骨或仅见下半身。

这批东周墓随葬器物以陶器、铜器为主,其中铜器多达130余件。另有少量的玉器、琉璃器、铁器等。除少数几座空墓外,其他墓随葬器物少则1—2件，多的达30余件。陶器以泥质红陶、夹砂灰陶、褐陶为主。纹饰以绳纹为主,另有少量弦纹、篮纹、刻划纹等。制法主要为轮制，个别器物的某些部分为手制。器形以罐、壶、豆为主,另有少量鼎、敦、鬲、高足小壶等。陶器组合以罐;罐、壶;罐、豆为主,仅见一组鼎、敦、壶、高足小壶(豆)的组合。青铜器以青铜兵器(剑、矛、钺、斧、箭镞等)和青铜容器(鍪、釜甑、壶、盒等)为主,另有少量的斤、匕、铜铃、印章及青铜带钩饰件。青铜兵器中的剑、矛、钺或剑、矛、钺、斧的组合是这批东周墓铜器的主要组合形式。

陶器中的绳纹釜、花边口沿罐,灰陶平底罐,青铜器中的鍪、釜甑、扁茎无格无首柳叶形剑(饰虎纹、手心纹)、柳叶形矛、钺、虎纹戈、图形印章以及玉饰件等为巴文化中常见的典型器物。因此,这批东周墓葬的文化性质应属于巴蜀文化，其年代大致在春秋末至战国中期。从墓葬形制和器物组合分析，应相对早于云阳李家坝以及开县余家坝巴文化墓地。推测大坪墓地在春秋战国时期应为巴人某一群落的公共墓地。在一个墓地集中发现如此众多的东周巴文化墓葬，在三峡库区尚属少见。墓中出土铜器较多,其中，M136出土的精美青铜带钩链饰具有较高的艺术价值，在渝东地区巴文化遗存中系首次发现。

盛定国　周创华/文

吴宁平/摄

原载2005年2月25日1版

50

云南昆明天子庙贝丘遗址发掘

天子庙贝丘遗址位于昆明市西山区碧鸡镇龙门村委会苏家村南面的天子庙西、南侧。现存面积约2000平方米左右。2002年，在进行高（硗）—海（口）高速公路建设的文物考古调查与勘探工作中被发现。2005年4—5月，云南省文物考古研究所对该遗址进行了考古发掘工作。

■发掘现场

天子庙遗址地处国家级风景名胜——西山国家森林公园的脚下。遗址主要包含3个时期的堆积。从探方的地层堆积来看，主要有近现代、明清时期和早期堆积3部分。堆积最厚处距地表4米左右。在近现代地层堆积的下面，发现有“康熙通宝”和“乾隆通宝”以及明代吴三桂在云南时制作和使用的“利用通宝”等钱币，结合文献来看，这些堆积极有可能是清代在这里修建天子庙庙址时及其以后使用过程中所形成的堆积。早期堆积则是在遗址的下面地层中所形成的堆积，是该遗址的最有研究价值的部分。本次发掘遗迹现象很少，除了晚期的火葬遗迹外，还发现有一些用火的痕迹。因此，对该遗址的复原主要依靠地层及其中的包含物来进行。以2005XLTT1为例：第①—⑤层

■出土的铜鱼钩

为当代—近代堆积；⑥层中发现的陶片的数量较多，同时，在这些遗物中还发现了一枚“康熙通宝”铜币，该层及开口在其下的火葬墓遗存，应为明清时期的堆积。在该层以下的地层中，含有大量的螺壳堆积。螺壳堆积比较厚。第⑦—⑩层为早期的堆积，根据各层的含土量以及包含其中的遗物，将其分为4层。早期地层中发现的遗物主要为陶片、石器和铜器等。第⑦层中陶器主要有泥质红陶、泥质灰陶和夹砂褐陶等，以素面为主。器类主要为：侈口双唇弧腹红陶钵、敛口折肩红陶钵、敛口溜肩灰陶钵以及敞口高领折肩灰陶罐。该层与其他早期地层中出土的陶器的显著区别是以红色为主，器类相对而言比较简单，以钵碗等器物为主，器体较小，纹饰基本为素面。自第⑧层开始，无论是在器类还是陶系方面都有一些变化，如陶片以灰黑色和褐色为主，同时还有一些红陶类器物，器类以侈口罐和敛口钵为主，从陶器残片来看，平底和圈足器极少见，可能多为小平底和圜底器。陶器纹饰仍然以素面为主，但在陶器的口沿内外、肩部和底部新出现一些纹饰如刻划斜线纹、波折纹以及叶脉纹等。该层中还清理出铜条、泥质纺轮以及有肩石锛以及玉镯残件等。第⑨层，陶片多为灰黑、灰褐的夹砂陶，以敞口高领罐和敛口钵为主，有极少量的平底盘和圈足器。器类与上面2层相似，在该层中亦筛出有铜片和骨锥等遗物。第⑩层，无论是在陶质、陶色还是器类组合方面均与第⑨层相似。

但相对而言，器物种类比较单纯，陶色也比较单一。器类以罐类为主，同

■骨箭镞

■玉镯

■螺蛳壳中的陶片

时还有钵等器物。

天子庙遗址是目前发掘的位于滇池西岸、西山脚下的第一个贝丘遗址，也是目前清理发掘的唯一一个位于滇池盆地的石寨山文化（人们一般称为“滇文化”)的遗址，其重要意义是不言而喻的。

20世纪50-60年代，有学者对当时的云南滇池流域进行了考察，发现了石器(有肩石锛和石斧)和陶器，主要是指红色的泥质的陶盘，当时将这类遗存的时代定为新石器时代，这种看法一直持续到20世纪末。与此同时，在滇池流域，特别是在其东岸发现并相继清理发掘了晋宁石寨山、呈贡天子庙、呈贡石碑村、昆明官渡羊浦头等著名的石寨山文化的基地，特别是因在1956年的晋宁石寨山墓地的第6号墓中发现了“滇王之印”，于是，人们将以石寨山为代表的这类遗存又称为“滇文化”。大量的青铜时代墓地的发现和遗址的“缺失”形成鲜明的对比，引起了有识之士的关注，寻找石寨山文化的遗址是今后该文化研究的重点突破课题。

将天子庙遗址的遗存的时代确定为青铜时代（大约为春秋战国至汉代)，主要有以下依据：

1. 在遗址的地层中发现与陶片共存的除了石斧、石锛和石质网坠以外，还有青铜鱼钩、铜锥和铜片等遗物，因此，将这些遗存确定为青铜时代应该没有大的问题；

2.在遗址的地层中，发现有几块玉器的残件，这些残件与石寨山和李家山等墓地的墓葬中发现的玉镯没有什么区别，主要为凸唇镯，同时，还在另外的探方中发现有珥玦，这些器物也与上述墓地的墓葬中发现的同类器物无论是质地还是加工工艺以及色彩方面均相似。使人联想到这些器物应该就是当时的生活实用器。

由于目前尚未对遗址进行整理，暂将该遗址的时代定为与石寨山文化同时的遗存，从地层中出土陶系的变化使人们感觉到这些遗存的一个渐变过程，结合分析其他探方中发现的遗物，为石寨山文化的编年提供了遗址方面的重要材料，同时也为该文化的分期以及文化现象的阐释提供了重要材料。但该遗址中陶器种类和纹饰以及陶色方面的显著区别也给人们留下了深刻印象，这种变化反映的是什么历史现象？对石寨山文化本身的研究以及该文化的起源与演变的研究均有重要意义。

蒋志龙　徐文德

原载2005年9月16日1版

51

江苏无锡鸿山越国贵族墓考古

鸿山越国贵族墓地位于江苏省无锡市锡山区鸿山镇东部，这一地区现保存着大小规模的土墩近百座，分布于东西约6、南北约4公里的范围中。经国家文物局批准,自2003年3月—去年12月,南京博物院考古研究所和锡山区文物管理委员会组成联合考古队，对鸿山镇开发区范围内的土墩进行抢救性考古发掘。

本次发掘较完整地揭示了越国贵族墓葬在同一墓地中的分布规律,并将墓葬分为小型、中型、大型和特大型墓，代表了越国贵族的5个等级;7座墓葬共计出土了2000余件随葬器物，其中丘承墩越墓为仅次于浙江绍兴印山越王墓的越国第二大墓，出土的1100余件器物中，绝大多数为精美绝伦的成组成套的青瓷礼器、乐器和玉器，为江浙一带已发掘的越国贵族墓葬中等级最高的随葬器物。

小型墓2座:老坟墩、邹家墩 其中邹家墩,土墩外形为长圆形馒首状,近东西向,长34.5、宽23.5米,墩顶高出周围平地1.5米。墓葬为平地起封,分为3层:第一层为耕土层;第二层为灰褐封土,质密较硬,墓坑中填土与之同;第三层为黄土,内夹灰块土,质稍硬,为堆筑墓坑的堆土。墓葬位于土墩近中部,为四周堆土筑成熟土坑,方向115°,长3.88、宽2.34、深0.35米。随葬器物近50件，主要置于墓坑西部，原始青瓷器有盂、盅、器盖;硬陶器有坛、钵、盅、器盖;夹砂陶器有甑和鼎

■丘承墩墓葬全景(东—西)

■琉璃釉盘蛇玲珑形器

足；泥质陶器有鼎、罐、盆、器盖、璧、纺轮；玉器有管、环、璜、龙形佩和龟形佩；青铜器有环等。

中型墓 2 座：曹家坟、杜家坟 其中曹家坟，土墩外形为长方形覆斗状，保存完好，土墩近东西向，长 35、宽 26.9 米，高出周围平地 2.9 米。墓葬为平地起封，分为 3 层：第一层为耕土层；第二层为墓葬封土，灰褐色，质密较硬，墓坑中填土与之同；第三层为黄土，间有灰块土，质稍硬，为堆筑墓坑的堆土。墓葬位于土墩近中部，方向 110°，长 8.75、宽 2.25、深 1.95 米。随葬品主要置于墓坑西部，近 100 件，原始青瓷器有器盖；硬陶器有坛、碗、盅、器盖、纺轮；泥质陶器有盆、羊角形器、璧；玉器有璧等。

大型墓 2 座：万家坟、老虎墩 其中万家坟，长方形覆斗状土墩，近东西向，长 47.4、宽 38.8 米，高出周围平地 3.8 米。墓葬为平地起封，分为 2 层：第一层为耕土层；第二层为黄褐土封土，质密较硬，直接覆盖墓葬随葬品。墓葬位于土墩近中部，直接在表土上铺垫木料而构筑，垫木先纵铺 3 条东西向垫木，在垫木上再南北向横铺 60 余根稍有加工的木料，长 16.68、宽 5.07 米，方向 107°。该墓在封土完成后通过人工挖洞在墓葬上方对封土进行焚烧，使墓室上方形成了 3 米厚的红烧土。随葬器物 500 余件，主要置于墓葬的东部和西部，釉陶器有圆炉盘和铃形器；硬陶乐器有錞于、丁宁、句鑃、钮钟、甬钟、磬、铃形器和簴座等，硬陶礼器有盉、盘、三足盘、炙炉等，生活用品有坛、罐、碗、钵、器盖等；泥质陶器有鼎、盆、璧、羊角形器、纺轮等。

特大型墓 1 座：丘承墩 土墩外形为长方形覆斗状，近东西向，原封土长 68.2、宽 40.6 米，从墓底计高 3.95 米。墓葬位于土墩近中部，竖穴深坑，方向 110°，平面为“中”字形，通长 57 米，分为墓道、主室、后室 3 部分，主室还用木板隔成南北侧室。墓道长 21.2、宽 3.65 米；主室长 23.6、宽 6.3 米；后室长 11.9、宽 3.2、深 3 米；墓道南壁近底部有长圆形壁龛，底部稍深于墓道，龛长 3.4、宽 0.9、高 0.5 米；墓道和后室的前后还有排水沟。该墓早年被盗，主室、后室、壁龛均受扰动。随葬器物 1100 余件，玉器约 40 件，其中葬玉有覆面和带钩，佩玉有龙形佩、双龙佩、龙凤佩、龙首珩、璧形佩、龙形觿、环、瑗、鸱形管、管和动物造型的凤鸟、奔兔等，以及琉璃珠、管和枭形饰等，剑饰有格和首，此外还有玉削、玉韘等；青瓷器中，乐器100余件，有三足缶、錞于、丁宁、钮铎、句鑃、钮镈、甬钟、磬、铃形器、簴座等，其中缶、铎、簴座为首次发现的越国乐器；礼器200余件，有盖鼎、鼎、盖豆、盒、壶、扁腹壶、盉、盘、三足盘、匜、鉴、盆、甑、炉盘、温酒器、虎子、璧、羊角形器等，生活用品有杯、盘、碗、盅、筒形钵、碟、器盖等；硬陶器有鼎、坛、罐、器盖等；泥质陶器有盆、璧、羊角形器、纺轮等；另有4件琉璃釉盘蛇玲珑球形器。青瓷乐器主要出于壁龛中，玉器和青瓷重器主要出于主室东部，羊角形器和璧主要出于主室中部，而绝大多数随葬品集中出于后室。

丘承墩出土的众多精美器物尤其是许多高等级青瓷礼器、乐器和玉器的首次发现和确认，并以蛇为主要装饰而构成的独特风格，展示了越国最高等级随葬品的风采。

玉带钩长5.8、宽3.6、厚1厘米，青白玉、局部受黄褐色沁，正面4条长蛇，蛇身饰细鳞纹，穿过中心的圆环并盘绕四周，钩作蛇首状，饰鳞形纹和线纹，间以谷纹和斜方格纹，背面光洁，有一圆扣。整个器物应用了圆雕、透雕、高浮雕、浅浮雕、微雕、阴刻、减地等各种工艺，带钩未见使用痕迹，为罕见的越国贵族葬玉。

玉覆面长7.8、宽5.8、厚0.2厘米，青白玉，大部分白化，夹有花斑，整体长圆形，两耳略外凸，各有2穿，正面以条带分为4区，各雕一浅浮雕龙纹，周边间以云纹、斜线纹和细方格纹，背面光洁内弧，雕刻手法有减地、浅浮雕、阴刻、钻孔等。龙纹玉覆面标明墓主的身份与诸侯相当或略低于诸侯。

琉璃釉盘蛇玲珑球形器，底径6.5、高6.3厘米，泥质陶，低温琉璃釉，以8条蛇盘成圆圈状，一蛇口衔另一蛇尾部而组成玲珑球形，并以点状的蓝色琉璃釉绘成蛇头和蛇身的纹饰。玲珑球是首次发现的最高规格的越国随葬器物，其用途当为象征王权或神权的神器。

青瓷三足缶3件，与其他乐器同出土于壁龛中，为首次确认的乐器，亦证明渑池会上蔺相如请秦王为赵王击缶，确有此类乐器。口径40、通高24.2厘米，缶作深腹盆形，内外施青黄色

■青瓷簴座

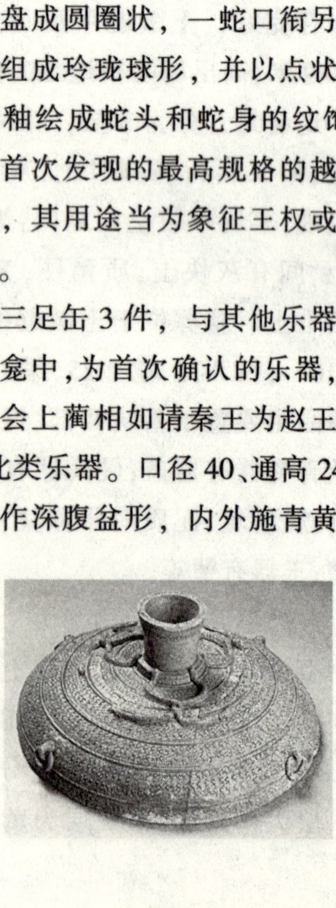

釉，口沿和上腹部饰细蟠虺纹，两兽首状宽耳，另两侧有一对称的蜥蜴匍匐在口沿，蜥蜴的两前肢攀在沿上，而口衔缶沿，造型夸张生动。

青瓷簴座也是首次发现的越国青瓷乐器，因同时出土4件，并与钟、镈、铎、錞于、丁宁、句镏共出，故将其定为簴座。孔径9、座底径41、通高18厘米，座身为覆钵形，中有管状插孔，施青色釉，座以数道凸弦纹分隔，饰蟠虺纹，下部有4个衔环的铺首，上部有6条堆塑的蛇，蛇身饰鳞纹，弯曲作游动状，头向上昂，两尾相交。

青瓷温酒器2件，亦为首次发现的越国礼器，盘口径31.8、通高9.5厘米，温酒器口径26.4、通高9.5厘米，施青色釉，下为承盘，三蹄足，四兽首附耳，口及盘的上部饰蟠虺纹，内可置炭；温酒器下有三足，置盘内，侧面有4个铺首衔环，上饰蟠虺纹及13个圆孔，内可盛水，上可置酒杯温酒。

鸿山越国贵族墓地的5个等级根据墓葬的封土规模、墓葬结构和随葬器物的种类、质地、组合关系，7座墓葬可以分为5个等级：

■青瓷温酒器

第一级别为丘承墩，该墓封土为长方形覆斗状，规模宏大，且为墓地中唯一的深坑墓，墓坑平面为“中”字形，并有壁龛；随葬器物中青瓷礼器数量众多，气势恢弘，器类齐全；青瓷乐器既有中原式的钮镈、甬钟、磬，亦有越式的錞于、丁宁、铎、句镏、铃形器、簴座，还有以往从未确认的缶，乐器的数量和品类可与曾侯乙墓相媲美；玉器中，既有葬玉、剑饰，亦有佩玉，而成双成对的龙形佩、双龙佩、龙凤佩、龙首珩、龙形觿等组成的佩玉，当为春秋战国时期最高等级的佩饰；此外还随葬琉璃釉盘蛇玲珑球形器等象征特殊意义的器物；第二级别为老虎墩，该墓封土亦规模宏大，且为长方形覆斗状，埋葬方式为平地铺木，随葬器物中除生活用品外，还包括成组的原始青瓷乐器和硬陶礼器、乐器；第三级别为万家坟，与老虎墩的封土规模和平地铺木的葬制相同，然随葬品中仅有成组的硬陶礼器、乐器而不见原始青瓷乐器；第四级别为曹家坟、杜家坟；第五级别为老坟墩、邹家墩。这4座墓葬均无成组乐器随葬，从封土规模和墓葬大小看，曹家坟和杜家坟均为长方形覆斗状封土，老坟墩和邹家墩则为长圆形馒首状封土；曹家坟和杜家坟的墓葬也大于老坟墩和邹家墩，随葬器物的数量约为老坟墩和邹家墩的一倍，然中型墓和小型墓在随葬器物的丰富程度上则差别不太明显。

鸿山贵族墓葬的特征与价值 鸿山贵族墓葬的特征大致可归纳为以下几点:1. 长方形覆斗状或长圆形封土;2.除特大型墓葬为深坑墓外,皆为平地起封;3.除特大型墓葬为“中”字形外,其余皆为长条形墓葬,大型的还有垫木或分室用的木板等用于构筑墓室;4.随葬器物主要为原始青瓷器和硬陶器;5. 特大型墓葬的随葬品中有组玉;6. 随葬器物中常见原始青瓷或硬陶的句鑃、錞于、丁宁、铎、羊角器、璧、铃形器以及越式鼎、筒形钵、盅、器盖等;7.高等级的器物纹样中常见蛇。这些特征中多为越国墓葬独有,其中墓葬形制和随葬品的质地、器形、器类与浙江绍兴印山越王墓、以及安吉、海盐、长兴等地的越国贵族墓葬相同,尤其明显的是均随葬陶、瓷礼器和乐器,如錞于、丁宁、句鑃、镈钟、甬钟、磬、铃形器、缶、簴座、羊角器、璧以及越式鼎、筒形钵、盅、器盖等;而以蛇为器物纹样也是越人图腾崇拜的体现。可见鸿山贵族墓地与春秋晚期和战国早期的越墓相同,具有明显的越国特征。根据墓葬的规模、形制和在墓地中的位置,以及随葬器物的数量、种类和等级推测,鸿山贵族墓地中丘承墩墓主的等级应为仅次于越王的越国大夫,此墓主室和后室总长仅次于绍兴印山越王墓,远高于其他中小型越国贵族墓,而出土的随葬器物则是目前已发掘的越国墓葬中等级最高、质地最好且器类最为齐全的。

■玉带钩

鸿山越国贵族墓地7座墓葬的随葬品中,皆有完全相同器物,如坛、钵、碗、盅、器盖等,其年代应相同;而大型或中型墓葬中则有造型相同的钟、镈、磬、铃形器、璧、羊角形器等,其年代亦应相同;而从印纹硬陶和原始青瓷基本生活用品的形态、仅见麻布纹和米字纹等纹饰以及器物的组合关系,根据长江下游土墩墓的分期,其年代应为战国早期;出土玉器中,尽管有少量纹饰保留春秋晚期特征,而绝大多数玉器的造型和纹饰都呈现战国早期的特征。因此鸿山越国贵族墓地的年代可定为战国早期,即越国最强盛的越王勾践时期。

鸿山越国贵族墓地中,丘承墩位

■玉覆面

于墓地的西北角，而其他大、中、小型墓葬则围绕在丘承墩的东南呈扇形分布，墓葬与墓葬之间既有一定的分布规律，又存在着严格的等级差别，是本次考古发掘最重要的收获之一；丘承墩墓为目前仅次于绍兴印山越王墓的越国第二大墓，而丘承墩出土的大批精美绝伦成套成组的玉器、青瓷礼器和乐器，应为迄今为止江浙一带所发现的最高等级的越国随葬器物，也同样是本次考古发掘最重要的收获之一。其墓地的完整性和礼器、乐器组合的完整性，尤其是越国的礼乐文化中将中原系统和谐地融入越系统中，为越国史的研究和解决一系列春秋战国时期的重要学术课题提供了一批极为珍贵的实物资料，对于越文化乃至百越民族史的研究和越国考古学的研究将起着积极的推动作用。

张 敏 朱国平 李则斌 邹忆军

原载 2005 年 1 月 26 日 1 版

52

山东青州西辛大型战国齐墓

青州西辛墓葬位于山东省青州市东高镇西辛村西，胶济铁路南侧。2004年11月初—12月底，为配合地方旧公路改造工程，山东省文物考古研究所与青州市文物局联合组成考古队，对该墓葬进行了抢救发掘，取得了重要成果。

墓葬为一大型竖穴土坑墓，封土早已不存。整座墓葬呈“中”字型，南北向，由南北2条墓道和墓室组成。由于南墓道的一部分为现代建筑和道路占压，因此未能全部清理，仅清理近墓室部分的31米。整座墓葬清理部分南北总长80.55米，如按照墓道坡度推算，墓葬全长约在100米左右。

在墓室二层台上和南墓道共分布5座陪葬坑，并发现与建筑和冶铁、铸钱有关的遗迹、遗物。

发掘现场

■骨博具

墓葬的建筑十分考究，如墓壁加工平整，表面抹一层草拌泥或石灰；墓道分内外2部分并呈台阶状；墓室内接近二层台的填土被分成网格状夯打；巨大的椁室石缝全部用熔化的铁汁浇灌等等。

墓道南北2条，其中南墓道为主墓道。

南墓道呈斜坡状，清理部分上口宽16.2、下口宽12.5米，与墓室相接的北端底面与墓室二层台齐平。两侧墓壁呈三级台阶状内收，表面加工平整，并抹一薄层草拌泥。墓道的底部也较为平整，并发现东西向10条长短不一的沟槽。沟槽底部为平底，截面为长方形，长度为4—8.5米不等。沟槽内填土纯净，槽壁平整，虽未见木灰，但根据其形状，推测原来应为放置方木使用的，其用途或与墓葬石椁建筑施工时运送材料有关。

在墓道靠近墓室的中间部分，又下挖一条通向椁室底部的台阶式墓道。

北墓道情况与南墓道大体相同，唯没有如南墓道的沟槽现象。其南北全长21.75、上口宽15.1—15.4、下口宽12.1米。墓道两侧墓壁加工规整，表面抹一薄层草拌泥或白灰。在靠近椁室的地方同样又下挖一条通向椁室底部的台阶式墓道，底面与石椁底平。

墓室平面呈长方形，墓壁呈三级台阶内收。墓圹上口南北长27.8、东西宽25.3、下口南北长23.5、东西宽20.5、深3.2米。墓内填土经夯打，在其中一层夯面上发现用细绳布成的方格网，绳索痕迹十分清晰，在南墓道的东部底面也发现类似的长方形格网，可能与夯筑方式有关。

椁室位于墓室中部，周围为二层台面。椁室是在挖好的土圹内以巨石砌筑，土圹与石椁之间则以河卵石和土相间夯填。椁室土圹平面呈长方形，南北长11.3、东西宽10.3、深8.68米，直壁平底。四角各有两两对称的三角形脚窝。石椁椁室内南北长6、东西宽5、深4.7米，顶部用一层巨石覆盖。底部平铺石板一层。所有石块加工平整，边缘齐整。整个石椁的缝隙均用铁汁或铅汁浇灌。石椁底板下为厚0.4米的卵石层，卵石层下填有深达3米的青膏泥。

石椁中央为巨大的木质棺椁，因盗扰椁盖板和棺盖板已不存，其他部分保存较好，结构清楚。木椁南北长3.75、东西宽3.15、内高2.5米，用枋木构成。椁底板下铺有一层东西向木板，其下为4块南北向枕木。枕木之间填卵石，其下即为石椁底面。

■金环首

■铜灶

木棺位于木椁中央，长2.7、宽1.9、内高0.92米。棺表面髹黑漆，内侧涂一层朱砂。侧板、挡板及底板间以榫卯结合而成。木棺下面有棺床，由4块横向的木板及2块侧板组成。棺床与棺用榫卯结合成为一体。

木椁内早年被盗一空，但在木椁东侧与石椁间的中部，发现一侥幸保存下来的木质器物箱，长1.2、宽0.4、高0.35米。箱内出土有鼎、壶、敦、钫、灶、甑等铜器，以及金质刀首、银盒、银盘、玉剑珌、玉剑璏、骨质博具及漆器等。其中银盒及银盘上均有刻写的文字。

陪葬坑5个。其中1—4号坑位于椁室西侧的二层台上，南北排列；5号坑位于南墓道北端西侧。

1号坑位于墓室的西北角。平面为

■玉剑璏

瑟枘、镞和角骰子等器物。

3号坑位于2号坑南。南北长2.9、东西宽2.4、深1.46米。内置一长2.4、宽1.8、高0.66米的木箱，已朽。箱内放置陶壶、漆案、盒、勺及骨饰等。

4号坑位于墓室西南角。长3、宽3、深2.1米，可见有边长2.4、高0.6米的木箱灰痕，该坑被严重盗扰，随葬品不明。

5号坑位于南墓道里端西侧。长3.7、宽2.2、深2.8米。坑内置长3.3、宽2、高1.8的木箱，已朽。箱内发现有盖弓帽、车軎等铜质车构件。

建筑和冶铁遗迹在北墓道东侧靠近墓室的地方，发现与建筑有关的遗迹，南北长6.2、宽4米。发现柱坑、柱洞等遗迹现象，地面

方形，边长2.9、深1.9米。坑内放置一边长2.6、高0.7米的木箱，仅存灰痕。箱内放置多种动物的骨骼。

2号坑位于1号坑南侧。为石椁形制，长3.95、宽3.35、深2.8米。内置一长3.6、宽3、高1.1米的木箱，已腐朽。出土漆壶、盆、盘、盒、竹质编织器及铜

铺有一层灰渣，内含碎木炭、炉渣、铁块、残碎的炉壁等。此处还发现堆置的碎砖，其中有"齐法化"刀币钱范的残块。根据发现遗迹现象和残留的遗物推测，此处很可能与墓葬建筑过程中用来熔炼铁汁的临时建筑有关。

该墓葬多次被盗，共发现盗洞27

个，尤其是椁室内被盗惨重。所幸的是，陪葬坑多数保存较好，仍然出土了一批重要的文物。

出土文物有陶器、铜器、金器、银器、玉器、漆器、骨角器等100余件。其中陶器主要是壶。铜器有鼎、壶、钫、灶、釜、甑、车马器等，部分鎏金，多属于明器。银器有盒、盘、器柄诸类，其中2件银盒外侧有金箍，保存基本完整，皆有铭文；银盘虽破碎，但底部铭文十分清晰。出土的金器只有刀的环首一件，整体呈变形龙样，雕刻精细。出土的玉剑璏、玉剑璏形体较大，不仅保存完整，而且玉质精美。角质的14面博具和成套的骨质博具都刻有数字。漆器多数保存较差，但仍然可看出器形和清晰的花纹，是这一带出土漆器中保存最好的一批。

■银盒

该墓规模巨大，是迄今为止山东发掘的同类墓葬中最大的一座。从其总的形制来看，与同类的战国齐墓基本一致，而修筑则特别考究。从墓壁的加工、墓室填土方格网状的夯筑方式、到以加工规整的石块筑成的巨大石椁和以铁汁灌缝的现象，以及下挖的台阶状墓道，都是同期墓葬中较为罕见的现象。根据墓葬形制、建筑方式和出土器物的特点初步判断，墓葬的年代约属于战国末期，下限或许可到西汉建国之际。由墓葬所处地望分析，其与著名的田齐王陵——二王冢距离仅有1公里，墓主的身份可能是齐国的贵族甚或是齐王室成员。

郑同修　胡常春　王瑞霞　庄明军

原载2005年4月6日1版

53

山西盂县发掘一批古墓葬

为配合裕新苑住宅小区的建设，2005年5月中下旬，阳泉市文物管理局和盂县文物管理所对规划区域进行了勘探，共发现战国以来墓葬17座，其中包括战国墓5座，汉、唐墓各1座，其余为近代墓。经报请山西省文物局批准，市县文物部门联合进行了抢救性发掘工作。

该墓地位于盂县秀水镇西关村二畛坪，北临公路，东面、南面是冲沟。墓葬相对比较集中。

■土坑墓

战国墓形制均为长方形土坑竖穴墓，普遍深度在5.3—6.1米之间，只有M16最浅，为3.3米，所以几乎被近代的M15完全破坏。墓室大致呈口大底小，面积最大的达9.18平方米，最小的有3.74平方米。墓壁修削整齐，局部可见工具修整痕迹。头向以东向为主，仅一座为北向。葬具全部腐朽，从残存的痕迹分析，全部为单棺，2座有头箱或脚箱。人骨保存较好，葬式以仰身直肢为主，只有一座采取仰身屈肢的形式。随葬品较少，最少的仅见1件铜带钩，多的达11件。器物以陶器为大宗，其组合以鼎豆壶舟盘匜为主，陶器全为泥质灰陶，火候较高，轮制，素面无纹，从墓葬形制和随葬的器物分析，墓葬时代应是战国晚期。

汉墓为近方形的砖室穹隆顶，条砖铺地，四壁用条砖一丁三顺砌筑，三丁之后开始叠涩收拢，四壁略向外弧，墓门向南，葬具已完全腐朽。因墓内早年积水淤积，二具尸骸已漂浮地面并失去位置，但头向可判定为向西。随葬品有铁炉、铁镜、铁镰刀、陶壶、陶罐、陶碗等。

■三彩罐

唐墓为长方形砖室穹隆顶，早年就已淤积并塌毁，葬式不明。该墓形制呈不规则的长方形，墓门所在的南壁前后错位，所以墓门也相应地偏斜一点。墓室内有长方形棺床，条砖敷设，四壁用条砖错缝平砌。整体而言，做工比较粗糙。随葬品有砖志1合、铜刀、铁剪刀2把、铁炉2个、铁镜2面、陶罐、三彩罐2件、三彩胭脂罐1件、骨匕，同时出土的还有开元通宝铜钱。其中一件三彩盂，高10、口径8.46、底径7.4厘米，外施黄绿釉不到底，内壁近底处有一层薄绿釉，器形饱满，釉色滋润，玻璃质感很强。三彩胭脂罐，高2.7、口径2厘米，显得小巧玲珑。

盂县历史悠久，文化积淀深厚，此次发掘的7座古代墓葬，为研究盂县历史文化、民情民俗提供了宝贵资料，尤其是唐墓的首次发掘，更是填补了晋东地区此类墓葬的空白。

韩利忠　赵培青

原载2005年7月13日1版

54

云南巍山发现一批古代青铜器

2005年8月底，云南省巍山县马鞍山乡三鹤村委会母古鲁村2位村民在被雨水冲塌的自家地块中发现铜器8件。巍山县文物管理所获悉后，及时赶赴文物出土地进行实地调查和清理，并依法将出土文物收归县文物管理所收藏。现将出土文物情况介绍如下：

一、地理环境和文物出土情况

母古鲁村位于巍山县马鞍山乡三鹤村委会北端，西面和北面紧靠紫金山，在村子的东面有一条自西北向东南流淌的深箐河，长年流水不断。文物出土地位于母古鲁村南约300米处的山坡上，这里山势陡峭，其地貌属岩溶地形区，海拔约2200米。

据发现者介绍，这批铜器是因近几天连降大雨，山地坍塌，在距地表2.3米处的土石层中发现，这批铜器出土时较为集中，而且保存较为完好。从周围的环境和被雨水冲刷的沟道断面上看，未发现其他遗物和遗迹，因此，我们推断应是窖藏文物。

二、出土铜器

出土铜器共8件，其中编钟2件，矛1件，剑1件，杯1件，牛1件，人物形杖头首1件。

1.剑1件。剑长36厘米。为椭圆实

■矛

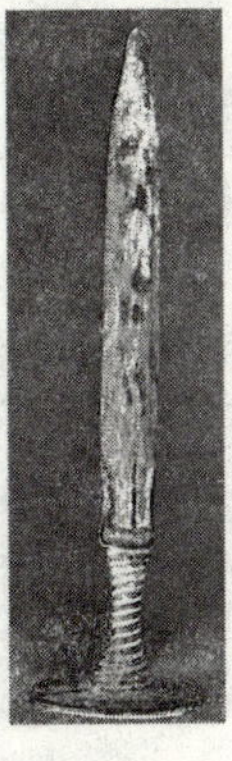

■剑

■编钟

心茎棱脊腊长形剑，茎面有螺旋纹，窄长身厚腊"山"字格剑。由下端往上两丛渐窄以致突锋锐尖。

2. 矛1件。为曲刃式铜矛，通长32.5厘米。身若琵琶状，銎口呈圆形（似鸭嘴形），贯通中脊，侧刃内凹位置在矛身中部偏下，双耳位于骨交上部两侧，骨交端分叉，矛身中脊饰孔雀羽状纹和阴刻圆圈纹。

3.编钟2件。通高28、宽12厘米。形状相同，大小一样。扁圆筒状，上圆封闭，半圆环钮，下端平口，共鸣箱为扁突体，舞面弧凸，腔上阔下微收，两铣由上至下稍向内倾，钟的正面、背面、两侧及顶端有散音孔，正面饰双虎食人纹，下端1/5处饰弦纹2道，弦纹下为卷云纹。背面饰双鹤燕鸟纹，下端饰回纹。

4.牛1件。高10、长13.5厘米。为站立状，神态自如，两角尖突，其中一只角微残，牛背脊和腹下有2条对称线（应是合范线）。

5.杯2件。通高10、口径8、底径6.3厘米。杯为圜底圈足，形状相同，大小略有差异。杯的口部为直通状，口沿和腰部饰弦纹两道，在弦纹之间饰卷云纹。

6. 人物形杖头首1件。通高8厘米，为镀锡青铜人物形杖头首，呈站立状，中空。上身着方格纹薄衬，下着菱形回纹饰裙，颈挂饰物，两臂饰钏，手腕饰弦纹串饰，左手略抬紧贴胸，右手略抬至腹部，左腰际有2根编结形带饰，头部额前有流海。从像的背面看，头部均为编发。从整个人物的造型和衣着装饰上看应是一女性。

三、初步分析与研究

巍山马鞍山乡母古鲁村出土的这批青铜器，不仅有兵器、乐器和生活器皿，而且还有六畜中的牛和精美的人物形杖头首。由于没有准确的文物出土层位，在断代和文化属性上只能根据云南省多年来的考古成果来进行对比研究。在这批青铜器中，不论是从形

■人物形杖头首

■杯

■牛

制上还是从纹饰上来看，均与祥云大波那、楚雄万家坝、弥渡苴力、昌宁坟岭岗出土物相同和相类似，以上这些地方出土的器物都定在春秋末期至战国初期，而巍山出土的这批青铜器的年代同样不会晚于战国中期。

巍山出土的这批青铜器中，螺旋纹柄山字形格剑、曲刃式矛、双虎(双鹤燕鸟)纹编钟和牛的文化面貌与滇西(洱海)区域青铜文化相同和相似，而镀锡青铜人物形杖头首则与滇池青铜文化更趋于接近，在同一地点出土2种类型的文化，说明巍山是滇池青铜文化与滇西青铜文化相互交融的重要地区。而这批青铜器物民族特色十分明显，这种文化面貌上的变化，应与氐羌系统的昆明族有着直接的关系。

刘喜树　范　斌

原载2005年10月28日2版

55

云南水富张滩发掘战国、西汉土坑墓群

2005年3月，云南省昭通市水富县文体局告知昭通市文物管理所，市级文物保护单位——水富张滩战国、西汉巴蜀文化土坑墓群所地在拟建电石厂。通过与基建部门的多次磋商，昭通市文物管理所于4—6月，对水富张滩战国、西汉土坑墓群进行抢救性发掘。

张滩墓地位于水富县城南30公里，横江左岸第二台地上，沿江呈长条形的一个坝子。坝子东北、西南长，西北、东南宽，平均长约700、宽约200米，面积约1.4平方公里。坝子以上是一段缓坡，盐水公路从缓坡中部通过。

发掘面积2100平方米，共发掘墓葬15座，出土各类文物425件。其中陶器有陶盒、陶罐、陶豆、陶釜、陶纺轮、陶珠；铜器有铜鍪、铜甑、铜印章、铜釜、铜带钩、铜剑(基本上都有木剑鞘，已腐烂)、铜矛、铜钺、铜斤、铜镜、鎏金铜器、铜半两钱；各种料饰、大量漆痕、少量纺织品痕迹。其中巴蜀图语铜印章多达36枚。

■M10

15座墓葬均为长方形竖穴土坑墓，一般长360—500、宽130—190厘米，葬式均为仰身直肢葬，墓主人骨骼腐蚀十分严重，仅存骨骸痕迹，头向均为西北向，未见明显的葬具痕迹。15座墓都随葬有大量漆器和少量纺织品，由于保存条件极差，无法揭取。

M10为本次发掘最大

■M10墓主腰部饰品

的墓，长520、宽165—193厘米，共出土各种随葬品60余件，其中巴蜀铜印章出土8枚，属本次发掘随葬品最多的墓葬。随葬品种类有陶器、铜器、铁器以及漆器、料器等。从所出土的随葬品如铜镜、纺轮、陶珠以及较多且十分精致的小饰品等分析，M10墓主人为女性的可能性比较大。铜器、陶器等生活用品放置于墓主人的头部，兵器、印章及生活小饰品置于腰及腰部以下。

这次发掘的每座墓葬的上层填土中均首先发现2个陶罐，分别置于墓葬头端一侧或两侧，旁有卵石一块，有的墓葬在墓底足端也出现卵石（如M10、M14、M20），这种在上层填土内的陶器及卵石，基本上都高于墓口，成为张滩墓群的一种标志，考古工作者推测其或为当时封土的标志，与当时的葬俗有关。陶器、铜器等生活用品都放置于墓主人的头部以上，腰部及以下主要放置印章、料珠、铜饰品、铜带钩、铜剑、铜矛、环首铁刀等，随葬品处均放有大量细沙。绝大多数墓葬内随葬有其他骨骼，如M14在墓葬西北端随葬品东侧及随葬品下有若干骨骼，比较粗壮，从骨骼的外形分析，可能是一种动物骨骼；M7、M20、M21等都在人骨的旁边或右肢骨上方随葬比较粗壮的骨骼，这可能与某种葬仪有关。

水富县张滩墓地分布面积大，墓葬随葬品丰富，从已发掘墓葬出土的随葬品来看，陶器、铜器、兵器以及各种料饰均与四川涪陵小田溪、成都昭化宝轮院船棺葬出土物十分相似，具有十分浓厚的巴蜀文化因素，证实了巴蜀文化已深入到今云南水富境内。36枚巴蜀图语印章的出土，是研究并解读巴蜀图语的实物资料；根据出土的随葬器物分析，水富张滩墓地的年代约在西汉早期。

丁长芬

原载2005年8月10日1版

56

西安上林苑1、2号建筑遗址考古发掘

陕西西安阿房宫前殿遗址的勘探和发掘工作基本结束后，阿房宫考古队开始了寻找和确定阿房宫范围的工作。在对前殿遗址西面至沣河东岸的大面积(42.35平方公里)调查、勘探和试掘的基础上，于2004年底—2005年春季发掘了上林苑1、2号建筑遗址，现分述于后：

上林苑1号建筑遗址

1号建筑遗址位于阿房宫前殿遗址西1150米处，该遗址分为南、北2部分。南部为宫殿区，其部分夯土台基在现地表以上尚存高7、自秦代地面以上现存高9米。台基已惨遭破坏，现存东西最大长度250、南北最大宽度45米，面积为11250平方米。

■2号建筑遗址全景

1号建筑遗址北部为园林区，因破坏严重，其范围已不可考。

南部宫殿区在西部边缘进行了发掘。

1. 夯土台基台基在探沟内现存东西宽0.55、高0.2米。在台基南北近中部，存一壁柱础石，柱洞已无存。础石为花岗岩质，经解剖得知，础石尺寸为东西40、南北35、厚19.5厘米。

靠夯土台基西侧面有草泥面，东西宽0.5、厚0.2米(上述础石的西部已伸入草泥面内)。

2. 廊道夯土台基（包括上述草泥面)的西侧为廊道，其东西宽1.65米，上面未发现瓴砖及其痕迹。

3.散水廊道西侧为散水。散水东西宽0.67米，其东西沿有拦边砖。内为板瓦残片栽置，板瓦内面大部朝南。

北部园林区因破坏严重，仅发掘了一处流水景觀遗存。该遗存现存长31.2米，呈曲尺形分布。现选取中部东西向的一段来说明其结构。

该段流水遗存为东西向石渠（距

地表 1.1 米)。石渠东西通长 11、南北范围通宽 2.9 米(即包括渠外南北 3 排卵石宽度),石渠内长 8.9、内宽 0.4、内深 0.12—0.15 米。渠底甃装 2 层卵石。上层卵石较小、下层卵石较大。

石渠南壁、北壁为大卵石砌成,卵石呈东西向垒砌,朝渠内一面均较平整,卵石最大者东西 32、南北 23、厚 12 厘米;最小者东西 18、南北 24、厚 12 厘米。卵石间距 4—12 厘米。渠南、北壁垒砌卵石之下面垫甃一层大卵石。其大小与上面垒砌卵石相同。

石渠南壁、北壁外侧均甃装南、北 3 排大卵石,其布局以渠北壁外侧 3 排甃装卵石为例说明。

北壁北侧南数第 1 排卵石位于渠北壁北 22—31 厘米(与渠北壁卵石间距 7—20 厘米),分布较密,间距为 3—12 厘米。该排卵石与北壁卵石间加甃零散小卵石。

南数第 2 排卵石与南第 1 排卵石间距 8—17 厘米。卵石分布较稀,其间距 30—40 厘米。

南数第 3 排卵石与第 2 排卵石间距 11—15 厘米,2 排卵石南北呈“品”字形分布。南数第 3 排卵石间距 20—42 厘米。

渠北壁至南数第 3 排卵石北沿南北通宽 1.25 米。

渠南壁南面 3 排卵石东、西部分已无存。

石渠东端南拐之拐角处已遭破坏,卵石被扰动,但还能看出大概形状。即垒砌大卵石为渠壁,渠底甃装小卵石,下面垫一层大卵石。

石渠东端南拐呈南北向渠,经钻探和试掘了解到,石渠遭破坏严重,仅存零散大小卵石,排列无规律。现存南北长 17.4 米。

石渠西端北拐呈南北向渠,拐角处亦遭破坏。通过勘探了解到,石渠南北向现存长 4.9 米。

通过勘探资料了解到,1 号建筑遗址夯土台基的北面,在生土上面普遍垫甃了一层较纯净的土,厚约 0.4 米,且对其进行了稍加工。石渠应在垫土过程中垒砌、甃装卵石而构成。

该遗址出土遗物以砖、板瓦、筒瓦、瓦当等建筑材料为主。

铺地砖有几何形纹和绳纹 2 种。拦边砖 2 件,均为长条形。纹饰可分为细密方格纹和顺长粗绳纹 2 种。板瓦表面均为细交错绳纹,内面为素面,一般厚 1.2—1.8 厘米。筒瓦均表面为细直绳纹,内面为粗大麻点纹(个别筒瓦内面有手抹成的明显凸棱,而没有麻点纹),泥条盘筑痕迹显著。瓦当 5 件。制作粗糙,背面凹凸不平,绳切痕迹特别显著。此外,还出土一件凤纹瓦当残块(仅见凤头上端),厚 3 厘米。

探沟第3层建筑倒塌堆积层内还出土了一些草泥墙皮碎块（已被大火烧成粉红色），一般通厚5厘米（由粗草泥、细泥和白灰面组成）。根据发掘，对上林苑1号建筑遗址的结论为：

1.该遗址有被大火焚烧的痕迹。该遗址建筑倒塌堆积层内建筑材料中板瓦、筒瓦、瓦当都有被大火烧过的痕迹，此外还有大量被火烧毁的墙皮残块出土，这些现象都说明该建筑遗址曾经遭遇过很大的火灾。

遗址时代从该遗址出土的板瓦、筒瓦形制来看，板瓦表面为细密交错绳纹，筒瓦表面皆为细绳纹、内面为麻点纹或手抹成的凸棱、泥条盘筑痕迹显著，出土拦边砖之纹饰为顺长绳纹和细密小方格纹，这些均具战国时代的特征。此外，出土瓦当当面纹饰及瓦当制法，亦具战国时代特征。

总之，从上述出土建筑材料来看，无论从纹饰特征或从制作粗糙、表面不光滑，纹饰较浅、纹路不清淅来看，均与秦都咸阳之咸阳宫出土建筑材料相同。又该遗址出土的板瓦和筒瓦瓦片明显早于阿房宫前殿遗址北墙顶部倒塌的瓦片，故该建筑应早于阿房宫的建筑，又该遗址地处渭河以南的秦上林苑中，故该遗址应为战国秦上林苑建筑遗址之一，与阿房宫的建筑毫无关系。

上林苑2号建筑遗址

2号建筑遗址位于1号建筑遗址正南500、位于阿房宫前殿遗址西南1200米。是传说中的“阿房宫烽火台”遗址。该建筑分为2部分，上部为建筑，下部为夯土台基。台基又分为2层。上层南北42.1、东西现存73.5米；下层比上层南边沿向南延伸3.3米，低于台基上层现存龜面1.6、夯土厚2米。同样台基下层比上层北边沿亦向北延伸3.3米。低于台基上层现存龜面1.6、厚2米。台基下层南北48.7、东西现存73.5米。

台基夯土通厚3.6米（上层现存厚1.6、下层厚2米），夯层厚5—7厘米。在台基上层南沿南2米处，发现东西向建筑物倒塌的瓦片带，宽约3米。

台基上面为建筑物，据知情者回忆，解放初，该建筑还保存较大，后来群众拉土盖房、垫圈，平整土地等等原因，使得该建筑不断缩小，现还残存一部分，位于台基中部偏南。距台基南沿北5.5、距台基现存东沿西27米。该建筑物亦夯筑，夯层厚5—7厘米。其底部大（东西13.2、南北28米），顶部小（东西5.5、南北9米），现存高4.1米。在其底部和中部残存一些未扰过和扰动过的花岗岩质的础石。从下往上，1号础石（扰动）位于建筑物南侧底部，长0.7、宽0.65、厚0.25米；2号础石

(扰动)位于建筑物东北侧底部,长1.4、宽0.65、厚0.22米;3号础石(扰动)位于建筑物东北侧底部、2号础石北侧,长0.8、宽0.7、厚0.2米,4号础石(未扰动)位于该建筑南部,自底部向上1.4米处,长0.7、宽0.92、厚0.3米。根据这些础石的位置推测,该建筑底部和中腰应有房屋和回廊一类的建筑。

该建筑遗址出土遗物以板瓦、筒瓦等建筑材料为主。此外,还采集了一些残砖块。

上林苑2号建筑遗址的结论为:

1.时代。该遗址出土遗物仅限于一些板瓦、筒瓦的残片,从它们的制法和形制来看,板瓦片表面均为细密交错绳纹,筒瓦片表面均为细绳纹,内面为麻点纹,且泥条盘筑痕迹明显。又,不管是板瓦片还是筒瓦片均制作粗糙。综合上述资料来看,均与上林苑1号遗址出土的板瓦、筒瓦相同。从该遗址内采集的绳纹铺地砖和绳纹拦边砖残块来看亦与上林苑1号遗址出土的铺地砖和拦边砖完全相同。故该建筑遗址的时代与上林苑1号遗址的时代是一致的,即为战国秦上林苑中的一座建筑遗址。它建筑的时间要比阿房宫修建的时间早得多,与阿房宫没有任何关系。

2.性质。该建筑遗址破坏惨重,下部夯土台基东部和西部早已被挖掉。据群众回忆,上部建筑四面呈斜坡状向中部逐渐升高。现存的最大高度比解放前后看见的高度要低约2米多。即该建筑现存的部分只是当时建筑的极小部分,同时,也是当时建筑的最高部分。又,在残存建筑底部有扰动过的础石,南部自底部向上1.4米处发现一未扰动过的础石,说明该建筑底部和中部应有建筑物,顶部因破坏殆尽,建筑物已无存。故该建筑应为高台多层建筑,其形制与秦都咸阳宫1号遗址相似,这也是战国建筑形式的一大特点。综合上述,该建筑遗址应为战国秦上林苑的高台宫殿建筑遗址之一,与阿房宫的建筑没有关系,更不会是“烽火台”一类的建筑。

此外,在上述遗址正西500米处,还发现了一处已被破坏殆尽的汉代建筑遗址,该遗址应为汉代上林苑建筑遗址之一。

综合上述,通过对阿房宫前殿遗址西面的大面积勘探和试掘、发掘,都未发现与阿房宫相同时期的建筑遗址。因此可以肯定地说,阿房宫前殿遗址以西,没有属于阿房宫的建筑。

阿房宫考古队

原载2005年12月9日1版

57

陕西汉长安城长乐宫发现藏冰建筑
——凌室遗址

2004年10—12月，中国社会科学院考古研究所汉长安城工作队在汉长安城长乐宫的西北部，今西安市未央区汉城街道办事处罗家寨村东北发掘出土了一组形制独特的建筑遗址，编号为长乐宫5号建筑遗址。发掘总面积1369平方米。据初步分析，该建筑遗址可能是长乐宫内一处用于藏冰的凌室遗址。

遗址的地层堆积比较简单，一般耕土层下即见汉代建筑遗迹，如夯土墙、庭院铺砖等；有的地方保存了一些汉代文化层，如房内堆积等。还有些地方耕土层下见有汉代以后的扰乱层，但不见晚于汉代的建筑遗迹。

建筑遗迹包括主体建筑F1及其西北侧的附属建筑F2—F6，在这些建筑的周围分布有庭院和排水设施。

F1位于发掘区的南部，平面呈长方形，房内东西长27、南北宽6.7、现存高0.14—0.5米。这座大房子四面均有宽厚的夯土墙，其中南墙最厚，厚5.5米；西墙、东墙次之，西墙厚4—4.6、东墙厚3.9米；北墙最薄，厚3.5—3.7米。房内顺墙有一周回廊，宽0.98米，地面平铺条砖，铺砖大多无存。房内南北的正中有一条东西向排水沟，东西长25、南北宽0.19，沟的底部用条砖东西向平铺，南、北壁用条砖南北向侧立砌成，在距离东墙西壁3.5米处水沟向东南弯曲，经一长方形积水坑与东墙下埋设的五角形陶水管道相接。水沟底部西高东低，坡度约为3度，东端与西端的高差约0.2米。

南部、北部回廊与中部排水沟之间为条砖侧砌的地面，系由条砖南北向侧立铺砌而成，铺砖大部无存，但铺砖的印痕仍清晰可见。其中南部回廊与中部排水沟之间的地势是南高北低，北部回廊与中部排水沟之间的地势是北高南低，坡度均约为7度。

附属建筑F2—F6位于发掘区的西北部，其中F2—F5相连，F6位于它们的北侧。5座小房子四面均为夯土墙，其中一面墙上辟门。房内地面有的铺砖，有的为夯土。

主体建筑和附属建筑的周围有庭院，庭院地面铺砖，以 F1 北侧庭院铺砖保存较好。砖有方砖、条砖 2 种。铺法有平铺和侧立铺 2 种。在附属建筑西北侧的庭院里还发现了 2 条小排水沟，均为明沟，作用是排除庭院的积水。

遗址出土的遗物主要有陶器、铁器和铜钱等。陶器数量较多，大量为建筑材料，有砖、瓦、瓦当等。砖分为方砖、条砖和空心砖。瓦分板瓦和筒瓦。瓦当有云纹瓦当和文字瓦当 2 种，文字瓦当均为"长生无极"瓦当。铁器有钉和铲。铜钱有汉半两、五铢、布泉、货泉、小泉直一等品种。

因为该遗址出土了大量西汉、新莽时期的建筑材料和铜钱等遗物，所以它的时代应为西汉、新莽时期。遗迹有早晚期并存的现象，遗物中既有西汉早期的遗物，如表面细绳纹、内面麻点纹、内壁有泥条盘筑痕迹、外壁有切割痕迹的筒瓦和汉半两钱等，同时又有西汉中晚期直到新莽时期的遗物，如表面中粗绳纹、内面布纹、内壁有切割痕迹的筒瓦和西汉五铢钱、新莽布泉、货泉、小泉直一钱币等，因此，该建筑应始建于西汉早期，经西汉中晚期，一直沿用到新莽时期。在长期的使用

■5号遗址

过程中，因为需要维修，所以留下了不同时期的遗迹和遗物。

主体建筑F1有一些明显的特征：为浅地下式建筑；四周墙体很厚；房内地面不平，由南北两侧向中间倾斜，并于中部形成一条东西向排水沟，排水沟的东端连接一条穿过东墙的陶水管道，说明房内有大量积水需要排往房外。这些建筑特征表明房子不是用来办公或居住，应属仓库一类的建筑，可能用来藏冰。因为浅地下的建筑结构和宽厚的墙体具有保温、隔热的作用；冰在贮藏过程中逐渐消融形成的融水，先是汇集到房子中部的排水沟，再经东墙下的陶水管道排往房外。另外，因为冰块较重，所以将条砖侧立起来铺砌地面用以承重，而房内一周平铺条砖的回廊应是藏冰、取冰时行走的通道。若F1为藏冰之室不误，F2—F6或可认为是相关管理人员处理日常事物的场所。

据文献记载，未央宫中有凌室。凌室为“藏冰之所也”(《三辅黄图》)。凌室是中国古代城市中极其重要的设施，于冬天纳冰，春天启冰。所藏之冰，在太官则用于储藏食物，防腐保鲜；在宫殿则用于降温纳凉。另外，冰还用于祭祀、停丧等礼仪活动。

长乐宫在汉初曾一度用作皇宫，惠帝以后一直是皇太后之宫。5号建筑遗址应是这座重要宫城中一处藏冰的凌室遗址。在该遗址之北部、西部不远处分布着多座同时期的宫殿建筑，凌室内的藏冰，应主要就近供这些宫殿使用。

长乐宫凌室建筑遗址形制独特，系首次发现西汉时期的藏冰遗迹，为研究西汉建筑的多样性、西汉宫廷生活增添了新的实物资料。

刘振东　张建锋

原载2005年5月18日1版

58

广东广州出土西汉南越国木简

继去年上半年南越国宫署遗址发掘取得重要收获后(见《中国文物报》2004年12月8日1版)，由广州市文物考古研究所、中国社会科学院考古研究所和南越国宫署遗址博物馆筹建处组成的联合考古队继续对南越国宫署遗址开展发掘工作。在2004年下半年度发掘中新清理出大量历代建筑遗迹,获得数量众多的各代遗物,发掘工作收获甚丰。在这些收获之中,最重要的发现当数在2004年11月23日—2005年1月24日期间于一口南越国井(J264)内清理出的百余枚南越国木简。从考古学史看,在王宫御苑原址上出土简牍的情况较为罕见,该批木简的发现不仅填补了岭南地区简牍考古的空白,改写了广东无简牍的历史,还极大地扩展了南越国史的研究范围,具有十分重要的学术价值。

出土木简的J264位于1997年发掘的南越国曲流石渠西北约15米,井口距地表深4.2、井自深约3米。上部用扇形井砖砌筑，砖15层，高85厘米,下部为6节陶制圆形井圈叠砌,高2.06米,节高约33—35厘米,每节井圈有4个基本对称、穿透井圈壁的椭圆形孔。

该井上层用井砖砌筑的井壁部分

■出土木简的南越国井(J264)

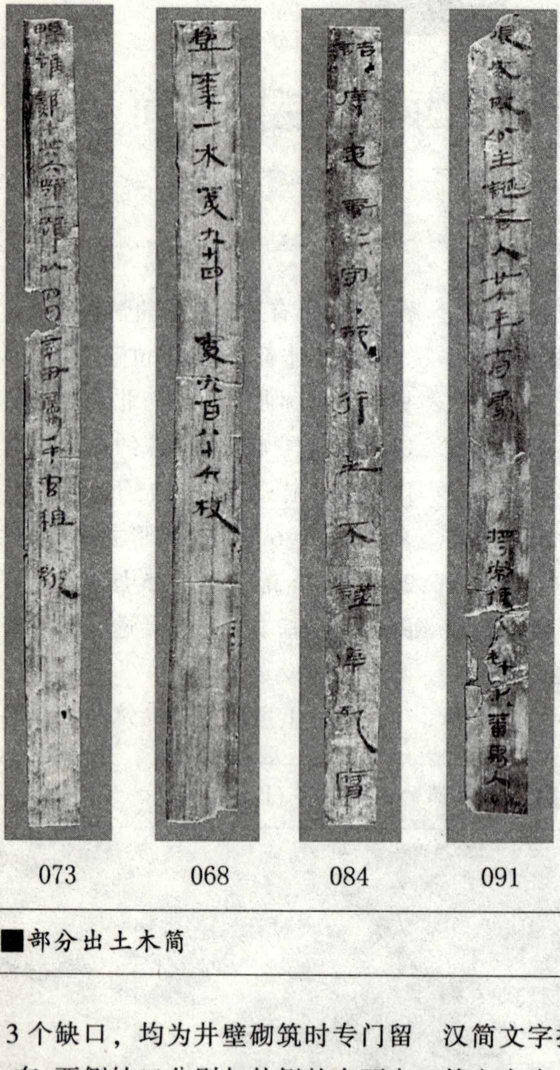

073 068 084 091

■部分出土木简

有3个缺口，均为井壁砌筑时专门留出，东、西侧缺口分别与外侧的东西向木质水渠相连，为入水口；北侧有椭圆形陶制管道口向北延伸，为排水口，说明这是一口渗水井。

井内堆积分16层，木简出土于第6—15层。经清洗确定，井内共有整简和残简100多枚，均为木质。完整的木简长25、宽1.7—2.4、厚0.1—0.2厘米左右。绝大多数为单行文书，仅一枚为2行半字。简文均墨书，字数不等，完整木简的文字最多为23字，最少者3字，一般以12字左右居多。清洗时木简上尚未见到编连痕迹，从内容看有一部分为一事一记的单简，而大凡12字简原应为编连成册。木简上的文字字体多为扁横、波磔明显的成熟隶书，少数文字含有婉转圆润、端庄凝重的篆书意味，隶书的总体书写风格与湖南长沙马王堆汉墓出土简、帛书文字，湖北江陵张家山汉简文字接近，与湖北云梦睡虎地秦简文字有一定区别，具有很高的书法艺术价值。

经初步考察，这批木简的性质主要有籍薄和法律文书2种，从多个侧面反映出南越国的各项制度和南越国王宫生活，可大大弥补南越国史的记载不足。如宫室管理，多枚木简上出现了“出入”二字，可能属宫内外人或物品的出入籍；职官制度，简文中出现“陛下”、“公主”、“舍人”、“左北郎”等官职，其中“左北郎”文献未载，而简文中的“陛下”、“公主”更是自南越王墓发现“文帝行玺”等重要文物后又一次发现的可直接证明史书汉南越传中关于南越王称帝内容的文物；地理内容，简文中出现了“蕃禺”、“南海”、“横山”等地名，对于南越国政区地理、疆域沿革、秦汉地理等的研究意义重大；法律内容，简文中有“当笞五十”、“不当笞”等内容，反映出南越国施行的法律制度，一些爰书性质的木简则是迄今为止首次发现的南越国法律文书；社会风俗，简文中出现的“大鸡官”等内容为文献所不载，学者认为其可能与《汉书》等文献中越人善用鸡卜的记载相应；宫苑管理，简文出现如“宫门”、“守苑”等与宫室苑囿相关的内容，是对南越国宫苑所在地性质确认的最重要物证。除上述内容外，很多简还直接或间接反映出南越国时期的物产、禽鸟和树木种植等方面的内容。

在从木简发现、发掘、清理到清洗、脱色、脱水的整个过程中，考古工作者严格遵循了“保护为主”和“科学缜密”的指导思想。在发现木简后，考虑到J264周围保留着丰富的南越国遗迹，是南越国宫署遗址的重要组成部分，不好将井及周围遗迹拆除，而木简保存状况又不理想，井内操作空间狭窄，不利于木简保护，多次召开考古、文物、建筑、工程等方面的专家论证会，确定了“木简整体提取，井体保持原状”的原则。广州鲁班建筑公司承担整取重任，他们与考古发掘者一起制定了详尽可行的施工方案：在井西侧挖掘超过井底深度的竖井，在稳固和保持上层井圈不动的基础上，将含木

■木简出土情况

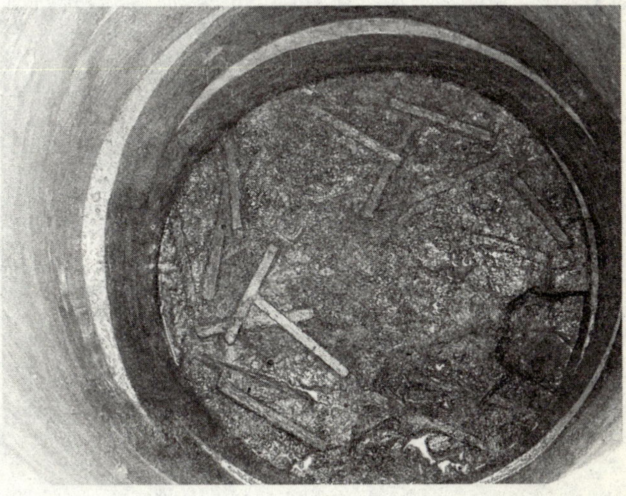

■发掘清理现场

简的第6节井圈整体横向平移至竖井中，用大型吊车将其平稳吊运至地面进行室内清理(图四)。与此同时，邀请了长沙简牍博物馆馆长宋少华先生和馆内专业技术人员到现场指导木简的清理、清洗、脱色等工作，确保高质量地完成各项清理与保护工作。

从传世文献看，《史记·南越列传》作为目前所见的最早记载南越国历史的资料，全文仅约2400字左右，而这次出土的简文文字的数量已经逾千，不仅数量几近其一半，而且其时代还要早于《史记》成书80余年。从简的埋藏情况看，木简可能是当时在文件废弃后将其扔进井内，是最原始的档案资料，也是最直接的第一手文献，是名副其实的王宫档案。它们的发现不仅会大大扩展南越国史及秦汉史的研究范围，还以其出现的“守苑”“宫门”及明确的纪年等内容，彰显出南越国遗址的历史真实性和完整性，进一步证明以往对该遗址定性、定位和定名的正确，为南越国考古的分期断代树立起新的标尺。

韩维龙 刘 瑞 莫慧旋

原载2005年7月20日1版

59

河南泌阳下河湾发现大型铁官遗存

2004年10月,为了保证上(上海)武(武威)高速公路信南段(河南省信阳至南阳段)的公路建设和文物保护工作的顺利进行,河南省文物考古研究所会同南阳、驻马店、信阳等市、县文物部门对公路沿线进行了实地调查,在泌阳县马谷田镇南岗村下河湾村东的调查中发现下河湾冶铁遗址。该遗址地理位置优越,面积大,内涵丰富,延续时间长,且保存比较完好,是国内罕见的一处古代官营手工业作坊遗址。

调查发现,下河湾冶铁遗址,位于泌阳县马谷田镇东南10公里下河湾村东,坐落于下河西岸台地上,东部、南部有小河环绕,北部为一条东西向的自然水沟。东南距坡头山2500米,西南距条山2000米,南紧邻蝎子山。遗址总面积23万平方米,形状近梯形,地势西高东低。

地层与遗迹:从调查和钻探的情况看,遗址文化层厚约1.5—3米,可初步将其文化堆积分为4层:

第一层为现代耕土层。第二、三层均为文化层:厚度为1.5—3米不等,土质疏松,土色黑褐或红褐,含有大量烧土残块和耐火砖等。从断崖裸露的剖面看,有较多的遗迹,疑为窑或炉,应与冶炼或铸造有关,包含物有铁矿粉、炼渣、砖块(饰菱形花纹或绳纹)、筒瓦、板瓦及部分陶器残片、砺石等。从出土物的时代看,初步可以分为战国晚期和汉代两个阶段。

第四层为生土层。

从采集的遗物可以看出,遗址的主要文化遗迹可分为以下3种:

■下河湾冶铁遗址全景

■断崖上发现的窑炉的窑门部分

冶炼炉与熔化炉：遗址地表及周围发现大量的耐火砖、炉基支柱和炉壁残块。从炉体的厚度以及炼渣的不同内涵，可以分辨出2种炼炉，即用于熔炼铁矿石的大型炼炉和用于熔化铁材的熔化炉。

陶窑：在遗址东部和北部的断崖上，发现3座不同类型的陶窑。其中一座形体较大，长方砖砌制的窑门因长期火烧呈青灰色和红褐色；另外一座窑体呈圆形，窑壁呈灰褐色。从陶窑的形制推测，其用途应与烘制陶范和烧制陶器有关。

居住遗址：遗址西南部的断崖上还暴露有与居住址有关的房基内的墙基部分。这一带很有可能是该遗址的居住遗址。

下河湾冶铁遗址虽未经发掘，但从遗址周围采集到的遗物看，不仅种类齐全，而且数量丰富，这些遗物为全面细致地了解该遗址的文化内涵、堆积年代和性质提供了丰富的实物资料。依据遗物的用途，大致可将其分两大类。

冶炼铸造类遗物：从初步整理的情况看，遗址中发现的与冶铸有关的遗物可以分为以下几种。

模、范类、耐火砖类、炉口、炉圈及炉壁类、炼渣类、鼓风管类、铁板材、铁器残片与矿石类、工具类、其他类等。其中模类可分为铸模和镢模2种。范类，依据质料的不同又可分为石范和陶范2种。石范一件，为钺形斧范。陶范较多，可辨别的器形有：剑、镢、锄等。耐火砖类以梯形耐火砖更具有代表性。整体呈梯形，上宽下窄，黏土夹杂粗、细砂粒模制而成，正面中部微凹，从剖面看有1—1.5厘米，因高温烧成的硬面，硬面表面粘有一层耐火泥，大部脱落，砖表面呈深灰色，质地坚硬，耐火泥加灰白色，中间有空隙，除顶部外其他3个侧面均粘一层青灰色砂粒，经火烧而呈红色，砖体表面无纹饰，大部呈灰色，正面青灰，背面大致呈黄褐色或红褐色，火候较高。保存完整，原系用于熔铁炉体中间，内侧为炉衬，外附贴有耐火材料。炉口、炉圈及炉壁类数量较少，但炉基座及支柱类却有大量发现，这从一个侧面反映了该遗址的熔炼规模和熔炉的数量。炼渣类可以分为2类。一类为熔化铁矿石形成的炼渣，渣中多掺杂有木炭残段和铁块，有的和炉体的耐火砖及炉衬烧结在一起。另一类为熔炉的炉渣，除一部分沉渣外，还发现有较多的浮在炉内上部的浮渣。鼓风管类数量也比较多，造型、胎质的厚薄和管体的直径都不尽相同。整体呈不规则圆筒状，两端均残，夹细砂手制成，因火烧致使管体局部呈深褐色，胎质十分坚硬，器表和胎体大部呈红褐色，局部深褐色，器表饰竖向或素面，内壁或为素面，或为细密的布纹。铁板材、铁器残片与矿石类数量较少。工具类，依质料可分为陶质和石质2种，即陶坠和砺石2种。其他类主要指助熔剂和椭圆形陶圈，可能与铁器铸造有关。

■石质钺形斧范

生活类遗物：分建筑材料类和生活用具类 2 种。均为陶质材料制成。可辨器形有：薄胎长方砖、筒瓦、板瓦、瓦当、豆、盆、缸、瓮、罐、壶、器盖、博山式熏香炉等。

从遗址发现的器物看，见到最早的是春秋晚期较晚的喇叭形豆柄及鬲腿残块，战国时代的生活用陶器残块、板瓦和筒瓦的数量相对也比较多，但更大量的还是汉代的板瓦、筒瓦残片和生活用陶器残片。在冶铸遗物中，石范、陶范和少量的熔炉残块，明显具有战国晚期和西汉早期的特点。但大量的是汉代的炼炉、熔炉与鼓风管残片。由此推断，该遗址的年代应从战国中晚期开始，主要的遗存是两汉时代。从调查的情况看，该遗址和省内其他的冶铁遗址如南阳北关的瓦房庄冶铁遗址、郑州古荥阳城冶铁遗址及巩义铁生沟冶铁遗址等相似，也是一处大型冶炼与铸造的“大铁官”作坊遗址。但其面积和规模，文化内涵的丰富程度，延续时间等却是其他几处冶铁遗址所无法比拟的。

■陶剑范

特点、意义与保护：下河湾冶铁遗址，这处新发现的大型铁官遗存，前后经历了战国、秦、西汉、东汉诸代；遗址依山傍水，既可采掘铁矿，又可利用水

■陶剑范

力鼓风,集采矿、冶炼和铸造于一身。文化遗存丰富,保存完好,是国内罕见的一处古代官营手工业作坊遗址。经分析认为,该遗址具有以下特点:

1. 下河湾冶铁遗址地理位置与环境优越。遗址地势较高,依山傍水,遗址南边和东边均被河流环绕。遗址以南群山连绵,林木茂盛,可为冶铁提供充足的燃料。紧邻的2条河流使得水力鼓风成为可能,同时为冶铸提供了充足的水源。

2.下河湾冶铁遗址规模庞大、延续时间长。从实地勘查的情况看,该遗址面积达20多万平方米,是迄今为止在河南省乃至全国范围内所见到的冶铁遗址中最大的一处。

3. 下河湾冶铁遗址文化内涵丰富且保存完好。遗址地表各类遗物随处可见。遗址的主要文化遗迹为冶炼炉与熔化炉、不同类型的陶窑和房基内的墙基遗存。由于长期从事冶炼活动,遗址地表颜色已呈现深灰褐色。由于这里位置比较偏僻,交通不便,使得遗址保存相对完好,文化堆积的厚度普遍在1.5—3米之间,最深处可达4米多。

4.下河湾冶铁遗址功能齐全,规格高。遗址的南部和西部的山上均有铁矿储藏,且发现有古代的采矿洞。同时还发现有石范、陶范、鼓风管、铸模、砺石等遗物。由此可知,该遗址应具备了采矿、冶炼、铸造等功能,是当时南阳郡范围内一处官营的手工业作坊。

从历史记载来看,泌阳,历史上先后属楚、韩,后入秦。汉代归南阳郡。根据相关文献记载,南阳郡的冶铁业在汉代经济中占有十分特殊的地位。“阳一”冶铁作坊已经在南阳市北关的瓦房庄和鲁山县的望城岗一带发现;下河湾冶铁遗址很有可能与史书记载的“平氏”、“比阳”和“阳二”等冶铁遗址有关。

宋国定

原载2005年1月21日1版

60

陕西米脂官庄发掘汉画像石墓

2005年4—5月，陕西省榆林市米脂县银州镇官庄村村民在修建宅基时发现古墓葬。榆林市文物保护研究所随即报告陕西省文物局，并受其委托，与米脂县博物馆联合对该墓地进行抢救性发掘。共发掘墓葬5座，其中3座为汉画像石墓，2座为清乾隆年间艾氏家族幕。

墓群建在无定河西岸的二级台地上，3座画像石墓(编为M1、M2、M3)呈三足分布。墓葬均遭早期2次以上盗掘，出土随葬品较少，但画像石数量之多，保存之好，图案之美为陕北画像石墓葬发掘所少见。

M1为砖室墓，由墓门、甬道、前室、后室和墓道组成。墓道因部分在村民住宅下，故未能全部清出，钻探知为长斜坡状，长10.2、宽1.6—1.9、深4米。墓门用122×85×6厘米的石板封堵。出土1件陶罐和4枚“五铢”钱，M1还在墓门、前室南壁镶有画像石，总计13石。

M2位于M1西北110米处，是3座墓中等级最高的，用长17—28、厚6—10厘米，内凿平外不规整的石板错缝平砌而成。由墓门、甬道、前室、后室、耳室和墓道组成。斜坡墓道长9.1、宽1.8—2.1、深3.8米。封门石3块。墓门宽1、高1.1米。甬道长0.86米，高同墓门。前、后室均为四角攒尖顶。前室南北长2.8、东西宽2.74、高2.88米；后

■M2墓葬结构

■M3墓门画像石

画像石中极为少见。

M3位于M2东侧40米处，形制与M2相仿，无耳室。

此次发掘所出画像石在制作上为就地采石，打制磨光，减底阳刻。画像内容相当丰富，有反映墓主人生前真实生活的场景，如车骑出行、狩猎活动、迎宾进谒等；也有祈求吉祥灵瑞、长生不死的成仙思想，画面中东王公、西王母高坐悬圃，珍禽瑞兽、

室南北长2.8、北端较宽为1.85、南端较窄为1.78、高2.24米。耳室位于前室东、西两壁，基本对称，长1.65、宽0.92东耳室高1.64西耳室高1.73。前室与后室、耳室之间皆有过洞相连，过洞顶横置厚约0.4米的整石。整个墓葬用厚0.04米的不规则石板铺地，地面边缘凹陷明显。出土少量铜车马器、铁器、漆器及部分钱币。墓室内见少许人骨，不辨身份，但在后室底部发现完整的羊和鹿骨，此种现象在该地考古发掘中尚属首次发现，为研究当时殉葬制度与生态环境提供了新的线索。墓门、前室四壁、后室南北壁镶嵌画像石，共21石。前室四壁画像石结构相同，即由1块横楣石和2块竖石组成，竖石的外侧上部与横楣石两端衔接，3石共同构成完整的一幅画面，这种组合形式在

■M3墓室

神仙灵怪随处可见。表现形式自由，或拘于传统绘画风格，或极度夸张奔放，既突出主题，又精于细部，动静结合，画面生动活泼。画像多用墨线勾勒，线条纤细流畅，人物形象、衣物皱褶、动物羽翼等刻划得惟妙惟肖。画像不但有大面积着墨之处，更见朱、白、赭、蓝、黄诸色描绘图案。如M2前室东西两壁绶带穿璧图案中，绶带涂朱，上画赭色菱形块，蓝色圆璧上饰鹅黄色谷纹。两壁竖石边缘棱框饰连续菱形纹，内填白、蓝或白、朱二色，相间有序，色彩艳丽。M3中部分马舌、眼睛、尾巴及鸟喙等处亦涂朱色，观之栩栩如生。

3座墓中M2是唯一有刻字的。前室南壁横额为谒见图，两端对称阴刻一行篆书“诸郡太守待见传”，左端内侧阴刻4行8字“大原太守扶风法君”，其上朱色鲜艳夺目。画面中部似刻各郡名称，惜剥蚀难辨。前室北壁中柱石阴刻“故大将军□□□□事属国都尉府丞平周寿贵里木君□山夫人德行之宅”。该墓为研究榆林地区行政隶属及汉代官宦制度提供了新的实物资料。

■M2后室北壁局部

米脂官庄为陕北画像石主要集中地之一，20世纪70年代以后曾有数次清理发掘。此次画像石墓葬的发掘取得了丰硕成果，对于研究汉代政治、文化、建筑、艺术以及生态环境的变迁具有重要的价值。

乔建军　闫宏东　姬翔月

原载2005年8月19日1版

61

山东曲阜发掘10余座汉墓

2005年4月，为配合西气东输重点工程建设，山东济宁市文物考古研究室、曲阜市文物局对防山南坡无粮庄汉代墓地的工程用地部分进行了重点勘探与发掘，共发掘墓葬19座，其中汉代墓葬16座，唐代土坑墓1座，近代土坑墓2座。这批墓葬位于该墓地的东部边缘，墓地面积较大，东西约400、南北约300米。

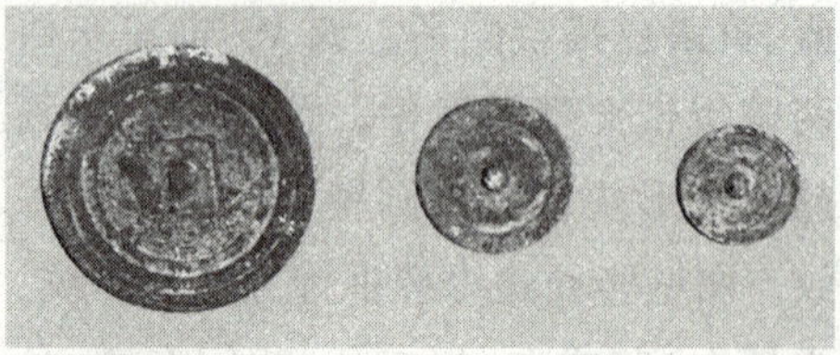

■铜镜

16座汉代墓葬中有砖室墓4座，石室墓12座。砖室墓均为单室券顶，墓壁均为错缝平砌，墓底为错缝平铺。石室墓可分为单室、双室和三室3种。墓室的四壁均为4块石板扣合，底与顶各用3块石板铺盖。双室和三室墓的两室间有神门相通。

■发掘现场

M7三室，头向北，方向5°，在中室的南头设有器物室。东室与中室为同时建造，西室为后来单独建造，在建造西室时利用中室的西壁，西室的底石与顶石均压在中室的底石与顶石之上。东室长230、宽77、高73厘米。随葬有铜镜、铁刀、银环、玉珠及五铢钱约35枚。中室与西室已被盗，中室尺寸与东室相同。随葬有铜镜及五铢钱约160枚。器物室南北长90厘米，宽高与中室相同，放置釉陶罐3件，灰陶

■陶器

罐5件。罐内有鸡骨、鱼骨等。西室长330、宽65、高75厘米。随葬有釉陶双耳大口罐1件,银饰1件。

M10砖室,头向北,方向8°,为券顶,顶已坍塌,壁为单砖错缝平砌,底为“人”字形平铺,长275、宽80、残高65厘米。随葬有釉陶罐2件,灰陶罐3件,铜镜、大环首刀、小环首刀、骨簪及五铢钱约150枚。

这批墓葬所出的铜镜、钱币及陶器多具西汉晚期特征。M7的八乳规矩镜与洛阳烧沟汉墓的六型Ⅰ式相同,四乳蟠螭镜与五型相似,M10的圆弧纹镜与七型相似。五铢钱的“五”字或者交笔弯曲,或者横划较长,“铢”字的金字头多呈小三角形,朱字头方折。其釉陶罐均为绿釉,盘口、矮颈、鼓腹、平底。腹饰弦纹,有的饰双耳,年代可能稍晚些。根据以上的对比分析,发掘者认为这批墓葬的年代应为西汉晚期到东汉早期。

李德渠

原载2005年6月22日1版

62

江苏泰州发现汉代井形遗迹

2004年年底，江苏泰州东城河底全面清淤，在河底发现了多处井和井形遗迹，基本上在东城河中偏北的一条直线上，间隔相距约30—40米，时间跨度从汉代到宋代。3月24日，施工人员在东城河（鼓楼大桥向东100多米处的河床中央）发现一处井形的汉代古遗存，并进行了发掘，出土了一批汉代到隋唐的文物。

■出土陶罐

■井形遗迹

井形遗迹深近5、直径0.94米，汉代陶罐堆积4米，共挖出20多只较为完整的陶罐及大量的缺损陶片，若算上可拼对的陶片，出土的汉代陶罐总量达70多只，一次出土这么多的汉代陶器

在泰州还属首次。

考古人员在井形遗迹内发现了众多的汉代泥质灰陶罐,多为圜底,下腹及底部饰有绳纹,腹部饰有密集弦纹,罐体两侧有桥形耳,对应部分器身内凹。另有多件青瓷罐(壶),金属器有钱币、鼎足、钩状物、泡钉、刀、铅环等,其中钱币有半两钱、五铢钱以及王莽新朝的钱币大泉五十、隋五铢。此外,还有部分釉质较好,胎质为陶土的陶器,汉代时用瓷上釉已比较多见,但陶土着釉却比较少见,这种陶器的做工跟唐三彩相似。其中一釉陶鸟食器高约3、口径1.5厘米左右,小巧玲珑,釉质光亮。另外还出土了众多的桃核,动物的骨骼、牙齿。

这次在东城河底发现的众多遗迹为研究汉代泰州历史提供了第一手的实物资料,同时也验证了文献对泰州的记载,根据以上这些出土文物可以判断,南唐之前,泰州城河北岸曾是人口聚居地,直到南宋时拓宽城河,居民搬迁,才逐步形成现在的布局。

徐志明　王为刚

原载2005年7月1日1版

63

山东滕州朱洼发掘汉代墓地

2005年3—4月，山东省文物考古研究所、枣庄市博物馆、滕州市博物馆等单位为了配合国家西气东输——陕京二线联络线重点建设工程，联合对滕州市朱洼汉代墓地进行了考古发掘。此次发掘在宽25米的管道占地范围内，共清理汉代墓葬69座，出土陶器、铜器、铁器、石器等各类文物100多件。这批墓葬的发掘以及大批文物的发现对于研究该地区汉代的历史文化具有重要的意义。

墓地位于山东省滕州市东郭镇朱洼村西北约300米处的丘陵上（当地俗称为墓石沟），南距东郭镇约1公里。墓地地势较高，海拔高度在240米以上，过去这里就曾发现许多汉代时期的墓葬。

■M24

■铜镜

早在20世纪六、七十年代，由于附近村民挖墓石盖房，致使丘陵南北两侧埋藏较浅的一批墓葬遭到严重破坏，大部分墓葬石板丢失，文物破坏殆尽。这次清理的墓葬，大部分是发现在丘陵上面的高埠上，由于埋藏较深，墓葬保存比较完整。这批墓葬规模较小，均为中小型平民墓葬，一般长3、宽1.5米左右。深度较浅的一般有2—3米，最深的达到4米以上，有的墓葬壁上挖有脚窝。墓内填土大部分为黄褐色砂土，多数经过夯打，相当坚硬，有的一层砂土夹一层石块。夯层一般厚15—20厘米左右，夯层上面十分坚硬，下面较为疏松。墓葬结构比较简单，均为长方形竖穴墓，形制非常规整，其中以石椁墓为主，土

■陶鼎

■陶猪圈与猪

■陶灶与釜

坑墓较少。石椁墓上面多为单层石盖板,有的墓葬使用双层石盖板。个别墓葬椁的四周不使用石板，仅在椁室上面盖一层石板。有的墓葬挖有斜坡式墓道,墓道一般长3—5、宽1—1.2米左右。墓内木棺均已经腐烂,仅发现一些黑色木质痕迹。有的墓葬还带侧室,个别的挖双侧室。侧室内均埋有人骨架,有的还放置随葬品,多为1—2件陶罐。墓葬分为南北向和东西向2类。死者头向朝北和西者居多，也有少数朝东,未见朝南者。墓内埋葬死者以单人为主,亦发现双人合葬墓。葬式多为仰身直肢葬,也有屈肢葬。墓内多数人骨架已经腐烂，仅少数墓葬死者骨骼保存较好。

这批墓葬大部分没有随葬品,即使放置随葬品其数量也不多,一般1—3件,多的7—8件左右。仅发现一座比较富有的墓葬，放置随葬品30件左右。墓葬内随葬品的放置部位有一定的规律,陶器多放在边箱内,有的放置在头龛中,铁器、铜器等多放在椁内。随葬品种类丰富，其中以陶质日用生活用品为主,器物组合主要有鼎、罐、壶、舫、匜、勺、仓、猪圈、猪、灶、磨、釜、盒、案、杯、器盖等,个别器物还绘有红、白色彩绘,非常鲜艳,其中以条带纹和云纹为主。石器主要是黛板、研磨器、口晗、鼻塞和耳塞。铁器仅有刀和剑。铜器则是铜镜、铜钱和指环。根据初步分析，这批墓葬属于一处家族墓地,由于常年在此埋葬死者,所以墓葬的年代跨度较大,且延续时间较长。从出土的陶器以及铜镜和钱币观察,其时代大致处在西汉中晚期，个别墓葬可能早到西汉早期。

这批墓葬的发掘，对于研究鲁南枣滕地区汉代的墓葬形制以及埋葬习俗等增添了一批重要的实物资料。

何德亮　李鲁滕

苏昭秀　孙柱才

原载2005年6月8日1版

64

安徽淮北市体育中心1、2号汉墓抢救性发掘

安徽淮北市体育中心1、2号汉墓位于该市体育中心南部，西北距市政府约500、西距市博物馆约200米，原属相山区李楼行政村，当地村民称之为“双垅子”。20世纪70年代经文物部门确认“双垅子”应是2座大型汉代墓葬，1988年淮北市人民政府公布为市级文物保护单位。2005年元月，为配合体育中心体育场扩建工程，经上级文物主管部门批准，安徽省文物考古研究所联合淮北市博物馆在先期考古钻探的基础上对2座汉墓进行了抢救性发掘，并取得重要收获。

2座墓葬均坐北朝南，北依市区最高峰——相山，南面对一片开阔的平地，M1居南，M2居北，M1略偏东。2座墓葬原皆有较高大的封土堆，由于受人为和自然力的破坏，致使M1的封土基本削平，M2的封土仅残留2—3米高，2座墓葬均被多次盗扰。

M1和M2均为土坑竖穴多砖室墓。M1由斜坡墓道、前庭、甬道、东西耳室、横前室(前堂)以及后室组成，整体略呈“丰”字形。墓葬南北总长23.46、东西最宽8.34米，墓穴占地面积约150平方米。各墓室均用大型扇面形青灰砖垒砌成单层券顶，券顶表面涂抹一层较厚的白石灰，起密封和防水作用，前、后室顶明显高于耳室，扇面形砖多为一宽面模印方块纹或席纹；墓室墙壁用长方形菱形带乳凸的几何纹青灰砖垒砌，砌法为三顺一丁，墙体较宽；铺地砖为长方形素面青灰砖，两顺一丁或一顺一丁形成厚实的墓底；此外在墓室扰土内还发现一残断文字砖，其一宽面残留“五”、“日”、

■M1、M2全景(北—南)

"年"3字,"五"字字体类同汉代五铢钱的"五"字,为在砖坯未干之前用竹木类细棍书写而成,初步判断可能是一纪年砖。M2由斜坡墓道、甬道、横前室(横堂)和后室构成,整体略呈"中"字形。墓葬南北总长21.44、东西最宽8.16米,墓穴占地面积近100平方米。各室之间以门道相通,与M1稍有差别的是M2在墓道处用加工过的石柱作为门柱,而门楣和门槛则被当地村民建砖窑时取走用作垒窑门的材料;墓室均为券顶,大型扇面形青灰砖单层垒砌,砖的规格和纹样类似于M1;墓墙壁用大型长方形条青灰与红砖三顺一丁或两顺一丁垒砌,部分砖的一宽面模印方块纹;铺地方式既有横向错缝平铺,也有顺向错缝平铺,还有错缝平铺和顺铺相结合,但各室(包括甬道)都是单层铺地,用砖均是青灰色,但大小不一;后室为并排双棺2室,且西室大于东室。此外在横前室南墙壁西部之上的第一层券顶砖的外表发现有文字,现残留"黄元"2字,为干砖坯上刻书而成,由于字数不完整,目前还无法断定砖上的文字是否为墓主人的姓名。

M1的遗物共计30余件(组),器类有陶器、釉陶器、铜器、铁器、玉器以及钱币。其中以釉陶器居多,器形分别为壶、盆、罐、家禽俑和楼、井、灶、圈厕等模型明器,器形规范,泥质红胎,施鳝釉(黄绿釉),釉层较均匀,釉质上乘,釉色莹润明亮,少数器物犹如漆器,动物俑为鸡、鸭,形态逼真可爱。铜器主要有兵器、熊俑、鎏金扣饰件,兵器为环首刀、弩机和箭镞等,器体锈蚀。钱币近百枚,多数锈蚀严重,字体无法辨识,能辨认的为东汉五铢,"五"字交笔曲直,"铢"字的金字头呈三角形,朱字圆折。重要的是在M1发现的一件铜缕玉衣,已散乱,具体形制不详,所剩380块完整和300余块残断的玉衣片出土于前、后室和盗洞以及扰土内,玉衣片为白玉、褐玉质地,受沁,形状有方形、长方形、梯形,边切割规整,多数边角钻有4个细孔,少数5、

■部分铜缕玉衣片

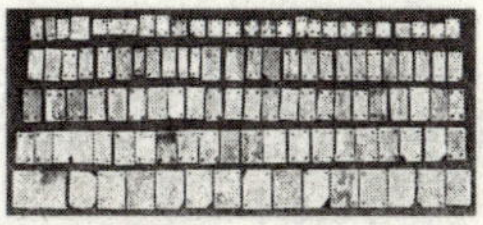

■鎏金扣饰件

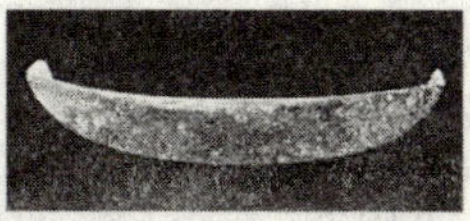

■铜缕玉衣靴底

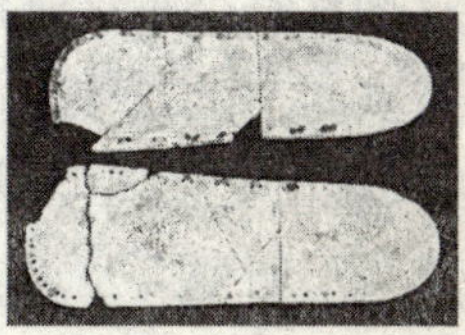

6或7孔，单面钻，部分孔内残留穿缀玉衣用的铜丝。一双靴底均分别由前掌和后掌拼成，前掌已残断成多块，靴边钻有多个穿缀靴帮的细孔。另外，在前室还出土一件玉塞(肛塞)，青白玉地，八棱柱状，一头大一头小。

M2共出土器物20余件，器类为陶器、釉陶器和铜器，以陶器居多，泥质灰陶，轮手合制，器形分别是罐、盆、灶(包括甑、釜)、磨、圈厕、楼等，其中罐7件，形制大小相差无几，器内均残留炭化的粮食。铜器为弩机和饰件。

在M1前室盗洞和扰土中发现残碎的人骨，葬具则腐朽无存，而M2均未发现人骨架和葬具，但2座墓葬都有多枚铁质棺钉出土，我们认为当时的葬具应为木棺。

尽管M1、M2均未发现明确纪年的器物，但是仍能依据墓葬的形制结构、随葬品的组合和特点，推断墓葬的建造年代与墓主人的身份。

首先，M1和M2虽然总体形状有差异，但基本上都是按照中轴线配置各墓室，前室为横长形，主室的券顶高度明显大于耳室等，M2的后室为东西双棺并列二室，2墓葬建造大封土堆，这些都符合东汉时期墓葬成熟形制的特点。其次，2座墓葬除随葬生活器具外，还出土了陶楼、陶井、陶灶、陶圈厕等模型明器以及鸡、鸭等家禽动物俑，为东汉中晚期墓葬内常见的器物。此外，墓葬内出土的五铢属于东汉中晚期的特征。综合判断，2座墓葬的年代定在东汉中晚期比较合适。

依《后汉书·礼仪志下》记载，皇帝死后使用金缕玉衣，诸侯王、始封列侯、贵人、公主使用银缕玉衣，大贵人、长公主使用铜缕玉衣。到了东汉时期，这种制度已成为定制，不能随意逾越。而M1出土的一件铜缕玉衣足以证明墓主人社会身份的高贵，同时墓内还发现多件精美的釉陶器，据此可知，该墓的墓主人应为嗣位列侯或相当于这一级别的达官显贵。墓中出土的铜弩机、铜箭镞、铜环首刀以及铁斧，说明墓主人极可能是一位男性。M2墓主人身份明显低于M1，但也非一般平民百姓，而疑为豪强地主或富有之人，双棺并列后室的特点提示该墓可能是一座夫妻合葬墓。

体育中心1、2号汉墓虽遭严重盗扰，但是出土的文物和现存的墓葬形制对研究淮北地区汉代丧葬习俗、物质文化和社会政治仍具有较高的参考价值。特别值得一提的是1号墓出土的铜缕玉衣尤为珍贵，其玉衣片数量为目前安徽之最，在全国也很少见。

唐杰平

原载2005年9月14日1版

65

江苏徐州发现大规模汉代采石场遗址

2004 年 5 月，有关单位在徐州市区南部挖土施工时，发现一些有凿痕的石壁，徐州博物馆在对之调查后决定进行抢救性考古发掘。发掘时间为 6—9 月。

遗址位于徐州市区南部的云龙山北坡，岩石南北走向，便于开采。本次发掘共计发掘清理采石坑 68 处，其中已开采的空坑 63 处、石坯坑 5 处，另有刻字 1 处、石渣坑 1 处、墓葬 2 座。

■刻字遗迹

该遗址南北长 200、东西宽 150 米，面积约 3 万平方米。清理的采石遗迹主要分布在南部的 15000 平方米范围内，发掘的采石遗迹大致可分为 4 区：Ⅰ区由 5 组组成，采石坑 12 个。其中Ⅰ4 组呈台阶状，南北长 9.75、东西宽 2—1.5、深 2.8 米，由 3 个相连的采石坑组成，采石 3 块，坑壁凿痕清晰。Ⅱ区由 2 组组成，采石坑 4 个。其中Ⅱ1 组为一马形石坑，周边凿刻整齐，马的腹部有 2 处楔窝。Ⅱ2 组呈曲尺形，由 3 个采石坑组成，长 8.45、东西宽 5.6 米，整体北高南低，深度 1.2—2.25 米不等。Ⅲ区由 3 组组成，采石坑 7 个，石坯坑 1 个。其中Ⅲ3 面积较大，南北残长 13.9、东西宽 4.25、深度 0—1.85 米不等，由 6 个石坑组成。Ⅳ区最为密集，发现采石遗迹 10 组，共 45 坑。其中采石坑 40 处，采石 40 块；石

■铁质开凿工具

■Ⅰ区4组采石坑

坯坑3处，石渣坑1处，另有1处废弃坑。Ⅳ4面积较大，东西长26.7、南北宽18.5、深度0—1.8米不等，采石18块。根据遗痕测量，所采石料长1—2、宽0.7—1.2米不等。

刻字遗迹1处。位于Ⅳ4区北部，以“十字”四等分，4个区分别刻有“一”、“二”、“三”、“四”4字。在刻字周围有4处采石坑遗迹，因此刻字当是标明这4处采石坑的区位。

石渣坑1处。位于Ⅳ4区东部，无开凿痕迹，底部为黄色石砾层，为自然石坑，南北长6.1、东西宽5.2、深2.3米，内填满碎石，推测此处为专门堆放周围采石坑内开凿出碎石的坑。

墓葬2座。一座位于Ⅰ5组东部石槽内，仰身直肢，随葬有“五铢”钱币数枚和一件铁錾等，钱币多为西汉宣帝时期的五铢，另有少量武帝五铢，墓葬时代为西汉晚期，墓主身份较低，可能是凿石的工匠。另一座为清代墓葬，出土魂瓶一件。

采石遗址的基本单元为露天石坑，在开山取石的过程中，工匠们巧妙地利用山石走势、石裂隙及山石的纹理等自然条件开采石料。开采的石料长1.2—3、宽0.7—1.4米不等。从发掘清理情况来看，采石工艺一是根据山石大小及走势，稍加修整，在周围凿出楔窝，塞以錾、楔等物，敲击取石。一是顺着岩石走向，选择石质较佳处，在长方形石料四周开凿沟槽，达到预定深度后，再从两侧或四侧向石料内对凿楔窝，填以錾、楔等，敲击撑裂取石。

采石坑内多有采石遗留下的碎石子，碎石子中夹杂有铁屑，多数已锈结成小圆球状。在一些坑中还发现有采石工具如宽錾、扁錾、凿、楔、锸等。此外，遗址内还发现有大量西汉时期的陶盆、壶、釜、甑、罐、钵等器物残片及

■Ⅱ区2组采石坑K1-3

“五铢”钱币、大量的筒板瓦和瓦当等，铁器应为凿石工匠的工具，陶器中部分为凿石工匠的生活用具，如陶钵等。

采石场遗址的主要采石开凿工艺与徐州西汉王陵及中型墓葬等内封石的开凿工艺相近，遗留的开凿工具也具有明显的汉代风格，特别是一些采石坑内的大量陶器残片及“五铢”钱币的出土，证明该采石遗址的时代为西汉，可能延续至东汉初期。徐州西汉楚王墓众多，均使用大型塞石封堵，中型墓葬多用条石封填，但却一直没有发现采石遗址。目前我国广东虽然发现汉至清代的采石场遗址，但并未发现明确的汉代采石遗迹，因此可以说徐州汉代采石场是目前发现的唯一一处汉代采石遗址，也是我国古代(汉唐之前)唯一一处采石遗址。

■Ⅲ区3组采石坑K1–4

刘尊志

原载2005年11月2日1版

66

江西洪州窑遗址发现汉晋时期龙窑遗迹

港塘洪州窑遗址地处江西省丰城市石滩镇港塘村沿清丰山溪的河底及河东岸畔一带。历年抗洪抢险都在此取土筑堤,窑址遭到较严重的破坏。经国家文物局批准,江西省文物考古研究所会同丰城市博物馆于2004年2—5月对港塘洪州窑遗址中的陈家山窑址进行了考古发掘,考古发掘分南、北两区布方。发掘面积503平方米,揭露清理斜坡式长条形龙窑遗迹2座,获得一大批酱褐釉瓷器、青釉瓷器、印纹硬陶器以及窑具标本,为洪州窑早期历史的研究提供了丰富的实物资料。洪州窑是唐代著名的六大青瓷名窑之一,其窑址分布在江西省丰城市境内赣江流域或与赣江流域相通的清丰山溪、药湖岸畔的山坡、丘陵冈埠地带。

龙窑结构 所发现的2条龙窑形状、大小、结构以及砌筑方法基本相同,其中Y1破坏较严重,而Y2保存较完整。Y2位于陈家山窑址北部,呈长条形斜坡分布在T9、T13、T15的3个探方中,残长23.8、宽2.4、残高0.2—0.4米,用红色长条形砖平铺叠砌。窑头方向北偏东5度。由窑前工作室、工作台、火膛、挡土墙、窑床、窑尾、窑门等几部分组成。

窑前工作室紧挨窑头北侧,在窑

■陈家山Y2全景(北–南)

■平底支座

的前面与火膛相接处，呈长方形，东西长4.2、南北宽2.6米，其南墙利用了火膛的北壁，然后沿北壁向东、西两侧各加长0.7米，墙宽厚0.1、残高0.2米，在墙的中间近地面有宽0.5米的缺口，残高0.05—0.15米，为投柴点火孔。其余三墙的墙体是利用废弃的残长条形红窑砖砌成。北墙宽约0.2、残高0.2米，在墙的东端有一圆形柱洞，直径0.2米。东墙与西墙一样，宽约0.2、残高0.2米。室内地面较平坦，中间凹下并与火膛前壁的点火孔相连通，地表残留有一层灰黑色的灰烬。

在窑前工作室的南部中间，有一个用砖砌成的内填黄土、碎砖的梯形工作台面。工作台东宽西窄，其南壁利用火膛的北壁，其余东、西、北三壁利用废弃窑砖砌成，东壁长1米，西壁长0.9米，南、北两壁长1.2米，残高约0.2米，其中南壁向窑内倾斜。

火膛处于窑的前端，呈长方形，长1.4、宽2.35米，南侧有一道砖砌的挡土墙与窑床相隔，低于窑床0.2米。火膛西侧有一低于火膛面的椭圆形火坑，长径1.4、短径1.05、深0.2米，火坑的前部有一个宽约0.5米的投柴点火孔。

窑床平面呈长条形，残长20.2、内最宽2.4米，坡度10度，东、西两壁破坏较为严重，仅窑的北部墙体保存略好，残高0.3米，窑墙朝窑室一面有约4厘米的烧结面，墙体外侧约6厘米呈砖红色。在窑的东壁中部距窑头11.9米处，开有一个八字形的窑门，宽约0.8米。窑室底面中部略鼓，两侧凹下，经高温烧烤形成一个黑色的烧结硬面。

窑尾及烟室情况不清，窑顶塌落。窑床底有5层厚薄不一的烧结面，表明该窑经过5次改造修建，最底层建于生土上，窑炉的使用时间较长。

出土器物 出土遗物丰富，有酱褐釉瓷器、青釉瓷器、印纹硬陶器以及泥质灰陶器，以酱褐釉瓷为大宗，占出土总量的一半以上。

酱褐釉瓷器类型有双唇罐、盘口壶、釜、瓮、大缸、罐、大口罐、直口罐、盆、钵、灯盏以及瓷塑龟、牛等，这类瓷器胎色较深，多呈深灰色，也有浅灰色的。琢器类口沿及外腹壁不及底施釉，圆器类小件器物则为内满外不及底施釉。釉多呈酱褐色，但色调不一，有的酱褐色泛黑、泛黄、泛青，甚至泛绿色。釉层总体较薄，有的厚薄不均，有的则较均匀。酱褐釉瓷器多采用泥条盘筑法制成，也有的采用泥片贴塑法制作，而器物的口沿及外腹壁则采用慢轮修整，特别是器口沿部多见有旋修痕，而内壁则留下凹凸不平的垫窝痕。外腹壁多装饰有铜钱纹、网格纹、方格纹、水波纹及弦纹。

青釉瓷器有罐、壶、钵、碗、盏、杯、盘、高足盘、盅、烛台、灯盏等。胎质灰或灰白，以灰白色为主，釉呈青或青泛绿色，出土数量不多，采用锯齿状间隔具或环形三足间隔具装烧，偶尔见垫珠支烧。器物采用拉坯法成型，有别于酱褐瓷器与陶器，胎壁较为均匀，胎泥的陈腐时间较长，属于产品质量较为精致一族。器物的装饰简朴，以素面为主，有的在器物口唇施褐色点彩，偶见外腹器饰弦纹或刻画莲瓣纹。

硬陶器的器形有釜、罐、带嘴罐、壶、盘口壶等。器物的胎质坚硬，烧成温度较高，外腹壁普遍饰有细方格纹、

■陈家山窑址出土器物

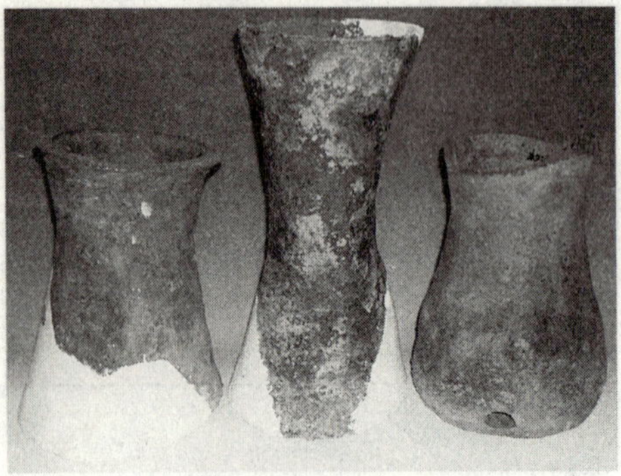

■斜底支座

细篮纹、网格纹、铜钱纹及弦纹。制作方法与酱褐釉瓷器相同，器坯多数采用泥条盘筑法制成，胎色较深。

窑具有支座和间隔具。支座有沿面与无沿面之分，有沿面的顶粘有一层细砂；底边有平底和斜底之别；体呈圆柱状、喇叭状、束腰喇叭状、覆钵状等，均中空，外腹处镂圆形、椭圆形或三角形气孔。外腹壁刻有“樊、史、中、谢家、合、合十、羊、梅、梅之、梅兰、罗、罗永、罗足也、罗之、区、莫、丁右、元、聂、聂家、巳、范、黄、谢仲良”等款，这些可能是窑工或作坊主的姓氏。有的外腹戳印水波或铜钱纹。

间隔具是指坯件之间或坯件与支座之间的间隔物，类型有锯齿状间隔具、环形三足间隔具等。胎质较粗，呈深紫色。

意义 考古发掘表明港塘陈家山

窑址是一处以烧制罐、釜、碗、盘、盘口壶、双唇罐等日常生活用具为主的青釉瓷窑址,其时代上限在东汉晚期,下限晚至东晋南朝时期,集中烧瓷时间主要在东汉末至三国西晋时期。产品以酱褐釉瓷器为主,印纹硬陶器次之,适量烧造一些精致的高档青釉瓷器,这3种类型的产品是在同一龙窑中烧造的。青釉瓷器的成功烧成,表明江西丰城地区与浙江的宁绍地区一样都是我国早期青釉瓷器的发源地。钵类器物口沿上的褐色点彩将青釉瓷器使用褐色点彩的历史由西晋时期向前推进到三国时期,表明我们的先人早在青釉瓷器的起步阶段,就注重器物的美化装饰,已经能够运用含铁量较高的原料来装饰、美化瓷器。所揭示的2条龙窑遗迹,Y1破坏较严重,属西晋时期。Y2属于三国时期,保存较为完整,长达23.8米,为同时期的窑址中所少见,尤其火膛的形制、火坑的设置较特殊,有别于以前发现的龙窑遗迹,而窑门及窑前工作室的保留,为我国龙窑的研究提供了宝贵的资料。

港塘陈家山窑址的考古发掘,基本廓清了洪州窑的早期窑业面貌,丰富了洪州窑的内涵。

张文江 徐卫星

陆雄如 余江安 李育远

原载2005年2月16日1版

67

河北宣化发现一处汉唐墓群

2004年秋—2005年春，河北省宣化市文物管理所在宣化工程机械厂基建工地上，经过文物调查和勘探，发现了一处规模较大的汉、唐时期的墓葬群。已进行抢救发掘的有汉代砖室墓3座，唐代砖室墓4座。

这处墓葬区距宣化城东南1公里左右，墓室建在地下4.6米。其中，3号汉墓规模宏大，墓室南北长18.6、东西宽10.3米(未加墓道)，墓室多达8个，占地面积98.7平方米。该墓的形制也很独特，墓门朝向东，并列建有双墓道、双墓门、双主室。2个主室之间有甬道连通。主室各自又有后室、侧室相连，成为2个相通的单元结构，从而构成一座完整的大墓。这种结构的墓葬在当地首次发现，由于毁坏较严重，出土随葬品不多。1、2号汉墓也是并列修建，相距5米，应该属于同一家族。墓门朝向北，也为多室结构。出土了青铜剑、漆盒和大量陶质随葬品。3座汉墓的墓葬形制、出土器物与当地东汉中晚期墓葬相近，应属这一时期。

■3号汉墓

唐代墓葬在汉墓北侧，抢救发掘了4座，均为弧方型单室墓。由墓道、墓门、甬道、墓室构成。墓室顶部叠涩成穹窿顶，室内四角有仿木砖雕的柱子、斗拱，四壁有砖

■芦雁纹银杯

雕板门,方格窗及椅子、衣架、灯架等装饰。出土有白瓷碗、陶罐、塔型器座等随葬品。其中,4号唐墓出土了一件鎏金芦雁纹四曲海棠式银杯，非常精美。这件银杯，椭圆形、花口，口径16.2×10.5、高4.6、圈足高1.3厘米。杯内外髹黑漆,口沿和四曲处鎏金,杯内阴刻描金纹饰,为芦雁游鱼图案。银杯造型别致,图案精美,是一件价值很高的艺术品。这批唐墓与当地发现的一些有纪年的唐代晚期墓葬相似，应属同一时期。

这处汉唐墓群的发现，增加了汉代墓葬的类型，丰富了出土文物的种类。为研究历史上张家口地区政治、经济、文化提供了新的资料。

颜　诚

原载2005年4月8日1版

68

河北石家庄发掘一批古代墓葬

2005 年 5 月 24 日，石家庄市高柱村一宿舍楼工地施工过程中发现一批古代墓葬。石家庄市文物保护研究所闻讯后即刻对墓葬进行了抢救性发掘。此次发掘共清理砖室墓 6 座，其中汉墓 4 座（M2、M3、M5、M6），金墓 2 座（M1、M4）。

■出土陶楼

4 座汉代墓葬中 M2、M3 为舟形墓，平面呈梯形，墓葬均较小，未发现随葬品。M5 的形制比较特殊，由南墓道、甬道、墓室、北墓道组成，平面呈"中"字形。墓室为方形，穹隆顶，保存基本完整，甬道均为券顶。墓室内发现少量遗骨，已无法辨别葬式，未发现葬具。M6 由墓道、甬道、前室、后室组成。未发现完整骨骸及棺椁，只有部分白灰痕迹。M5、M6 出土的随葬品较为丰富，包括陶罐、壶、案、井、灯、灶、奁、楼、碗、盘、勺、耳杯、鼎；石串饰；"五铢"钱；铜帽钉、装饰残片等。

■墓室局部

4 座汉代墓葬中 M5、M6 的形制结构较为复杂，随葬品颇为丰富，表明墓主人为家境殷实者。

2 座金代墓葬均遭到严重破坏，其中 M1 仅存墓室底部，未见随葬品。M4

■出土部分器物

为圆形穹隆顶，由墓道、甬道、墓室组成。墓内发现一具骨架，头西脚东，未见葬具。该墓出土随葬品有陶罐、铜簪、银钗、骨锥等。从这2座墓葬的形制和出土器物初步判断其时代为金代。

张献中　兰保东　夏素颖

原载2005年10月19日1版

69

河南洛阳王城公园发掘东汉墓葬

2004年11—12月，在配合洛阳市王城公园34、35号住宅楼基建时，洛阳市文物工作队发掘清理出一批东周和汉代墓葬，出土大批文物。其中一座东汉墓葬，墓室西北部有一盗洞，直径约1.1米。墓葬内的随葬品已遭受盗扰和破坏，但仍出土数十件随葬品，其中的釉陶博山炉、釉陶壶、陶井栏是汉代艺术之精品，另有部分铜器、彩绘陶器、石器等。

该墓为长方形土洞墓，由墓道、前室、后室和3个耳室组成。墓道为长方形竖井式，长2.5、宽1、深12.15米。墓室为长方形土洞，顶部已坍塌。前室长4、宽3.4米；后室长2.8、宽3米。其中的2个耳室分别位于前室东西两侧，另一耳室位于后室西侧，向内凹入土洞。

■虎形座釉陶博山炉

随葬器物共41件，分别置于墓室及耳室内。这批随葬品有陶器、釉陶器、石器、铁器、铜器、钱币六大类。

釉陶器3件。有壶、博山炉。壶，共2件。分施酱黄色釉及褐红色釉，胎极硬，极有瓷感。一壶腹上部有对称双耳。博山炉，1件，稍残。通体施釉呈酱黄色。分为上下2层，下层为一浮雕虎形座，虎作侧回头咬盘柱状。虎背上驮盘柱，盘柱中部浮雕菱形纹样，上下两端为素面。炉上层为镂空浮雕执钺力士、豪猪、凤、虎、蛇的山峦形炉盖，其中力士左手按住豪猪颈部，右手执钺举过头顶，怒目圆睁，正欲砍向豪猪。炉盖顶端为2只相互叠压、厮咬的老虎，形象生动。

陶器26件。均为泥质灰陶。器形有鼎、壶、敦、仓、奁、罐、瓮、灶、盘、井等。其中的陶敦，肩上朱书汉隶“始祭

■昭明镜

■四神博局镜

饭黍”。井栏1件,制作精美。井栏系立体长方形仿木结构建筑式样，井栏四角上作出仿木方栏柱十字交搭的接头，两侧窄面顶端分别有对称二椭圆形孔，四角栏柱顶端皆有一斗拱承托栏椽。宽面上层各作枋,枋为素面,下为浮雕连续斜方格纹，间有内大乳钉纹、外小乳钉纹,再下为连续粗斜方格纹。井栏前后2宽面正中,为2幅人兽搏斗的浮雕画面。前面画面为三兽分别咬住缠绕的巨蛇作搏斗状，井栏柱两侧方柱础各浮雕一力士，其下分别为2列乳钉纹，中间夹有1列连续斜方格纹，间有乳钉纹。其中右侧一力士,右手抓住近旁一兽角,左手抓住其下肢，左侧力士正紧张地注视着兽与蛇搏斗,仿佛时刻准备加入。后面画面与前面画面相似。2宽面正中画面下为模印乳钉纹,再下为连续斜方格纹,间有乳钉纹。井栏左右2窄面均上层作枋,枋上为连续斜方格纹,其下为乳钉纹。2窄面正中,以卷云纹为底,为十字

■带朱书陶文的陶敦

■仿木结构建筑式样的
人兽博斗雕陶井栏

■铜甗

交叉穿壁纹样。两侧井栏柱分别浮雕一立兽、巨蛇。

铜器8件。计有洗、盆、甗、铃、带钩、镜等。洗2件,形制相同。盆2件,甗1件。由上甑下釜组合而成,其下似一折沿盆,上如覆钵,合铸而成,釜之肩部有对称的模铸铺首衔环一对。铃1件。带钩1件,曲棒形,鸟形钩首。镜2件,昭明镜1件,铭文为:“内而清而以而昭而明,而光而日而月”。四神博局镜1件,铭文为:“尚方圭(佳)镜真大巧,上有山(仙)人不知老;渴饮玉泉饥食”。

另有石器2件,铁器2件,钱币44枚,见有“五铢”、“货泉”等。

从该墓器物组合判断,该墓年代当在东汉早期,下限不晚于东汉中期。其中陶井栏完全是当时仿木结构房檐建筑,总的来看,可与洛阳烧沟墓1028A:14出土的陶井栏相媲美。而该墓中出土如此精美的釉陶博山炉,尚属洛阳地区首次发现。

该墓葬的发掘,对汉代建筑、雕塑、装饰及社会生活等方面的研究提供了宝贵的实物资料。也为洛阳地区东汉墓葬的研究提供了新的材料。

徐昭峰　邢富华/文　高　虎/摄

原载2005年5月25日1版

70

安徽淮北发现东汉砖石混合框架结构墓

2004年8月，淮北市博物馆为配合市教委办公楼改造，抢救性发掘东汉时期砖石混合框架结构墓一座。

该墓为砖石混合结构，坐南朝北，由墓道、墓门、墓室、耳室组成。墓道长6、宽1米。墓门前有长1米的一段平地，略高出墓底。前室内长3.85、宽2.5、高2.8米。两侧用尺寸标准、质地细腻、高度1.4米的素面条石砌框架，灰色长方形砖填充剩余空间，楔形砖券顶。墓底用灰色素面砖竖行错缝平铺而成。券顶因跨度太大及人为破坏，早已塌陷，仅前部尚存0.8米的残壁。一些器物因顶砖塌落及人为的扰乱而破损或变动了位置。因墓地所处环境地下水位偏高，2具木棺已由后室漂移到前室东南角，棺木全朽，在前室的淤土中发现残存的漆片及印痕。经清理发现人骨分属2个成人个体。一具仰身直肢，头向北，初步鉴定为一男性。另一具因骨架残缺不全，似应为女性。

侧室于前室的西侧，宽1.75、高2.6米。因受客观条件的限制，只能发掘到3.3米处。墓壁用带有几何纹图案的汉砖砌墙至1.8米处起券。底部用灰色素面砖铺底，砌法与前室相同。整个侧室只发现少量的器物残片。

后室与前室连接。墓中间有一块长2.95、宽0.33、厚0.46米的横过梁，

■发掘现场

■陶灯

过梁下竖起2块立石,有门无扇,以此分前后室。后室内长3.3、宽1.75、高2.75米。两壁素面条石做基础,再用长方形灰色砖砌到1.4米后楔形砖起券。顶部每隔10厘米标有一断续的白线,以防止方向偏离。墓底的砌法与前室完全相同。因盗扰因素,后室只发现3枚铜钱。

随葬品大部分都出在前室。不但有铜、铁兵器(剑、圜首大刀、勾戟)、铜饰件,还有品种众多的陶器(盘、篚、钵、耳杯、勺、灯、罐、磨、圈、灶)。值得注意的是铜饰件的表层全部鎏金,绝大部分陶器都用朱粉涂抹,而且还有少量的朱砂彩绘。

这座汉墓的建筑结构在皖北地区极为少见。有关此墓的年代及墓主人的身份,根据出土器物、建筑材料及墓葬的形制作可做初步分析。

■陶磨

淮北地区,由于优越的地理位置,自古便是淮夷部落和华夏部落的重要活动场所,2种不同文化在此交融。这里虽然受楚文化的影响,但它的根基还是汉文化。因此,葬俗和中原葬俗无大差别。

此墓具有明显的前堂后寝、拱形券顶结构,这和洛阳烧沟第四期东汉早期墓的形制基本相似。

在陶器组合方面,既没有出土代表西汉时期成套鼎、敦、壶的组合形式,也没有发现具有东汉中期以后代表地主庄园经济田园风光特征的猪、狗、鸡等家禽、家畜的模型。只出土了具有东汉前期特征的杯、勺、盘、罐、灶等器物组合。此墓的时代应定在东汉前期较为适宜。

关于墓主人的身份,墓葬虽被盗扰,但仍出土了较多的陪葬明器,青铜长剑、圜首大刀、铁短剑、勾戟等兵器的出土,这和"男子殉物中几无不有剑,如为武职兼有戈、戟相吻合",说明墓主生前崇武。其旁一女性(?)应是其妻。综上所述,其身份无疑是一个仕宦富豪或一武职。

杨忠文 胡 均 付 蕾

原载2005年10月14日2版

71

山东临沂发掘一批古墓葬

2005年3月下旬，在山东省临沂市滨河大道施工过程中，在河东区九曲镇的小皇山南麓发现一批古代墓葬。市文物考古队闻讯后立即赶赴现场，对墓地进行了抢救发掘。

小皇山北靠兖石铁路，西邻沂河，与金、银雀山隔河相望。这次发掘的墓葬主要集中在小皇山南部的山脚下，共清理墓葬15座，其中汉代墓葬9座，明代墓葬5座，清代墓葬1座。

汉代墓葬形制均为长方形土坑竖穴墓。有5座墓圹在底部四周有熟土二层台。葬具为单棺，腐朽严重。人骨保存一般，为仰身直肢，除M11头向东外，余均头向北。随葬品较少，最多的仅见陶罐2件、铜钱1枚，陶罐置于棺外。从墓葬形制和随葬器物分析，墓葬时期应为西汉。

明代墓葬均为夫妻合葬的土坑竖穴墓。墓室内夫妻双棺并列，两棺大小、形制基本相同。人骨保存尚好，仰身直肢，均头向北山，脚登沂河，东侧为男性，西侧为女性。从墓圹的2次形成可看出，下葬早晚关系明确。大多墓葬棺下有生土棺床，高3—5厘米，并用木条包边。随葬品较为丰富，有金耳坠、金戒指、铜耳勺、铜

■出土“王氏墓志铭”的明代墓葬

■明代墓葬M5出土“明故淑人王氏墓志铭”志盖

■明墓出土黄釉瓷罐

镜、陶砚、石砚、黑釉瓷罐、白釉瓷罐、蓝釉瓷罐、瓷灯盏等30余件以及“开元通宝”、“大定通宝”、“洪武通宝”等钱币40余枚。铜镜多置于棺盖顶部或头端棺外，棺底或棺外底部东西两侧置砚台，墓室北部两侧则放置瓷罐、瓷灯盏，其他器物多放在棺内。出土墓志2合，上下均束2道铁条。M2出土墓志一合，志盖长107.5、宽92、厚14厘米，阴线刻篆书“明故昭勇将军沂州卫指挥使李公之墓”；志石长107、宽91、厚13厘米，阴线刻楷书约千余字，记载了李瀚的生平功绩。M5出土墓志一合，立于墓底南壁，志盖长57.5、宽55、厚10厘米，阴线刻篆书“明故淑人王氏墓志铭”；志石长58、宽54、厚9.5厘米，记载了沂州卫指挥使李震之妻王氏的生平。结合《临沂县志》、“李瀚墓志铭”与《李氏族谱》可知，

■明墓出土铜镜

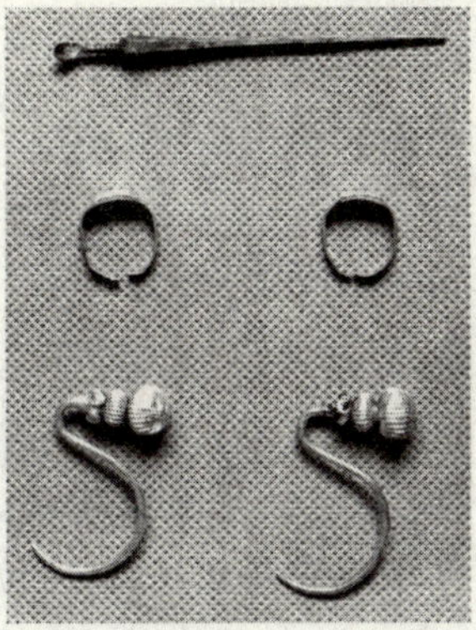

■明墓出土金耳坠、金戒指、铜耳勺

李瀚是李刚之后，李刚在明正统十四年（1449）升为沂州卫指挥使、封昭勇将军，其后代有震、瀚等七世世袭其职。出土的李瀚墓志铭，由明太子太保、督察院左都御史王壕（沂州人，与李瀚是亲家）撰写。《李氏族谱》在清代根据所存残碑，标记出明代刚、震、瀚3位指挥使、儒官李进和其他2位清代先祖所葬位置，并记载指挥使等20余位先祖葬于此茔。

清代墓葬一座，形制同明代墓葬，出土器物较少，仅见小瓷罐和铜钱。

此次发掘对研究临沂的历史文化，汉、明时期该地的葬制、葬俗等提供了实物资料。

邱 波 张子晓

原载2005年9月7日1版

72

湖北鄂州发掘一座大型东吴墓

2005年湖北鄂州市博物馆工作人员在鄂城区新庙镇大鹰山村进行文物安全检查时，发现新农村塆一岗地上暴露出一座大型砖室墓。为避免古墓遭受破坏，鄂州市博物馆在湖北省文物局的支持下，立即对该墓进行抢救性发掘与清理，出土了一批精美文物。

该墓为双层券顶多室墓，规模较大，砌筑牢固，布局设计合理，结构复杂。整个墓葬自东往西由封门、甬道、横前堂、过道、棺室及耳室等部分组成，墓室东西长9.8、南北宽4.08、高2.8米。墓壁为双层，砌法采用在四平一竖及五平一竖上加平砖逐步起券，券顶用斧形砖、条形砖整砖相间砌筑，中间夹少量半砖。墓室内全部用几何钱纹砖砌造，装饰非常美观。棺室位于墓室西部，平面呈长方形，内空长3.9、宽2.02、高2.3米。棺室铺地砖用2层人字纹错缝平砌，结构严谨，高出过道地面5厘米，便于排水之用。其内又在西南两侧设有西耳室和南耳室，西耳室与后壁相连，长0.72宽0.56券顶内空高0.7米；南耳室与南壁相连，长1.3、宽0.7、券顶内空高0.76，过道位于棺室与横前堂之前，保存较完整，长1.28宽0.98残高1.2米。横前堂西接过道，东与甬道相通，形制为长方形，南北长3.36东西宽2.04。甬道位于横前堂正东处，与棺室、横前堂在同一中轴线上，部分结构被破坏，宽0.6米。甬道的北侧设有一北耳室，长0.9、宽0.6、券顶内空高0.78。封门在墓室的最前部，从残存结构看它与挡土墙构为一体，残高0.44，呈“人”字形斜砌。

这次发掘出土文物种类较齐全，

■弩机

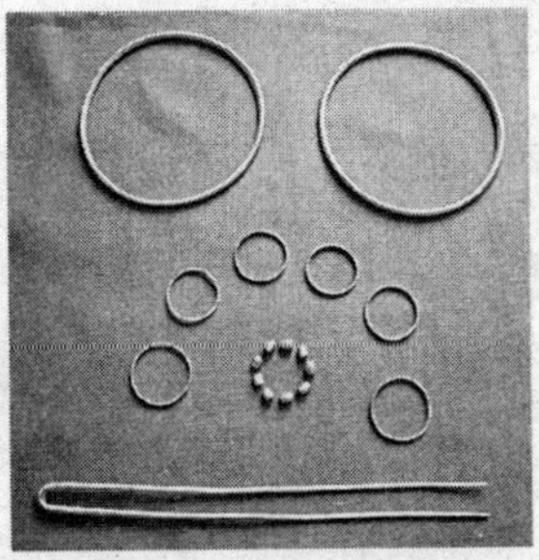

■金银饰品

■瓷器

有完整的随葬品组合，计有青瓷器、陶器、铜器、铁器、金银器、漆木器等50件。按用途和类别大致可分成6组：第1组为瓷质日用器皿，包括双耳罐、带盖四系罐、瓷盏等，这些瓷器火候较高，胎质坚硬，釉色青绿，具有玻璃光泽，大多为浙江越窑产品；第2组为陶制仓厨明器、畜圈模型，均为硬陶，保存完好；第3组为实用兵器和铜质生活用品，包括弩机、龙首铜鐎斗、龙首铜灯等。其中龙首铜鐎斗，造型生动，完整无损，底部仍保留着烟炱；第4组为铁质日用品，包括铁刀、铁镜等；第5组为精细的金银饰品，包括金珠、金手镯、金指环、金钗、银钗、银耳挖。其中银耳挖表面饰一龙首纹，上端为龙首衔一小杓，制作精致，既作装饰，又可实用，为鄂州地区首次出土；第6组为漆木器皿，出土时大多已腐，能辨认的器形有盘、奁等。

此墓从墓葬形制及出土器物等分析，判定墓主人身份较高，虽然古墓在早期被盗过，但仍出土数量之多，保存之好，工艺之精，外观之美的文物，为鄂州地区近年来考古发掘同时期墓葬所少见。这些文物为研究三国时期历史文化提供了宝贵的实物资料。

何建萍　谢世海　余夏红

原载2005年5月13日1版

73

江苏淮安市中心发现六朝家族墓

2005年3月3日，淮安市博物馆接到群众报告称位于江苏淮安市市中心的财富广场工地发现古代墓葬，随即派人进行了调查，初步确认是一处六朝家族墓地。淮安市博物馆对此处墓地进行了抢救性发掘，共发掘墓葬14座，出土各类文物20多件。

14座墓呈雁阵式排列，墓向在160°—180°之间，墓与墓之间相距50—80厘米，由东向西依次排开，墓葬均为长方形单室券顶砖室墓，由短斜坡墓道、墓门、墓室组成，建筑设计合理，布局规范对称，墓道长200—300、墓室长280—340、宽140—240、高120—160、墓顶距地表700厘米左右，墓壁均以“三顺一丁”组砖上砌，2或3组后以3层平砖及楔形砖上砌起券。墓门构筑同样采用双砖“三顺一丁”或“二顺一丁”2—3组叠砌，丁砖采用楔形砖宽窄结合竖砌而成，其上平砖顺砌至顶，顶上再铺楔形砖压券。墓葬一般都有1—3个近方形壁龛，位于墓室左右后壁丁砖上，左右壁龛对称，后壁壁龛位于正中。墓室底部铺斜“人”字形地砖。

■出土器物

M1为墓群中最大的一座墓，位于墓群最东面，墓室四壁均采用双砖叠砌而成，墓室长340、宽240、高160厘米，墓壁四组三顺一丁后起券，丁砖两头均模印有圆形莲花纹饰，墓室左右两壁砌置有4个对称的壁龛，后壁中部砌有一个壁龛，墓底铺斜“人”字形地砖。

M4M5、M6M7为2对夫妻合葬墓，4座墓葬两两连为一体，墓壁之间有小型券顶甬道相通，在甬道中部有木质痕迹，可能为一扇小门。在M6底部清理出一段腐朽木头，应为棺具。墓葬砌法和其他墓葬无异，只是墓室内的砖为灰黑色，可能是墓室经过烟熏处理过。

这批墓葬在清理中均不见人骨，在M1中发现了铁质棺钉和几块炭化较严重的木块，这些应为棺具残留物。此次发掘共出土青瓷器20多件，器形有四系盘口壶、四系罐、平底小碗以及灰陶四系罐。这些随葬品摆放比较有规律，一般是在墓室前面摆放一壶或一罐加一小碗，墓室后部紧贴墓壁放置一平底碗，一座墓基本出土3件器物，器物釉色较好，保存状况不错。出土几枚钱币，但锈蚀严重，目前无法辨认释读。

在六朝墓群东北50米处，还清理了一座西汉墓，墓葬为长方形竖穴土坑墓，墓向95°，长260、宽150、深230、墓底距地表800厘米，木质棺具已经炭化，根据痕迹判断棺具长240、宽120厘米，出土灰陶壶2件、灰陶立耳鼎3件、黑陶罐1件，灰陶盒1件、灰陶钫1件。

■墓葬分布图

此次墓群的发现在淮安城区尚属首次，这为研究淮安地区六朝时期的历史提供了实物资料。

胡　兵　孙玉军

王　剑　尹增淮

原载2005年4月27日1版

74

河北邺城遗址北朝佛教寺院考古

河北省临漳县邺城遗址2002年发掘的赵彭城东魏北齐佛寺塔基遗迹，位于临漳县习文乡赵彭城村西南约200余米处，发掘成果显示，佛塔原为方形木塔，夯土基础的边长约45米，当时地面上夯土台基边长约30米，具有鲜明的北朝时代特征，此项发掘曾经获得当年的全国十大考古新发现。中国社会科学院考古研究所、河北省文物研究所组成的邺城考古队，于2003—2004年对塔基周边进行了全面勘探、调查和试掘。确认赵彭城佛寺布局以佛塔为中心，佛寺平面格局为：以壕沟围合而成正方形寺院；方形木构佛塔位于寺院中央偏南；寺院平面布局中轴对称；寺院内建筑呈现多院落结构。

■西南院落四周建筑遗址探沟分布

赵彭城东魏北齐佛寺特点之一：正方形寺院，周边环绕壕沟，边长约430米，寺院占地约18万平方米。塔基外围发现周长1700余米的壕沟，壕沟平面分布为正方形，在壕沟内侧没有发现围墙的痕迹。壕沟

■外围壕沟

方向与佛寺塔基基本一致。2003年10—12月,邺城队在寺院外围对壕沟进行试掘,发现壕沟口大底小,断面近倒梯形,一般现存上口宽5—6、深2—3米左右,沟边较陡,无包砌痕迹,沟内淤积包括黑褐色淤土和壕沟废弃后的填土,部分沟边可见有垮塌痕迹。壕沟西南角呈直角拐弯,沟边沿驳岸未见有特殊处理的迹象。东侧、北侧壕沟保存较好,壕沟趋向西南被破坏渐为严重。以现存较完好的T67为例:探沟内为寺院东侧壕沟,壕沟开口宽4.9、底宽1.8、深1.9米,沟壁上部斜弧,下部陡直,壕沟外侧残存部分路土。另外,在南侧壕沟正中有宽约10米的缺口,壕沟其余三面近中点位置也有缺口,或许缺口与进入寺院的通道或大门有关。在发掘的文化层中,出土物基本为残碎的砖瓦,其中莲花纹瓦当、灰陶罐残片、青瓷器残片等是典型的东魏北齐时期遗物。塔基位于正方形壕沟几何中心偏南的位置,可以确认:边长430米的壕沟时代与塔基相同,即东魏北齐时期;方形壕沟具备赵彭城寺院外围界限的功能。

赵彭城东魏北齐佛寺特点之二:寺院内建筑呈现多院落结构。考古队在寺院范围内、塔基东南和西南各发现一座封闭式院落,院落呈正方形,边长110米左右,院落内有夯土建筑台基。考古发掘表明,西南院落不是以围墙围合的,而是由四面统一形式的建筑围合的。西南院落东南西北的建筑各长115米,相互围合封闭,现残存有建筑的夯土基础部分。夯土基槽由4道平行的夯土构成,如大小不同的4

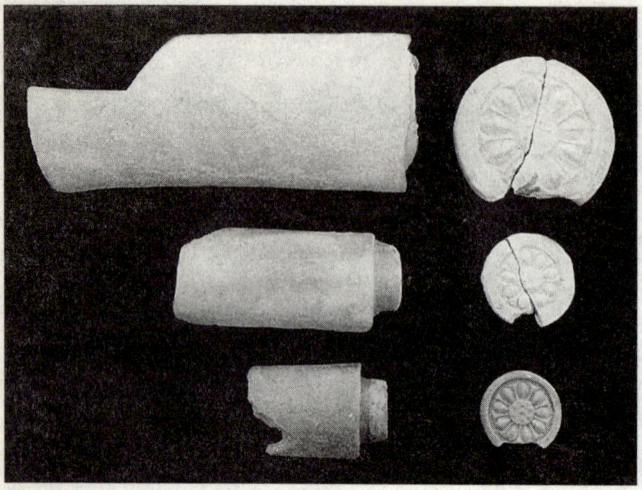

■西南院落出土筒瓦、莲花瓦当

还有一定数量的盆、缸、罐、碗、瓶、壶等陶制生活器具残片，另有可辨有人工雕琢痕的汉白玉残块等遗物。在院落中央偏北部还发现了一座大型夯土建筑遗迹，其范围东西35、南北20米，应是西南院落内最主要的大型建筑。

东南院落未经试掘，从勘探情况推测，应与西南院落布局比较接近。

个“口”字环环相扣，自外侧向内侧分别编号为夯①—夯④。最内侧和最外侧的2道夯土基槽较宽较深，质量较好，有一定的密度和硬度；中间2道夯土基槽较窄较浅，土质略软。以T78、T79内南墙建筑群为例，4道夯土基槽情况为：夯①宽265、厚100厘米，距夯②35厘米；夯②宽150、厚95厘米，距夯③325厘米；夯③宽145、厚95厘米，距夯④45厘米；夯④宽275、厚125厘米，夯①外缘至夯④内缘的总跨度为12.4米。初步推测，西南院落四周很可能由一组前后出廊的回廊式建筑构成。出土较多的砖、瓦等建筑材料，包括形制大小不同的筒瓦和莲花瓦当，

在西南院落东北角、东南院落西北角分别发现一狭长建筑向北延展，分列塔基的东西两侧。去年对塔基西侧的狭长建筑基址进行了试掘，04JY.TT70探沟的夯土基址较窄且浅，东西跨度约8米。目前在塔基东西两侧勘探发现的狭长建筑，南北长度已超过百米，但其北端的走向不明。

在寺院北半部发现的建筑遗迹比较少，有小型夯土基址、水池等。在寺院中部偏西发现了2个并列的长方形水池，通过04JY.TT71探沟试掘了一处水池遗迹的西侧岸边，水池的岸边较平缓，驳岸未发现砖石包砌痕迹，池内

有黑褐色淤土,包含物极少。

赵彭城东魏北齐佛寺特点之三:寺院建筑以佛塔为中心、平面布局中轴对称。赵彭城佛寺塔基是整个寺院目前发现的最重要的建筑,它位于寺院几何中心偏南、南北中轴线之上;以塔基为中心,寺院东南隅和西南隅对称分布有大型院落;塔基东西侧的狭长建筑也是对称分布。通过对西南院落的试掘,发现该院落建筑的布局规划亦采取了中轴对称形式。

■西南院落周边建筑的4道平行夯土基础

赵彭城东魏北齐佛寺占地约19万平方米,在迄今经考古勘探、试掘的佛教寺院遗迹中是规模最大的,平面布局总体符合魏晋南北朝时期的时代特征。寺院坐北朝南,平面呈正方形,四周有壕沟环绕,应占据了当时邺都的一坊之地。尽管壕沟内侧尚未发现围墙痕迹,但据文献记载,魏晋南北朝时期有周围环护壕沟的寺院之例,如南朝萧梁时期,在首都建康城的同泰寺"置四周池堑",内有9层高的佛塔以及殿堂、僧房。寺院中央偏南的方形木塔,是整个寺院的核心所在,这种以佛塔为中心的佛寺布局是中国早期寺院规划的风格,见于已发掘的北魏洛阳的永宁寺。

寺院为以方形佛塔为中心的多院落结构,院落、建筑等遵循中轴对称,既突出了佛塔地位,同时不同院落又有相对独立的空间,总体布局严谨、整齐。目前已经在寺院东南隅和西南隅各发现一座大型院落,其中的西南院落平面为正方形,边长为115米,面积达13000多平方米。院落四周的建筑可能有内外回廊,建造环绕一周的房屋建筑将西南院落围合起来,在院落北部中央有大型殿堂建筑。从院落周围出土了较多的日常生活用器具残片推测，周围环绕的建筑有可能属于僧房。初步推测赵彭城佛寺西南院落为：北部中央建造大殿、四周环绕回廊式建筑群的封闭式格局。东南院落规模与西南院落相近。

赵彭城佛寺西侧紧临邺南城中轴线向南的延长线，北距朱明门1300米。该寺院的位置、规模、形制均表明它具有很高的等级，应当属于东魏北齐的皇家寺院。但文献中关于东魏北齐时期邺城寺院的记载非常零星，虽然可以辑佚出一些寺院名称，但这些寺院在邺城的确切位置无法落实，故赵彭城佛寺的属性还有待今后新的考古发现来确定。

朱岩石　何利群

原载2005年3月4日1版

75

陕西西安发现北周婆罗门后裔墓葬

2005年9月，西安市北郊南康村村民在基建工程中，发现一座北周墓，遂上报西安市文物局，西安市文物保护考古所随后对之进行了清理。

该墓位于南康村村中略偏南，南距坑底寨北周康业墓约500米，安伽墓约650米，东距井上村北周史君墓约2000米。该墓形制为长斜坡墓道穹隆顶砖室墓，平面呈“甲”字形，坐北朝南，全墓由墓道、甬道和墓室3部分组成。

墓道，位于墓室南侧，因被压于民房之下未进行发掘，仅能辨其底为斜坡式，其余结构不详。

甬道，位于墓道与墓室之间，平面呈长方形，条砖砌壁券顶，甬道两壁底部3层为双排长条砖顺置错缝平砌，之上为1层条砖横置立砌、2层双排条砖顺置错缝平砌相间砌成，即两顺一丁的砌法，条砖纵向对缝券

■石棺

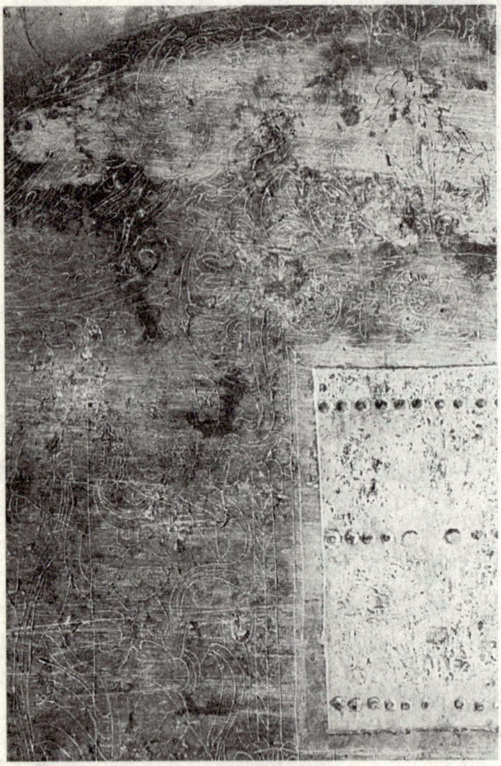

■石棺线刻

顶，石门将其分为内外2部分，石门外侧券顶略低于石门内侧券顶，底部条砖纵向错缝平铺。甬道长2.62、宽1.2米，石门外侧洞高1.66、内侧洞高1.86米。条砖一面饰斜向粗绳纹，长34.5、宽17、厚7厘米。甬道顶部发现有少量红彩印迹，两壁上方和顶部有条带状烟熏痕，可能为燃松蜡所致。甬道内石封门外侧紧贴石封门置墓志一合，出土时志盖和志石略有错位，墓志较小，志盖盝顶形，素面。

墓室，平面略呈方形，西、北、东三壁略外弧，条砖砌壁穹隆顶，四壁砌法与甬道两壁砌法相同，条砖横向四面结顶，顶部正中略平，长条砖纵向错缝平铺底，西、北、东三面边缘较低。墓室东西长3.62—3.88、南北宽3.56—3.65、壁高1.94、室高3.74、墓室底距地表深7.94米。墓室四壁先用泥抹一层，然后在其上涂一层较薄的红彩，红彩现多已脱落，仅存零星印迹，墓室南壁、西壁及东壁亦有条带状烟熏痕。墓室正上方偏西有一长方形天井，南北长2.2、东西宽1.2米。

封门，两重，第一重位于甬道口，条砖砌成，砌法与墓室壁相同；第二重为石封门，位于甬道中部，由门楣、门扉、门框、门槛和门砧组成，门楣、门框、门槛以榫卯相连接，门楣两端铆一铁环，石门枢穿于铁环之中，门扉中部内侧各穿一铁环，环上锁有一铁锁。门扉之上有以沙石掺和料粘附成的乳钉，现已全部脱落于淤土中，每面门扉上有10个，分成3排，上下各4个，中部外侧2

个，乳钉直径约5—6、高2厘米。

葬具，石棺一具，东西向置于墓室中部，大端朝西，由底座、两侧帮板、两端挡板及盖板组成。两侧帮板、两端挡板和底座以榫卯相接，底座下四角各垫一长条砖。石棺长2.4、宽0.71—0.97、高0.82—1.2、底距墓室底高0.07米。底座呈梯形，长2.28、宽0.76—0.93、厚0.16米；两侧帮板略呈梯形，上部各有2个圆形穿孔，南侧帮板长2.26、宽0.5—0.64、厚0.095米，北侧帮板长2.24、宽0.5—0.65、厚0.095米；两端挡板呈拱形，前端挡板宽0.68、高0.86、厚0.08米，后端挡板宽0.51、高0.7、厚0.08米；盖板基本呈弧形，上有2个圆形穿孔，下葬时已断为2截，后用燕尾卯连接起来，长2.41、宽0.71—0.97、厚约0.08—0.1米。

葬式，石棺内有2具骨架，保存完好，均为仰身直肢葬，北侧人骨略压于南侧人骨左手之上，头均向西，面向内侧。南侧骨架外裹有3层布，其中最里边一层为白布，北侧人骨也裹有数层布。另外，北侧人骨口内含有一枚东罗马金币。

石棺线刻，线刻图案分布在帮板、挡板和盖板上，内容主要为伏羲女娲和四灵，局部贴金。镌刻线条优美，自然流畅。

左侧帮板，中间线刻一龙，龙身修长，张嘴，露齿，瞪目，肩生翼，四肢腾空，作腾飞状，长尾后扬，末端上卷。龙身饰菱形鳞片，上方饰3团火焰纹，周围布满祥云纹，帮板边缘饰一周忍冬纹。龙身轮廓、鳞片内及火焰纹贴金，多已脱落。

■石棺线刻

右侧帮板，中间线刻一虎，虎身修长，张嘴露齿，双目圆瞪，肩生翼，足、尾与龙相同，作飞腾状。虎身饰条状斑纹，上方有4团火焰纹，颈部一团最大，至尾部越来越小，周围布满祥云纹，部分云纹线条旁有红色线条，可能为初线稿，帮板边缘饰一周忍冬纹。虎身轮廓、斑纹内及火焰纹贴金，多已脱落。

前端挡板，中部刻一门，门框涂红彩，门上有3排乳钉，每扇门上下2排各6个，中间1排4个乳钉，内侧浅浮雕一门环，乳钉贴金，仅下方2排保存较好。门楣上饰3朵团状莲花，间以折枝忍冬纹，两侧各一朵祥云纹。门楣上方为拱形尖顶类似龛楣的门额，门额内饰忍冬纹。门额正上方为一朵折枝忍冬纹，两侧各一相向飞翔的朱雀，周围布满祥云纹，左侧朱雀口衔一珠。门额两末端之下、紧靠门两侧各有一门柱，两端均呈覆莲状。门柱两侧各为一守护神相对立于覆莲座上，面均略向内侧，脑后有圆形头光，卷发，顶部头发略向后束起，脑后长发外卷几近垂肩，深目，高鼻，耳轮较大，戴有耳坠，上唇有外撇八字须，颈部均戴宽带项圈，上身袒露，肩后帔帛缠绕于双臂，末端下垂至覆莲座，腰穿短裙，赤足。右侧守护神颔部有长胡须，项圈下坠有璎珞，右手叉腰，右臂戴有钏，左侧立一长戟，左手上举头顶，手握戟头，左腿直立，右腿略上曲，脚尖点地；左侧守护神颌部有短胡须，项圈下坠有锁，锁下有璎珞，左手叉腰，右侧立一长戟，右手上举头顶，手握戟头，右腿直立，左腿略上曲，脚尖点地。门下方正中为一亚腰形火坛，火坛分3层，中间为一层台面，台面周围饰云纹，之下悬挂有铃形饰物，火坛上火苗升腾，火坛两侧向上伸出2枝抱枝莲，底座周围亦饰云纹。火坛周壁饰三角纹，之内贴金。

后端挡板，线刻一玄武，龟作行走状，双目圆睁，张嘴吐舌，蛇缠绕龟身从其尾部跃起，首尾缠绕形成一大圆圈，蛇双耳后逆，张嘴吐芯，直对龟背前部。玄武之后立一天神，有圆形头光，以带束发，结成花状，深目、高鼻、阔嘴，耳轮较大，上身袒露，腰穿短裙，肌肉发达，形象威猛，右手握长柄环首刀，举于头上方，左手略弯曲，手掌撑开，肩后帔帛缠绕于双臂，下垂于身两侧至龟足部。玄武下方及四周布满祥云纹。玄武蛇身贴金，多已脱落。

盖板，线刻伏羲女娲图案。右侧为伏羲，左侧为女娲，均作人首蛇身，身着敞口交领宽袖衣，蛇尾均内卷，未相交，身饰鳞片。伏羲戴小冠，双手捧月（月牙形）于头上方，女娲盘髻，腕戴手镯，双手捧日于头上方。中间为浮云，周围为星宿图和太阳，盖两侧边缘为忍冬纹。

墓志记载，墓主姓李，名诞，字陁娑，婆罗门种，赵国平棘人，其先伯阳之后，北魏正光（520—525）年间自罽宾归到中土，保定四年（564）薨于万年里，春秋59，死后被授为邯州刺史，葬中乡里。志文中仅提及其长子为槃提，余未加记载。

该墓的发现是目前国内第一座有明确记载的婆罗门后裔墓葬，也是第一座记载有罽宾国的在华外国人墓葬，它的出土为研究中西文化或中印文化的交流乃至丝绸之路的研究提供了珍贵的实物资料。

程林泉　张小丽

张翔宇　李书锁

原载2005年10月21日1版

76

黑龙江配合201国道工程发掘3处古遗址

为配合201国道宁安市杏山至省界段的公路工程建设，黑龙江省文物考古研究所会同牡丹江市文物管理站，于2005年5—7月，组成考古发掘队，对公路涉及的3处遗址进行了考古发掘，获得了一批实物资料。

小山嘴子遗址位于宁安市镜泊乡复兴村西南6公里，牡丹江右岸山坡上。该山处于黑、吉2省的交界地带，紧邻牡丹江1号桥，在建设1号桥时，破坏了山的北半部，遗址现存面积约6000平方米。此次发掘，选择在公路穿过的中心部位，即山的北侧半山腰中部和北部，发掘面积750平方米。遗址仅一层堆积，即地表土(耕土层)，厚约15—25厘米，地层随山势走向，呈西北—东南倾斜分布。包含物有少量夹砂黄褐、灰褐色陶片，多素面，个别口沿部位有戳印、按捺花边附加堆纹。生产工具有陶纺轮等。还有少量石器，为打制或磨制，有斧、铲、锛等。未发现遗迹。依据出土的陶片等特征，判断其文

■白花遗址发掘土地远眺

■白花遗址 F1

化性质应属靺鞨文化系统，时代大约相当于南北朝时期，属早期铁器时代晚段。该遗址系当时居民的临时住地。

西湖岫遗址位于宁安市镜泊乡后渔村北约 1.7 公里，镜泊湖大坝东约 400 米处，201 国道从遗址中心部穿过。遗址地势较平坦，面积约 2 万平方米。发掘面积 500 平方米。遗址地层堆积分 2 层。出土有少量的泥质灰陶片等。未发现遗迹现象。依据出土的陶片等特征分析，该遗址的时代约为渤海时期。

白花遗址位于宁安市渤海镇繁荣村南约 1.2 公里。遗址在一浅山环抱的盆地内，一条无名溪流从遗址的西北侧流过。遗址中部略高，西侧略低，大致呈东北—西南倾斜，面积约 4 万平方米。201 国道新建线路从遗址南部穿过。发掘面积 1050 平方米。遗址地层堆积分 2 层。第 1 层为表土层（耕土层），厚约 20—30 厘米，包含较多的泥质灰陶片、青瓷片、铜钱等；第 2 层为黑褐色土，土质粘硬，含较多细砂，厚约 20—35 厘米，包含有少量的泥质灰陶片、口沿、器底、桥状耳、铁器残件等。在发掘区中部，即遗址所处的漫岗中部，集中清理出房址 2 座、井 1 口、灰坑 7 个。房址为地面式建筑，方形，基本为南北向，门向东南，系挖浅槽筑基起墙，面积约 30—50 平方米。井系石块交错垒砌，直径约 0.8—1.8、清理深度 1 米，内填灰色细粘质土，出土少

■白花遗址J1

量泥质灰陶片。灰坑多呈圆形或方形，斜壁圆底或平底，填土多为含大量灰色草木灰的灰烬土，内含较多泥质灰陶片、马、牛、羊等动物骨骼。遗址出土遗物较多，以陶器为主，均为泥质灰陶，多侈口、卷沿，个别有纹饰，多为刻划纹。较多器耳，为板桥状耳。器类有瓮、罐、盆、甑等。出土少量青花瓷片。铁器有镞、刀、凿、铲、锥、鱼钩等。出土数枚"乾隆通宝"、"道光通宝"铜钱等。根据遗址的地层堆积及所揭示的遗迹、出土的遗物的文化特征分析，该遗址的时代大致为明清时期。

牡丹江流域是古代遗存分布较为密集的区域，此次发掘的三处遗址地处牡丹江中上游，年代跨度从南北朝时期延续至明清时期，为复原该地区的古代文化面貌增添了新的材料。

赵永军　张志成

原载2005年8月12日1版

77

安徽蚌埠太平岗发掘古墓葬、古遗址

2004年4月11日—12月中旬，安徽省考古研究所会同蚌埠市文物管理处，对太平岗取土场古墓葬、古遗址进行了调查、钻探、抢救性发掘。调查、勘探古墓葬、古遗址区面积约16500平方米，共发掘古墓22座，古房址4座；出土了大量的瓷器、陶器、铁器、铜器等文物及文物标本数千件。

太平岗取土场古墓葬、古房址位于安徽省蚌埠市吴小街镇太平岗村，现修建中的“蚌宁”高速公路穿遗址北侧而过。去年3月初，“蚌(蚌埠)宁(南京)”高速公路“蚌(埠)明(光)”段太平岗取土场取土施工中发现古墓。古墓葬22座，大多数保存完好，其结构形式均为券顶砖室墓，其中3座南北朝墓、19座宋墓。

南北朝墓3座M1、M2、M22。M1为长方形单室券顶结构，有墓道，墓道也为长方形券顶砖结构。墓室两侧内壁各有两壁龛，墓室券顶、墓壁、铺地砖保存完好。墓砖有纪年砖、带字砖、花纹砖和素面砖4种，其中纪年砖为“太建九年六月□日”，“太建”为南陈宣帝陈顼年号，“太建”九年即577年，给出墓葬年代。带字砖为变形兽目中间带“赵”字。“赵”可能有2种意义：烧砖窑主姓“赵”，或墓主姓“赵”。花纹砖有5

■遗址外景

■M11

类:其中“翠鸟捕鱼纹”砖,图案线条简练、图形优美,带一定的吉祥意义。墓顶用楔形砖券砌,墓壁用砖“三顺一丁”砌法,墓底用砖“人”字形平铺。墓室内淤积有细腻纯黄色淤土,可能从砖缝积年渗入。由于地层压力致使墓侧壁内弧,铺地砖上凸。人骨架几乎全朽,葬具不明,陪葬品不多。M1:出土瓷器2、陶器2、铁器1、铜器1、钱币1。其中瓷器2:青瓷四系盘口壶、青瓷碗。陶器2:均为陶碗形油灯。铁器1:弯刀形器。铜器1:铜带饰。钱币1:“常平五铢”。青瓷四系盘口壶,盘口、四系、玉璧底,口径9.8、腹径16、底径9.2、通高30厘米。颈部与肩部各有3道凸弦纹。釉色青与紫红交相辉映,刚出土时,呈现绚丽的玫瑰紫色,施釉至腹部不到底,有流釉现象。

宋墓19座M3—M21,根据布局、墓向,整个墓葬区分3组:一组东偏南向墓,一组南偏东向墓,一组北偏西向墓,3组墓在平面上的分布构成“人”字型,均为砖室券顶结构。东偏南向墓有M5、M6、M7、M8、M9、M10,M6为“田”字形砖室墓,墓室为方形,长1.88、宽1.66、残高0.36米,每个方室内有一具骨架,骨架下有一方形小室,长66、宽24—56厘米,类似腰坑,无出土器物。M5、M7、M8、M9、M10均为正方形四角攒尖顶砖室结构、顶开长方口,上覆长方形石块,短甬道,墓前有砖平砌挡土墙垂直于甬道,且高出甬道。室为正方形,四角有双砖竖砌为柱,柱上有平砖为斗,即斗拱结构。M5墓保存完整,正方形墓室外径176、内径144、墓口距地面深120、墓底距地面深270厘米,室西有下凹结

■青瓷碗

构边箱，平铺地砖，有人骨数块，无陪葬物。M3位于发掘区的西侧边缘，破坏不严重，无出土物。

M2 墓室内壁

南偏东向墓有M14、M15、M16、M17、M18、M19，砖室结构，室有方形、长方形，墓室结构仿建筑式样，多数墓遭早期破坏，人骨散乱，骨架1—5具，陪葬品少，只有1—2只灰陶罐，碎成片。M17墓保存完好，外部结构呈长方形，长3.16、宽2.4、室高2米。仿建筑式样。墓室为正方形券顶，内径2米，顶用4块0.3×0.3米方砖封。短甬道，圆拱形墓门，拱门上方用特制的斜角砖，椽形砖砌斗拱，从墓门正面看，似一建筑的正门。室内有东西向长2、宽1.3米棺床，上有5具人骨，骨架相互叠压，无陪葬品。

北偏西向墓，有M11、M12、M13，椭圆形券顶砖室结构，短甬道、有垂直于甬道的挡土墙，拱形门，用砖斜插平封，砖大部分外露，底平铺砖一层，人骨朽，陪葬物少或无。墓室内壁均留有火烟熏痕。M11墓向330°，保存完好，外长2.38、外宽1.68米。圆形攒尖顶，顶上长方口，覆以长方形石板，长96、宽56、厚14厘米。短甬道，上有垂直于甬道的挡土墙，甬道前端为拱形门，有砖斜插平铺封填，砖大部分外露。砖平铺底。室一分为二，中间有墙、门相隔，东大，西小，2室均有门、券顶。人骨朽毁，无陪葬品。M12出土2枚铜钱：“景德元宝”、“嘉通宝”。“景德”和“嘉”分别为北宋真宗、仁宗年号，确定此批墓的年代上限为北宋中期。

此批墓，多数墓葬有多具人骨架，多者达5具且散乱，有的腐朽严重仅存头盖骨。少数墓内壁有烟火熏痕。多数墓无陪葬品。少数墓仅有1—2陶罐、铁器残片。

太平岗取土场内古文化遗址主要是古房址，整个房址区位于墓葬区东部，紧邻墓葬区，分布面积比较大，清

■青瓷四系盘口壶

理出4处130平方米的房址。各房址地层内除包含着大量的遗物外，还发现了房屋废弃遗存，有残存的砖墙基、居住面、瓦砾废弃堆积层等。瓦砾层厚约20厘米。残存房基为一组房址，房基结构为长方形，墙基均为双层砖墙，中空填土夹筑而成。其中F2最大，中间无隔墙，一间墙基残长宽9.5×4.5米，F2南部连着的F3，为大面积砖平铺成广场，广场残长宽9.5×(4—7)米。F2南1.4米偏西处为F1，残长(0.2—2)、宽2.24米，比F2小得多可能为F2附属建筑。碎砖、瓦砾层中夹着大量黑色的火烧灰痕及成片红烧土区。

出土的文化遗物有大量的生活用品和建筑材料。生活用品主要是瓷器类，器形以碗为主。釉色有青釉、青白釉、白釉、酱黄釉、糙米黄及仅施化妆土的，胎有白、灰、红、土黄等色。器形以碗为主，碗分高圈足与低圈足，圈足外底侧为直角，内侧分直角与斜角2种。瓷器窑口杂、出土量大。建筑材料有砖、瓦，建筑构件等。金属类制品有铜、铁饰件。也还有少量的石器类如石磨、石"馍头"形构件等。

此次发掘的南北朝墓仅3座，但形制讲究，砖的纹饰精美，又有带字砖和纪年砖，虽然出土物少，但出土了精美的青瓷四系盘口壶，说明墓主人不是普通平民，应是有一定地位的人。宋墓群与宋房址紧邻，以层位关系看，墓葬年代略晚于房屋毁弃年代。

发掘区南距淮河6公里，淮河历史上多是作为政治疆域分界线，因此淮河两岸也是兵家军事重地。推测此地应不是一般人群的居住地，可能为南北朝—宋时设的军事卫所。这批墓葬、房址的发掘对研究蚌埠地区乃至淮河流域政治、经济、军事及自然环境变迁具有重要意义。

赵兰会

2005年2月18日1版

78

河南洛阳发现唐睿宗李旦孺人壁画墓

2005年1—6月，洛阳市第二文物工作队在配合洛阳市洛南新区道路建设过程中，在翠云路工地发掘清理了数十座春秋至唐宋时期墓葬。其中唐代墓葬2座：唐安国相王孺人唐氏、崔氏墓（编号分别为M49、M50），东西排列，相距150米，墓葬形制一致，两墓虽遭多次盗扰，仍出土了大量的随葬器物。特别是在墓道、过洞和天井还保留了大面积壁画，壁画内容丰富，气势恢宏，技艺高超。

两墓均为砖砌单室墓，呈南北向，由墓道、过洞、天井、壁龛、甬道、墓室等部分组成。

以M49为例。墓道位于墓室南部，长斜坡状，坡度20°，墓道上口被破坏，口距地表0.6、残存墓道长约15.5、宽1.56—1.6、底距地表5.4米。4个过洞位于墓道北端，底部呈斜坡，由南向北长度分别为3、1.5、1.68、1.6米，宽度分别为1.28、1.2、1.14、1.28米。过洞连接处两侧均突出扉棱，4个过洞高分别为2.04、2.26、2.02、1.8米。中间两过洞东西两侧壁各有一壁龛，共计4个，大小近似。龛底低于过洞底面0.74—1.28米，平面呈“凸”字形。龛口拱顶，口宽

■骑马鼓吹仪仗俑

■东壁人拉马

0.7、进深0.3、高0.55—0.6米；龛内宽1.2、进深1.2、高0.6—0.69米。龛内及龛口皆以白灰涂壁，龛口并以红色勾框，龛内随葬大量器物，皆陶器、陶俑、马、骆驼、猪、狗、羊、鸡等。天井3个，位于过洞上方，长方形竖穴式，天井上口长分别为0.96、1.3、1.4米，宽分别为0.8、0.84、0.96米，深5.7—7.8米。甬道位于过洞北端，平面呈长方形，长2.48、宽1.28、高2.1米，砖券拱顶已坍塌，长方形砖平铺地，大部缺失，墓志即发现于甬道中部。

墓室位于甬道北端，为明坑砖券穹隆顶，顶部坍塌。明坑平面方形，口大底小，口距地表0.6、上口边长6.2、底边长5.2、底距地表8.4米。坑西北角有对应上下脚窝。墓

■东壁人拉驼

室东、北、西壁砖仅存底部3层，南侧壁砖保存较完整，平侧交错叠砌。墓室方形，转角略抹，长、宽均为3.73、残高2.39米。墓室南壁拱门与甬道相通，高2.3米。

■瓷罐

由于两墓均遭多次盗掘，墓室内几乎无随葬品。M49仅出土一合墓志，盖顶部中央阴刻“大唐安国相王故孺人清河崔氏”墓志铭。M50出土残墓志盖1、石翁仲2、瓷盏1、瓷碗2、铜泡钉数枚，其中墓志盖残片经拼接仍可辨“大唐安国相王故孺人晋昌唐氏”墓志铭。在两墓的壁龛内出土了350余件泥质红陶俑，火候较低。其中风帽俑、侍女俑、男仆俑等人物俑260余件，高约0.25米；猪、狗、骆驼、羊、马等动物俑约90余件，皆明器。

从发掘情况看，2座墓葬在埋葬时均满施壁画，由于后期破坏严重，加之当地土质原因，壁画保存情况极差。从残存壁画看，两墓壁画内容大体一致，均为“出行图”。墓道东西两侧左青龙、右白虎起始，其后人物、马匹、骆驼等等。M49壁画共残留有人物38个，马4匹，骆驼2匹，青龙1条，白虎1只。青龙长5米有余，口吐长信，爪踏祥云之上，呈凌空欲飞之势；人物形态各异，均与真人大小相似。M50壁画残留有人物14个，马、骆驼各2匹，青龙、白虎各一，其中墓道北段两侧一组人物保存完好，东侧一人着红袍，手执弯弓，背箭壶，壶中有箭；身上还斜挎一猎物雕，雕臂张开。过洞两侧绘有2个门神，面目狰狞，均背3尺长剑，一手握剑柄，一手持剑鞘，呈拔剑出鞘状。

2座墓墓主人身份从出土墓志看，均为“大唐安国相王孺人”。“安国相王”是唐睿宗（710—713在位）705—710年的封号。关于唐氏，墓志记载比

■人物俑

较明确。唐氏祖父唐剑,《新唐书》、《旧唐书》均有传。唐氏15岁入宫,死于长寿二年(693),年仅31岁,葬于神龙二年(706)。崔氏墓墓志无存,其生平及下葬年代不详,但从墓志盖"大唐安国相王故孺人清河崔氏"墓志铭分析,其埋葬年代应在705—710年之间。从随葬器物特征来看,崔氏墓出土陶俑与唐氏墓出土陶俑如出一辙,其时代也应相当。

唐氏、崔氏虽为安国相王孺人,但其背后却有一个显赫的家族。唐氏自不待言,清河崔氏更是魏晋以来的士家大族,直到唐前期仍然是关东豪族的代表。作为皇族的成员,唐氏、崔氏的墓葬形制也都体现出了她们的身份。唐氏墓有3天井4壁龛,崔氏墓有5天井4壁龛,两墓的总长都超过30米,另外,两墓内均满施壁画,壁画虽遭后期破坏,但从其残存仍可看出其画面庞大、人物众多、内容丰富、艺术高超,代表了唐代壁画的较高水平;再者,两墓虽遭多次盗扰,仍清理出了数量众多、品种丰富的随葬品,特别是出土了大量的陶俑,这些陶俑神态各异、造型生动形象,体现了当时工匠的高超技艺。因此可以说这两墓的发掘对研究唐代的物质文化、社会生活、政治制度和艺术发展等都有很高的参考价值。

史家珍　张建文

原载2005年10月14日1版

79

湖南株洲发掘唐代纪年墓

2005年6—7月，湖南株洲市文物管理处会同攸县文管所，配合攸县工业园基本建设，在县城关镇乌坳尹家组套鸡坡抢救发掘了3座唐代砖室墓和5座明清时期土坑墓。

本次发掘面积近300平方米。共出土文物41件，其中唐墓出土17件。3座唐墓随葬青瓷器为黄釉或青绿釉四系盘口壶各1件，青黄釉杯2件；陶器有青黄釉硬陶杯2件；铁器有剪刀1件，刀2件，锥1件；铜钱7枚。5座明清时期土坑墓中出土青花瓷碗23件，碟1件。

3座唐代砖室墓均为券顶带甬道，狭长型。券顶大部分均早年被毁，但墓室及甬道较完整，墓室四壁及墓底均用精致的花纹砖铺砌，墓墙为错缝平砌，墓底均“人”字形平铺3层。墓室内早年均有不同程度扰乱，随葬品位置较零乱。

M2为本次发掘规模最大的墓葬，出土随葬品12件。其中铁剪刀保存较好，并有一定的弹性；铜钱7枚，其中一枚五铢钱为宽廓方穿孔，应为隋五铢，品相较好，余6枚残缺难辨；四系盘口壶青绿釉施至上腹部，釉面小开片，制作精美。

M3规模略小于M2，仅出土2件青黄釉硬陶杯，杯敞口，直腹，饼形圈

■发掘现场

足。墙体中有“元和元年”纪年砖。“元和”为唐宪宗年号。

5座明清时期竖穴土坑墓，方向均为东南向。棺木腐烂，骨架完整，出土的青花瓷碗部分完整，瓷质粗糙，图案为单一的花草纹，部分瓷碗锥刺有墓主的名字。唯一的一件青花瓷碟少部残缺，但瓷质精致，釉面光洁，图案精美。

虽然套鸡坡唐墓遭到一定程度的扰乱，但从发掘的情况来看，3座墓葬的方向基本一致，形制无明显区别，墓砖形制及花纹一致，所出土的青瓷器、陶杯与瓷杯形制无明显区别。因此，它们的时代应为同一时期，即唐代后期。

这批唐代墓葬的出土对研究地方历史，尤其对南方唐代墓葬的断代具有较重要的价值。

黄杨秋

2005年9月2日2版

80

湖南宁远玉琯岩古舜帝陵庙遗址

自2002年春季开始，湖南省文物考古研究所受湖南省文物事业管理局的委托，对玉琯岩古舜帝陵庙遗址进行了连续3个年度的考古工作，工作面积近5000平方米，取得多项阶段性的重要成果。

玉琯岩古舜帝陵庙遗址位于湖南省宁远县城东南约34公里处的山间盆地中，总面积约3.2万平方米，海拔323米。地属九疑山瑶族乡九疑洞村，现地貌多为呈梯级分布的稻田耕土。所在台地西望子江，北邻砀水，环境优美，风光宜人。

发掘Ⅰ区多个探方内所见排列整齐、间距一致的椭圆形柱坑在该遗址早期建筑遗存中具有特殊意义：柱坑间的距离仅为130厘米，从活动空间角度考察无疑过于密集，很显然不能视为普通房屋的建筑基础；东西邻方中完全不见同时期的类似柱坑，意味着该组柱坑很可能只是“独立的”一列，也就是说它们远非框架意义上的建筑构成；每一个柱坑中的圆形柱洞均呈现出如笋破土，“全无开口层位”的奇特截面形态，显示出相关柱木在建筑主体废弃后仍存在了相当长的时间，直至在后期堆积的“包裹”中渐渐腐朽；该组柱坑所在层面存在着多个杂细碎灰土的炭末板结薄层，其情形与2002年试掘时清理的东汉祭祀坑周围活动面的“层积”情形非常相似，表明该活动面所在地段有可能曾是比

■初测发掘全景

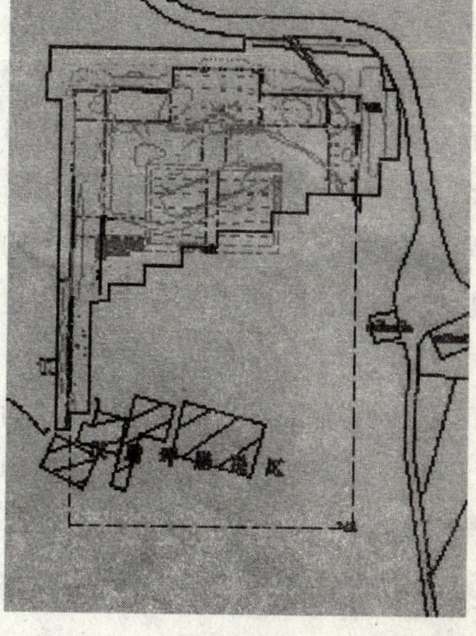

■后殿局部(自北而南)

较集中的"燔柴升烟"场所。综上所述,推测该组柱坑代表的是关涉早期舜祠燎祭禋祀仪轨的标志性建筑遗迹。其相对时代不晚于东汉早期。

《风俗通义》:"昔章帝时,零陵文学奚景于冷道舜祠下得笙,白玉管。"《说文》亦有类似记载。《九疑山志》则明言"秦汉以来,立庙玉琯岩前百步"。那么上述特殊建筑遗迹很可能与汉以来舜祠相关。初步检索迄今为止的考古材料,同时期同类型的祭祀性建筑在全国范围内十分罕见。

发现并确认了一组以"砖基"为轮廓,以大型梁柱为骨架的多进多单元宫殿式建筑。建筑群坐北朝南,完全遵循该类型古代建筑主次分明、对称均衡的设计规则,布局谨严,规制宏大。其中"正殿"建筑面积876平方米,殿内分布40个边长200—220厘米的大型柱坑,殿周均设砖铺"散水"。"寝殿"建筑面积416平方米,殿内均衡分布着24个边长160—180厘米的大型柱坑,殿门左右有砖铺"散水"。从殿内柱坑的布局可知,该建筑时期尚未使用旨在扩充活动空间的"减柱法"。由于建筑设计空间的限制,"寝殿"、"正殿"两侧对称分布着的"昭穆殿"有大小之别。比邻"寝殿"者较大,建筑面积达166平方米;

■连当筒瓦

■瓦当

"正殿"两翼的较小,仅76平方米。与"昭穆殿"的规格对应,"配享殿"也被区分为大小2种,大者78平方米,小者56平方米。"配享殿"之间为厢房,现阶段仅能确定其中一组厢房拥有554平方米的建筑空间。结合2002年调查勘探所获取的线索和本年度发掘Ⅰ区所见建筑布局,推测"正殿"南面还存在着一座"前殿",以及与之配套的"昭穆殿"和"配享殿"。故该建筑群除始祖殿之外,应该包含了三昭三穆共6座宗主殿,合乎秦汉以来宗庙建筑一祖六宗的"七庙"之制。自"寝殿"大门往南为宽6米的轴心大道,惜现阶段相关发掘区内遭明清以来生产活动的剧烈破坏,原始路面及相关踏步等遗迹已荡然无存。西垣墙中央亦有砖铺便道通向庙外祭坛(当地百姓习称社山,即社稷坛。遗迹尚存)。2002年已探明垣墙东南转角位置,可统计垣墙内建筑总面积超过1.2万平方米。结合现发掘层面内结构清楚、布局分明的主体建筑群所用条砖、铺地砖等建筑材料与筑基立柱风格,以及出土陶瓷器的工艺特征,推断该建筑群的相对时代不早于晚唐,不晚于南宋初叶。

《宋史》:"(乾德四年十月)诏诸郡立古帝王陵庙,置户有差。"且敕定虞舜祀典于九疑山,令"州县常禁樵采"。"(开宝九年五月)命修先代帝王及五岳、四渎祠庙"。《九疑山志》:"……至唐,旧庙湮废,刺史元结奏立于营地城西。僖宗时,长沙胡曾权延唐县令,请复立于玉琯岩下,有敕建舜庙碑记。宋建隆初,刺史王继勋奉诏重修,知制诰张澹奉敕撰碑。"所载唐末重建事件不见于新、旧《唐书》,而建隆初这一重修时间也与正史有所不同。2004年度从直接打破垣墙东、西两侧同期排水沟的后期建筑阶段沟坑中,发掘出土了

■早期建筑

出土了一大批重要的文化遗物。其中，不同质地、火候、颜色与类别的筒瓦、板瓦、瓦当为考察唐宋前后建筑材料的发展演变提供了较为系统的依据；而基于特殊宗教信仰的装饰性构件如螭吻、鸱尾、龙头则是汉以来相关观念在建筑学上的深刻烙印。特别是“王”字瓦当的大量出土，除了客观展示盛唐以来同类装饰艺术的盛衰更替外，尤为重要的是透露出王权正日益凌驾于神权之上的变革信息。此外，曾经用于祭祀的陶瓷标本及其铭文，反映出祭祀仪轨因时间早晚而变化的历史轨迹。

有明确纪年或暗含纪年的铭文，如“开宝……”、“歙州斋(遣？)匠人吴皿”。前者为宋太祖的第三个年号。后者涉及的歙州，其建制起讫时间分别为隋文帝开皇九年(589)与宋徽宗宣和三年(1121)，而铭文宿主为一件浅灰色筒瓦，胎质胎色与区别“寝殿”门右“散水”和“门道”的中小形条砖一致，从风格观察当不晚于北宋。由此可见，该建筑群确实包含了北宋初年的大规模修缮甚至于重建成分。出土文化遗物与相关文献记载的对应，标志着该组高规格宫殿式建筑确属唐宋舜庙无疑。

保存相对完整、结构与布局清楚，而时代不晚于南宋的舜帝陵庙建筑群，在全国尚属首次发现。

各期各阶段建筑遗存的持续存在，表明汉以来舜帝祀典之于玉琯岩的持久性与稳固性。而该遗址现存规格最高的、不晚于南宋的大型舜庙建筑，对于中古前后宗庙建筑制度、宗庙祭祀制度的研究，具有不容忽视的价值。

吴顺东

原载 2005 年 3 月 23 日 1 版

81

河南新郑郑韩故城发现一批唐宋墓葬

2004年5—8月,河南省文物考古研究所新郑工作站配合新郑华联房地产有限公司炎黄小区B区的基建工程,在新郑市中心地段发掘清理了30余座春秋战国时期的灰坑、水井及100余座唐宋时期的墓葬,发掘总面积近1500平方米,出土了一大批较为珍贵的文物。特别是发现的唐宋墓葬不仅排列规整、布局有序,而且出土了大量制作精美、造型别致的瓷器。

■M67瓷器

该基建地位于"郑韩故城"西城区东部,其东即为当地人称"授印台"的隔城墙中段的一部分,西邻新建路,南接炎黄文化小区A区,北临人民路。

■墓地外景(北—南)

这批唐宋墓葬较为规整地分布在发掘区东部的一处南北长40、东西宽25米的近长方形地带内,在这一区域内共清理出101座墓葬。由于墓葬埋葬较浅,所以在前期施工单位清理表土时,一些墓葬的人骨和部分随葬品遭到了不同程度的破坏。这批墓葬中的绝大部分为土坑竖穴墓,也有一部

■M73 瓷枕

分洞室墓，土坑竖穴墓的面积一般在2×1米的范围内，墓向基本为南北向，墓葬多葬一人，个别为夫妻合葬，头向南，葬式多为仰身直肢，也有极少数侧身屈肢和其他葬式，还有一部分为二次葬。随葬品多为1—2件瓷器，少数墓葬随葬多件瓷器，其中不乏精品，如M54出土了7件小瓷器，有怀抱小兔的白瓷人物，有酱釉的小猴骑马(寓意为“马上封侯”)，还有其他造型的羊、狗、牛等白瓷动物，另外该墓还出土了几件小型的陶器。再如M72，除出土了一件造型精美的白瓷碗外，还出土了10个制作精致的瓷骰子，骰子的形状及上面所刻的数字和现在的骰子一模一样。墓葬中出土的铜钱多以北宋时期的太平通宝、淳化元宝、咸平元宝、景德元宝、祥符元(通)宝、天圣元宝、皇宋通宝、嘉祐元(通)宝、熙宁元宝、元丰通宝、元祐通宝、绍圣元(通)宝、圣宋元宝等为主，也有少量唐代的开元通宝等。

对墓葬形制及随葬品初步研究后，发掘者认为这批墓葬绝大部分应为宋墓，另有少量唐代墓葬。

发掘结束后，邀请日本九州大学比较社会文化学院的医学博士中桥孝博先生等对墓葬中出土的保存完好的人骨进行了性别和年龄鉴定。死者以男性为主 (30个)，女性也不少(20个)，另有一些未定性别的婴幼儿(7个)；死者年龄多在40—59岁之间(31个)，其次在20—39岁之间(17个)，60岁以上只有2个。另外在一些人骨上

■M72 瓷骰

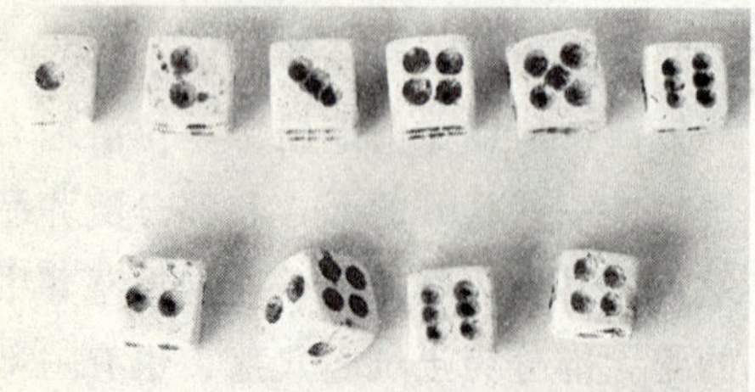

■M54 器物

还发现有病变现象，如骨质增生、关节炎、下肢萎缩、骨折等。

对人骨进行年龄的鉴定后，还发现了一个有趣的现象，在婴幼儿的墓葬内除了随葬实用的陶、瓷器外，还葬有动物、玩具等小件瓷器，这类小件瓷器在成人墓葬内是绝对不见的。

通过华联墓地内墓葬布局有序、排列规整的情况以及对出土物的分析，这里显系一处典型的家族墓地。墓葬中出土的瓷器虽然都是民窑的产品，但多数做工精细，造型别致，充分反映了当时制瓷行业的高超水平。这批墓葬的发现，为研究郑韩故城内唐宋时期的社会历史、城市布局、丧葬习俗、制瓷工艺等提供了宝贵的实物资料。

樊温泉

原载 2005 年 4 月 1 日 1 版

82

河南禹州钧台瓷窑遗址

2004年4—9月，由河南省文物考古研究所主持，在许昌市文物队和禹州市文管所的配合下，对禹州市“古钧花园”(原禹州制药厂)住宅楼建设工地进行抢救性考古发掘工作。“古钧花园”位于禹州市北关钧州大街北段西侧，颍河南岸滨河公园以南，西距颍河大街较近，南临北街小学。这里距全国重点文物保护单位“禹州钧台瓷窑遗址”较近。为旧城改造所建的住宅小区。

■元代虎头瓷枕

这次文物勘探面积15000平方米，发现有窑炉、灰坑、水井、墓葬等遗迹，文化层一般厚约1—4米。

■窑炉4全景

根据钻探情况报请国家文物局批准对该处进行考古发掘工作。发掘面积约为3000平方米，清理宋代窑炉4座，其中椭圆形3座，长方形1座；墓葬4座，其中宋墓1座、唐墓1座、汉墓2座；灰坑215个，按其平面可分为圆形、椭圆形、长方形和不规则形；水井27眼，平面为圆形，分为土壁和砖砌壁2

■宋代钧窑出戟尊

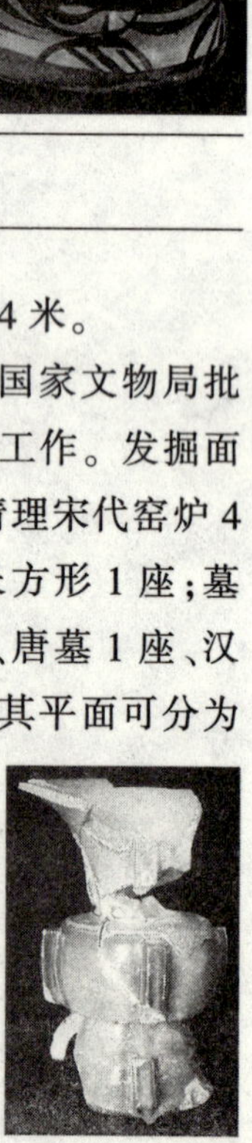

■元豆青瓷碗

种；沟7条；房基3座；路1条；灶2个。计出土陶、瓷、铜、铁、石、骨等文物678件。重要遗迹和出土遗物如下：

窑炉分为椭圆形和长方形2种，其中长方形4号窑保存较好，从现存的火膛、窑室和烟囱3个部分仍能看出该窑的形制与结构。该窑坐南向北，现存长6.5、宽3.8、残高1.7米，半月形火膛现存长1.48、宽0.7、深0.2米。窑室平面呈南高北低的斜坡状，高差1.15米，窑壁残高0.75米。烟囱平面呈圆形，位于窑室南侧中部，直径1.56、残高0.1米。在被破坏的断面上可以看到窑床的烧结面有0.4米厚，在窑壁上有草拌泥修补的痕迹。

出土遗物以瓷器为大宗有：钧瓷、豆青瓷、黑釉瓷、黄釉瓷、白釉瓷和宋三彩等。器物装饰丰富有刻画花、彩绘、白地黑花和动物造型。在钧釉瓷花盆的底部刻有“三”、“四”、“六”、“七”、“八”、“九”、“十”等数字。

■宋代三彩瓷枕

■唐黄釉执壶

出土瓷器种类繁多其中钧釉瓷器有出戟尊、鼓钉洗、单把洗、花盆、盘、钵、碗等。黄釉、青釉和黑、白釉瓷器有罐、盏、执壶、壶、杯、盒、枕、儿童玩具等。从出土有素烧出戟尊、鼓钉洗、花盆等器类看，钧釉瓷器为两次烧成。窑具中常见匣钵、垫饼、支钉等。

这次发掘出土遗物丰富，既有隋、唐时期的黄釉瓷器和花瓷，也有宋、元时期的钧窑瓷器、豆青瓷和白地黑花瓷；特别是这次发掘出土刻有数码的钧瓷，为确定钧窑的始烧年代及其发展，尤其是对促进钧瓷研究的深入，提供了新的重要的考古资料。

郭培育　赵志文

朱史楼　张　伟

原载2005年1月14日1版

83

安徽蚌埠太平岗又发现一座北宋初期墓

2005年4月4日，安徽省蚌埠市文物管理处获悉，蚌(蚌埠)宁(南京)高速公路蚌(埠)明(光)段太平岗房建工程A标段行政监控中心楼基础施工中又发现一座古墓。4月8日，蚌埠市文物管理处对该座北宋初期墓进行了发掘清理，出土了一批精美文物。

去年4—12月，为配合蚌(埠)明(光)高速公路建设，安徽省文物考古研究所、安徽省蚌埠市文物管理处在安徽省蚌埠市太平岗村境内已清理了南北朝至宋朝的墓葬22座，宋房址4处(详见《中国文物报》2005年2月18日1版)，此座墓位于已清墓葬区西约150米，应属同一墓葬区，编号M23。

此墓为“凸”字形单室砖券墓，清理前，券顶已遭破坏，短甬道，弧方形墓室，墓室四角均有仿木的转角结构，四壁有多处砖砌小坎。墓室长176、宽170、残高25厘米，墓室分前后2部分：后部为棺床，由4纵排砖平铺；墓室前部有1纵砖多宽，无铺地砖，与南部甬道相连，低于棺床20厘米。甬道长170、宽56、残高45厘米，甬道口用5纵排砖斜向平塞封堵。墓砖均为灰色，长31.5、宽15、厚5厘米。墓东西两壁变形略内弧，且四壁墓基下沉，造成棺床西、北、东三侧边砖向壁基下倾斜。

■M23

■青釉碗

清理时发现，一人头骨位于棺床西侧边与西壁夹角处，棺床中部和墓室东南部棺床下发现已朽人肢骨。棺床北部中间贴北壁侧立黄釉瓷枕1件，中部叠出“开元通宝”钱币6枚，西北角出铜镜1面，伴有漆器朽痕，边上出土残朽片状铁器。棺床西侧与西壁的夹角处，出黄釉执壶和黄釉碗各1件，棺床的西南角出黄釉碗1件，棺床中南侧下出青釉四系罐1件。墓室前部东南角出瓷碗5件，甬道中部发现1件漆器朽痕，器形不辨。西壁砌嵌“壶”纹高浮雕砖1块。墓室规格不大，但出土了瓷器、铜器、铁器、漆器、砖雕20余件，为蚌埠地区近年来考古发掘所少见。

出土瓷器10件。其中瓷碗7件，均为浅腹式，器形多呈喇叭状。大碗4件：黄釉绿斑彩碗，口径23、底径7.9、高4.5厘米，浅腹、圆唇、口微外撇，宽、浅圈足，足沿微外卷，足心有小锥状突起，碗内底有5个椭圆支烧痕。碗内施满釉，碗外施釉不到底，腹底及足部全部露胎。蜡黄釉，有细小纹片，碗内壁3等分处施釉下绿斑彩，绿斑彩似在胎上随意所画，无具象，鲜绿、精美。胎质黄中泛红，较粗，胎施化妆土，应为安徽萧县白土窑器，较珍贵。黄釉碗，残，口径19.4、底径7.4、高6.3厘米，呈喇叭状，尖口，斜腹，宽圈足，足沿微外卷。足底心有锥状凸起。蜡黄釉，釉层薄，釉面光亮，有细小纹片，碗内施满釉，外施釉不到底，底部及碗底完全露胎。胎质黄中泛红，较粗，碗内底有5个均匀分布的长条状支钉痕，应为安徽萧县白土窑器。青釉碗，两碗近似，口径19.6、底径7.4、高6.2厘米。碗呈喇叭状，碗口翻卷粘合，留有小孔，形成突出的宽口唇，腹壁呈45°角斜出，窄圈足，平底。釉青中泛蜡黄，釉面莹润，有细小的纹片，碗内施满釉，碗外施釉不到底，碗底无釉。胎质坚硬，较细腻，胎壁厚薄适中，应为安徽繁昌窑

■黄釉执壶

器。小碗3件:青釉碗,口径13.6、底径4.6、高4.4厘米,宽唇、尖口,微内敛,浅腹,腹壁微弧,窄圈足,圈足内均匀分布4个手指印形黄色垫烧痕。釉青中泛白,釉面莹润,如冰似玉,无纹片,碗内施满釉,碗外施釉不到底,碗底无釉。胎质洁白,细腻坚致。整个器形小巧、轻盈、精致,应是安徽繁昌骆冲窑器,非常珍贵。

■黄釉枕

黄釉枕:长15.5、宽10.7—11.1、高8.8—9厘米,呈长方形,腰部内弧,四角上翘,底部一角留一圆形气孔。釉黄中泛青,釉面莹润,颇有光泽,有细小纹片。顶部及四周施釉,底部露胎,四周下部积釉厚处,形成一青褐釉环。底施白色化妆土。淡黄色胎,胎质较坚致、细腻,是典型的安徽寿州窑器。

青釉四系罐:口径7.5、底径9、通高25厘米,口微卷,短直颈,斜肩,肩颈部安复式系4个,鼓腹,器形修长,平底。釉色青中泛黄,釉层薄,开小片纹,贴土的一面有土沁痕,施釉至腹中部,下部和底完全露胎。胎质较硬、较粗,胎色黄中泛红,器壁厚重,是唐安徽寿州窑器。

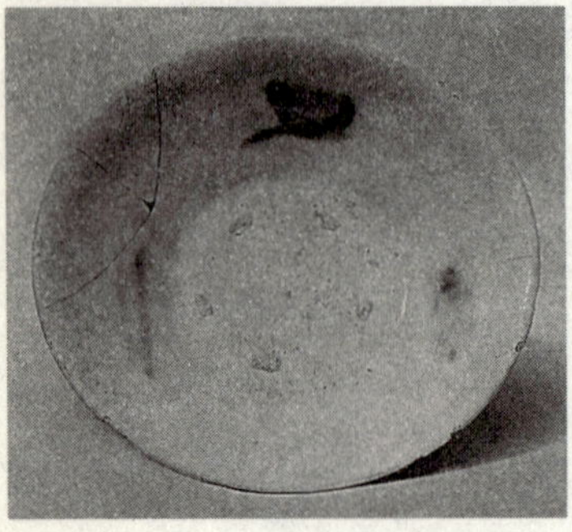

■黄釉绿斑彩碗

黄釉执壶:口径9.2、底径7.6、通高19厘米,喇叭口,圆唇,长颈,圆鼓腹,器形呈矮胖冬瓜状,平足,肩部有3道凹弦纹,颈腹一侧附有弯曲带状执手,另一侧肩部安流,流、执手均残。鳝鱼黄釉,釉色纯净莹润,开小片纹,有玻璃光泽。除底部外,内外施釉。黄红色胎,施化妆土,应为唐寿州窑器,釉色漂亮。惜柄、流残。

铜镜:直径10.3、厚0.1、外缘宽1厘米,缘边刃口,小圆钮(残),素面。“开元通宝”钱币6枚。

“壶”纹砖:出于西墓壁,近出土黄釉执壶处,砖长18.8、宽15、厚5厘米,灰砖。“壶”为剔地高浮雕,剔地0.5厘米,“壶”与出土的黄釉执壶相似,喇叭口,长颈,鼓腹,最大腹径靠上,平底,

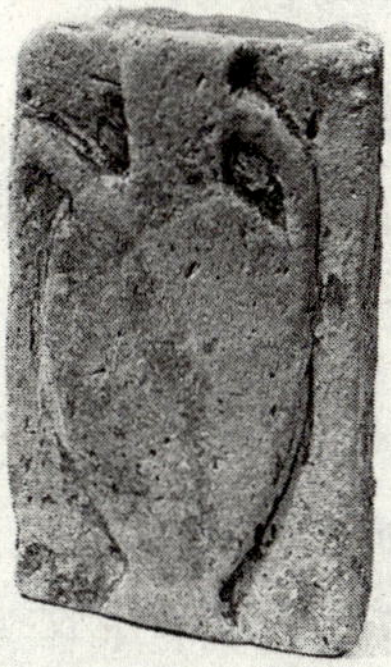

■『壶』纹砖

颈肩部一侧有弯曲执柄，另一侧肩部安一短而微曲的流，流口和执柄上部均低于壶口，“壶”纹砖对探究出土的黄釉执壶已残的流、执柄形状有一定的参考价值。此砖应是为墓葬专烧。

漆器：已完全腐朽，器形无法辨认。

铁器：片状，朽甚，可能为刀或剑。

从墓葬形状、出土器物分析，初步断定墓葬年代为北宋初期，或可早到唐末五代，从出土的大量精美瓷器分析，墓主人应为一般的下级官员或庶人中的富豪。

此墓填补了去年发掘的南北朝、北宋晚期墓葬时代上的缺环，构成两晋南北朝到宋的序列。此墓规格不大，却齐聚了安徽境内三大名窑：繁昌窑、寿州窑、白土窑的器物，说明唐和北宋时期安徽的制瓷业相当发达，也反映了当时整个淮河流域经济在恢复和发展。此墓及去年发掘的22座墓葬，为研究安徽蚌埠地区乃至淮河流域两晋南北朝到北宋晚期的政治、经济、军事、文化提供了珍贵的实物资料。

赵兰会　高和平/文

王维凤　朱天成/摄

原载2005年6月10日1版

84

江苏镇江宗泽墓区发现宋代享堂遗迹

2005年，江苏镇江古城考古所为配合宗泽路拓宽工程，对宗泽墓区进行抢救性勘探试掘、考古取得重要收获，在墓区北侧发现宋代享堂建筑遗迹。志载,宋代抗金名将宗泽于建炎二年(1128)病死在东京(开封),棺柩由岳飞与泽子颖护送归葬镇江。宗泽墓位于镇江市区东北郊宗泽路南侧宗泽山麓(此山为京岘山东北余脉),坐南朝北。墓地分南北2个区,南区包括现存宗泽墓圹的丘垅范围；北区为两翼土岗向北抱合的袋状平地，北与宗泽路相接。

■考古探沟及面对的宗泽山麓

享堂遗迹（F1）为一建筑夯土台基,平面呈长方形,近南北向,位于墓地北区，被掩埋在地表下深约1米的南宋地层之中。在其建筑夯土外侧砌有台基砖墙残迹，在建筑基面上还发现多处石柱础、土筑磉墩和连接磉墩的砖砌拦土墙等遗迹。从探沟内揭示的磉墩布局推知,该建筑面阔7间,通面阔约21.2米；进深3间，通进深约11.3米。其建筑规模较大,依其墓前位置，当是志载宋代宗泽墓道上所建的享堂遗迹。

在享堂遗迹东侧稍偏南处，还发现一建筑夯土台基(F2),并出有石柱础、磉墩、夯土墙、砖石水沟等建筑遗迹。F2的建筑规模略小,面向朝西。从其磉墩分布可推知,F2面阔3间,加副阶走廊,通面阔约13.6米;进深1间,加迎面廊间,通进深约7.9米。它应是从属于享堂的配殿遗迹。

■宋代蓖格纹滴水

■明初龙泉瓷碗

墓区内，发现东西向石路（即“丹徒古道”）及南北向的砖石道路各一条，时代从宋代沿用至明清。

在享堂和配殿遗迹的地层中出土丰富的南宋遗物，器类包括建筑用瓦当、滴水、脊饰、砖雕、砖及生活陶瓷等。其中，瓦当有兽面纹和狮子纹2类。滴水数量较多，主要有水波纹、篦格纹、穗带纹和素面纹等。出有缠枝花纹及云纹砖雕以及屋顶脊饰的垂兽和蹲兽残件等。瓷器主要有青白釉银包口瓷盏、直腹刻花瓷炉，龙泉瓷莲瓣纹碗、斜腹炉，酱釉瓷剪纸梅纹茶盏，黑釉瓷画梅纹茶盏等。遗物标本中还见有墨书碗底，在碗底外墨书“宗”及“□云”等文字，表明祭祀者与墓主的密切关系。

在明代初期的文化地层内，出有卵白釉瓷折腹碗、深腹碗、龙泉瓷高足杯、敞口碗、白釉瓷褐花碗、小口釉陶瓶等一批陶瓷遗物，极富时代特色。

宗泽墓前的享堂建筑，见载于镇江南宋志书《嘉定镇江志》卷11：“观文殿学士谥忠简宗泽墓，在京岘山。显谟阁学士曾楙铭，近守臣吏部侍郎俞烈重建享堂”。而俞烈在镇江任太守的时

■宋代缠枝花异形砖雕

■宋代兽面纹瓦当

间是嘉定元年至三年(1208—1211)，距岳飞及宗颖建墓时间达80余年之久,其时初建的享堂已岁久废圮,故俞烈又“重建享堂”。而之后南宋镇江太守赵善湘又专为新建享堂写有《宗忠简公享堂记》,文中介绍享堂的位置和名称,“前守俞君烈以吏部侍郎、集英殿修撰出知镇江军府,即公(宗泽)墓道建所歆祀之堂,曰‘忠武’。”

宋以后，享堂废圮，明代曾又改建。而此次考古在明初地层中所出土的一批陶瓷器，正是这一修缮活动的具体反映。

宋代兴建有不少功臣墓，遗迹迄今尚存的仍以数十计，但地面享堂遗迹多已不存,其形制格局也不甚明了。此次宗泽墓前享堂遗迹的发现，填补了这一建筑类型的空白。

刘建国

原载2005年8月31日1版

85

河北故城发掘宋金遗址

在西气东输冀宁联络线管道工程中,受河北省文物局委托,河北省文物研究所会同衡水市文物局及有关市县文物部门组成联合考古队,于 2005 年 3—4 月份对故城县李家庄宋金遗址进行了抢救性考古发掘,取得了重要的收获。

房屋地面发现 2 层,坐落于 3、4 层下,上层表面高低不平,高差 0.25 米,为踩踏形成;下层十分平坦。局部有直径 1.3 米的火烧遗迹,上面遗留有一薄层草木灰,为室内地面。

房子发现 2 处,F01 叠压在 2 层下,为建筑夯基。夯土由花土夹红胶土组成,十分坚硬,其面积已超出探方范围,勘探知东西 9、南北 4、存高 0.3—0.4 米。断面上的夯窝清晰可见,夯窝间距一般在 0.1 米左右,分大小 2 种,大的直径 0.5、深 0.2 米,小的直径 0.2、深 0.1 米。夯基表面局部残存有东西 3、南北 2 米的瓦砾和砖块堆积。F02 叠压在 3 层下,破坏严重,现存为十字相交的 2 段砖筑墙体。墙长残存 1.7 和 3、高 0.2、宽 0.33 米。

■白釉花口碗

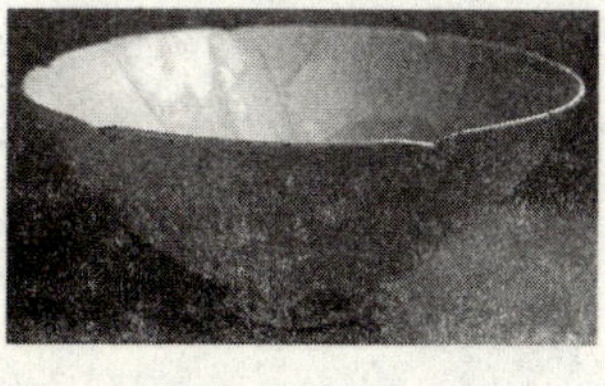

■黑釉瓷瓶

灰坑发现 12 座,分别叠压在 1—3 层下。分椭圆形和圆形、不规则形 3 种。

灶坑发现共 9 座,集中分布在 40101、40102 中,叠压在 2、3 层下,大部分为在地面上挖一个小坑略作加工,个别的在坑壁处有砌砖和出灰口,口径 0.5—0.9、深 0.2—0.37 米。皆有明显的烧痕,内尚堆积有草木灰。从其集中分布的情况分析原为作坊遗存。

■青花枕片

遗址中出土的遗物十分丰富，金代层中有龙泉窑青瓷印花碗、黑白双色釉篦划纹碗、黑釉凸棱罐片、酱釉鸡腿瓶底、小口鼓腹陶瓮、宽沿陶盆陶质围棋棋盘、白瓷围棋子等。宋代层中有石杵、石夯、石磨、石砧、铁门钉、铁锛；筒形器、烟筒、瓦当、板瓦、兽形陶构件、白瓷盘、高足杯、印花碗、香炉、盆、枕、黑釉碗、钵、酱釉粉盒等多种生产工具和生活用品及建筑构件。

其中金代的围棋棋盘为灰陶质，灰陶质围棋棋盘的残件，平板形，双面阴刻连续方格。宋代青花瓷枕片，瓷胎颜色偏红，瓷质疏松，蓝彩白描勾线，内容为珍珠地衬云彩轮廓。

遗址中出土的遗物，依层加深渐次增多，细泥灰陶盆和罐是该遗址中的主要器形，各层中均大量出土。盆有圆唇、尖唇外饰压印细绳纹或旋纹、高领束颈、敞口折沿4种；罐有敛口和敞口卷沿2种。陶器多为素面，个别有压印细绳纹和附加堆纹、粗弦纹装饰。罐的肩部大都有复式扁泥条耳形系。瓷碗在瓷器中为大宗，白釉、酱釉、青釉依次减少，在各层中亦均大量出土。分敞口、侈口，装饰有花口出筋、划花、点彩、印花、刻花、墨书等。划花多在内心，见禾纹、莲纹、兰草纹等；墨书见外底心，楷书“毛”、“十”、“王”等。瓷碗的总体特征是圈足较高，内侧斜削，釉白洁，内底3—5个支钉痕，分敞口和口稍敛2种，自4—2层，不仅出现了器形渐小、轻巧、薄胎的趋势，胎、釉也有渐灰的倾向，同时，碗的装饰也渐趋繁复，划花、印花、涩圈、墨书增多。发现的宋青花非常罕见，从瓷器的胎釉特征、造型纹饰判断，多为邢窑产品。

遗址出土了一些铜钱，计有“元祐通宝”、“祥符通宝”、“治平元宝”、“崇宁重宝”、“崇宁通宝”、“景德元宝”、“皇宋通宝”、“嘉福通宝”等。

李家庄出土的这批文物时代明确，为宋金时期文物断代提供了可资凭据的材料，丰富了衡水历史时期文化内涵。

宋代青花瓷的出土，是这次发掘工作的重要收获之一，现有考古资料证明，青花瓷起源于唐代，发展于宋代，成熟于元代，但唐宋时期的极其少见，而在河北则是首次发现。它的发现，填补了河北省这项考古的空白。

郭济桥　樊书海

原载2005年12月30日2版

86

浙江杭州严官巷发现南宋御街遗迹

为配合杭州市万松岭隧道东接线(严官巷段)的道路建设,杭州市文物考古所于2003年12月—2004年8月对严官巷的南北两侧进行抢救性考古发掘,发掘面积共计1200余平方米,发现了南宋时期的御街、御街桥堍和桥墩基础、道路、殿址、围墙、河道、石砌水闸设施以及元代石板道路等重要遗迹。严官巷位于杭州市上城区紫阳街道,南距南宋皇城约400米,北距南宋太庙遗址约100米,是一条长不过200、宽约5米的小巷,与白马庙巷、高士坊巷形成十字交叉,东接中山路。

■御道局部

严官巷考古发掘期间因按照遗迹的走向与分布不断扩方,到发掘结束时,形成为分布在严官巷南、北两侧的2个发掘区块。现简要介绍一下南、北两区揭露出的主要遗迹:

北　区

1.南宋御街遗迹:位于严官巷东段北侧,紧靠中山路,其东、南、北三面尚压在地层中,御街为南北走向,与中山路走向完全一致,且大部分压在中山路之下。御街揭露长度为10.2、揭露宽度为7.2米。从发掘情况分析,御街分主道和辅道两部分,主道位于中间,2条辅道在主道东西两侧且与主道相接。揭露出的主道部分宽2.05米,用规格30×8×4厘米的“香糕砖”并列横向错缝侧砌,并在其西侧用规格37×17×7厘米的大砖纵向、横向各侧砌一皮,宽0.45米,作为包边并与西侧辅道间隔。清理出的西侧辅道宽5.15米,其主体可分为南北向并列的3段,每段的路面用规格30×8×4厘米的“香糕砖”纵向错缝侧砌,长度都很接近,均在2米以上。每段的两侧均有一道横向的砖结构包边，该砖结构由中间纵向侧砌的单皮小砖与两侧横向侧砌的1—3皮小砖构成。

2.御街桥堍和桥墩基础遗迹：位于御街遗迹的南端。桥堍基础遗迹从御街主道开始，用规格38×18×7.5厘米的大砖，砌成阶梯状，第一级高15厘米，第二级高35厘米，其下部竖以木桩，尚存12根，直径12厘米，间距20—50厘米。桥墩基础与桥堍相距0.95—1.4米，用长1.2米左右，厚0.15米左右的石条错缝平砌。其下部也竖有木桩，直径12厘米，间距20厘米左右。

3. 南宋道路遗迹：与御街垂直相交，东端直接砌筑于御街西侧辅道之上，一直向西延伸，其西部尚压在地层中。此道路遗迹分布于南宋中期与早期2个地层中，揭露长度38、宽度3.1米。用“香糕砖”并列横向错缝侧砌，并用连续纵向侧砌的“香糕砖”两皮作为包边，局部地方用“香糕砖”并列纵向侧砌作间隔。

4. 南宋殿址：位于严官巷中段北侧，该遗址由大殿后檐廊、东厢房、天井、过道、边门、排水沟及砖座组成。

①大殿后檐廊遗迹：从已揭露的遗迹，经分析这是一座面宽5间，四周有围廊的建筑。现在仅揭露其后檐廊的东半部分，残存柱础石4块。其中，自东向西第3—4块柱础石板中心点相距3.45米，应是该大殿当心间的面宽；第1—3块柱础石板中心点相距7米，应是该大殿东次间和东尽间的共同面宽。

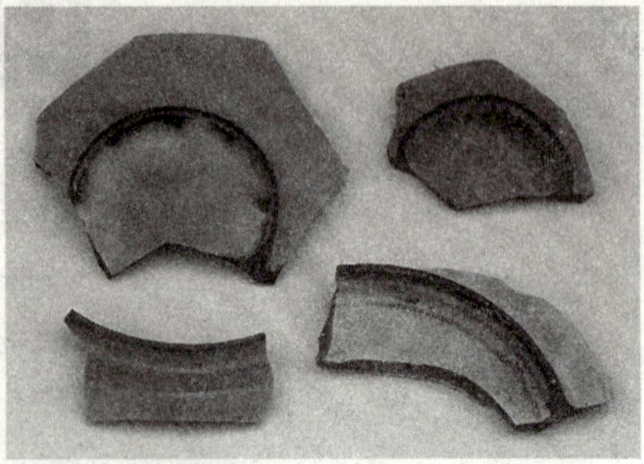

■官窑瓷片

②过道和边门遗迹：过道位于天井之东，大殿和厢房之间，南北长3.5、东西宽6.95米，用长方砖铺地，其东应是边门遗迹，人们进入边门，通过此过道，可进入大殿。

③东厢房遗迹：位于天井之东，揭露面宽80厘米（其北半部尚压在地层中，该东厢房的面宽和总间数不清），进深长6.25米，有柱础石3块。这是一间分前后间的厢房，用长方砖错缝平砌，与过道分隔。此外在大殿、过道和厢房遗迹的后檐还有一条宽1.4米的后檐廊。

④天井和排水沟遗迹：天井遗迹揭露面南北长3.45、东西宽7米，其西

■南宋石砌水闸设施

部和北部尚压在地层中，从已揭露部分的天井遗迹看，该天井为泥底，周围砌台阶。下部用条砖错缝平砌，其上用压栏石压筑。

在天井遗迹的南部有一条宽45厘米的水沟，天井东南隅也有一条暗沟，二者交汇后，通过过道底部的暗沟，可将废水向东北排入中河。

⑤砖座遗迹：平面呈长方形，长75、宽57、残高34厘米。现残存有底座、下枭和束腰三部分。底座为青砖铺设的一个平台。下枭上下共3层，有收分结构，用青砖砌筑，其四足均雕刻有花纹。束腰由表面刻有如意头花纹的青砖竖砌。整个砖座做工精致。

南 区

1. 元代石板道路遗迹：揭露长度30米，呈东西走向，其两端尚压在地层中。这条道路是用规格长1.15、宽0.5、厚0.12米的石板平铺而成的，石板一侧由人工凿成一排锯齿。石板分南北2列，北列为横向平铺，南列较北列稍高，为纵向平铺，两者相距约0.45—0.5米。由于此石板路下尚压着南宋遗迹，故只保留西侧一段，现存12米。

2.南宋围墙遗迹：走向与元代石板道路相同，其上部已部分破坏，残高仅0.5、揭露部分长32米。墙体筑于河道南驳岸顶部一块块琢磨规整的乳白色太湖石之上，宽1.22米，较太湖石基础内收15厘米，其砌法是用规格为27×17×7厘米的长方形青砖纵横相间，平砌3层，高0.23米，然后再在它的内侧和外侧各砌单皮的长方形青砖，并用泥土填实其间隙。由于受发掘场地的限制，北围墙的两端尚压在地层中。

3.南宋河道遗迹：河道紧靠南宋围墙遗迹的北侧，与围墙平行，揭露部分长度为8.8米。已揭露的河道南侧驳岸主要由红褐色的砂岩石块垒砌而成，驳岸揭露高度1.1米，它的底部外侧是一层经过夯筑的黄土，夯土层用大小接近的河卵石铺底,结构非常特殊。夯土面之上铺不甚规则的块石3—4层，缝隙处垫以碎石，经拼接粘合成为一堵石构墙体。在这堵块石基础的内侧是与之等高的黄色夯土。驳岸顶部的长方形压栏石由一块块琢磨规整的乳白色太湖石平铺而成,做工考究,上压围墙。

4、南宋晚期石砌水闸设施遗迹：位于南宋围墙的北侧,由储水池、水闸和水渠组成。储水池平面为边长3.1米的方形,深3.52米,由长方形的红褐色砂岩条石平砌而成。其底部环绕着一道石砌台阶,池内紧靠南侧台阶处有6根木桩固定。储水池底部有自然泉眼，至今泉水仍汩汩不绝地从地下涌出。水闸位于储水池的东侧，由2块高2.15米的条石竖立而成。条石内侧凿有一道道横竖凹槽，应是当初放置水闸门的结构,闸口宽1.35米。水闸与东西向水渠相连,以调节水量的大小。水渠两壁由条石上下错缝垒砌而成,底部铺设石板，水渠揭露长度为5.1米。储水池的西壁另有东西向水渠一条，用不规则条石错缝砌筑而成，揭露部分长3.95米，沟壁底部残留有护基木桩,沟底铺设石板。储水池北壁也揭露出一条水渠,自南向北延伸,揭露部分长1.05、内宽0.62米,两壁用略呈方形的块石错缝叠砌，渠底用规格28×8×4厘米的条砖纵向并列侧砌。整个水闸设施设计科学,营造考究。

与上述遗迹伴出还有大量南宋至明清时期的瓷器、钱币、铜镜、建筑构件等遗物。瓷器分属于南宋官窑、龙泉窑、越窑、建窑、景德镇窑等窑口。其中的南宋官窑洗、青白瓷粉盒、龙泉窑青瓷香炉等宋代瓷器,釉色晶莹,制作精美。值得一提的是,有一件南宋龙泉窑青瓷碗非常难得，因为该碗的口沿与腹壁上清晰可见经过修补的痕迹,是我国现今发现年代较早的补碗技术实

■发掘现场

例。宋代建筑构件包括筒瓦、板瓦、鸱尾等，其中一件莲花纹瓦当形体硕大，直径达23厘米，在南宋临安城考古中尚属首次发现。

本次考古发掘所发现的遗迹，最重要的是发现的保存完好的南宋御街遗迹。御街又称“天街”，南起南宋皇宫北门和宁门外（今万松岭南侧的凤凰山脚路口），经由朝天门（今鼓楼），往北到达今武林门一带，是南宋临安城的中轴线。御街专供皇帝车驾通行，显示封建皇帝至高无上的权威。南渡初，御街由都水监所属街道司管辖，每逢皇帝通行御街，先由街道司会同东西八作司派兵卒二、三百人修整路面，排除积水。绍兴十年（1140）御街由都水监划归工部管辖。南宋临安城东西向大路大都以御街为中心，向东西两边延伸，沟通临安城诸城门。纵横交错的道路组成以御街为中心的四通八达的交通网。御街的两侧特别是和宁门至朝天门这一段，分布着许多南宋朝廷的重要机构，如中枢机关——三省六部官署、南宋赵氏宗庙——太庙、五府（又称五寺，包括太常寺、宗正寺、大理寺、司农寺、太府寺）以及玉牒所等。《武林旧事》等书记载当时杭州御街两旁商肆林立，诸行百市样样齐全，繁华一时，“无一家不买卖者”。到了明时还有“一代繁华如昨日，御街灯火月纷纷”的诗句。这都体现出御街作为南宋临安城中轴线的重要地位。现在杭州市的中山路走向与御街基本一致，中山路是由南宋御街逐步演变而成的。从南宋王朝一直延续到现在，中山路一直都是杭州最主要的道路，是杭州最繁华的街道。

■南宋三省六部衙署北围墙

有关南宋御街的文献记载不多，御街始建于何时尚待考证。对南宋御街描述最为详尽的一段文字，见于《咸淳临安志》卷二十一，其文曰：“御街，自和宁门外至景灵宫前（今武林路凤起路口），为乘舆所经之路，岁久弗治。

咸淳七年安抚潜说友奉朝命缮修，内六部桥路口至太庙北，遇大礼别除治外，袤一万三千五百尺有奇。旧铺以石，衡从为幅，三万五千三百有奇，易其阙坏者凡二万。跸道坦平，走毂结轸，若流水行地上，经涂九轨，于是为称。"这段文字，主要是说明修缮从和宁门北至太庙的御街的事，说"旧铺以石，衡从为幅"，但考古发掘所见御街是由砖砌而成的，可能由于其主道被现在中山路所叠压，考古发掘难以大范围拓展，御街的全貌与完整宽度暂无法确定，但根据清理出的供百官和黎民行走的辅道单向就有5.15米宽、且砌筑规整、营建考究，御街之规模可见一斑。

■南宋瓦当

从地理位置结合文献记载来看，这里是御街东侧的盐桥运河(今中河)通往西部南宋中央官署区的支河。盐桥运河南起皇宫和宁门外的登平坊，北通天宗水门，长达十四、五里，是杭城人工开凿的最长、历史最悠久的河。这种河路并行的城市布局正是南宋临安城的最大特点。在中国古代南方城市中，采用河路并行体系的城市有临安城和平江城(苏州)，本次发现的南宋御街桥墩、桥堍与河道遗迹正符合这个特点。

另外在其附近的三省六部是南宋朝廷的中枢机关，绍兴二十七年(1157)以皇宫北面的显宁寺为基础扩建而成。由于文献记载过于简略，其具体范围特别是北界的确切位置在学术界一直颇有争议。这次发掘所见的围墙是否为三省六部官署的北墙，亦有待于进一步扩大发掘面积来确定。

南宋临安城在中国古代城市发展史上占有极其重要的地位，是中国封建社会由封闭式的里坊布局转变为开放式的街巷布局的一座典型城市。杭州市委、市政府对这次发现的遗迹、遗物十分重视，不惜巨资决定改变道路走向，减窄路面。为保护出土遗址，对寸土寸金的严官巷南北两侧进行了统一规划，力争在今年扩大考古发掘面积。

杜正贤　陈　航　李蜀蕾

原载2005年2月4日1版

87

江西丰城调查发现两处宋元瓷窑

2004年4月，江西省文物考古研究所、丰城市博物馆在丰城石江发现2处宋元时期古瓷窑遗址。一处是碗泥岭窑址，位于石江乡钳石村枫树下自然村东北侧的丘陵山坡上，在窑址的西边有一条石江水，融入丰水，汇入清丰山溪。在窑址采集了青釉瓷、青灰釉、青白釉瓷、黑釉瓷器和窑具等标本。另一处是公路边窑址，位于碗泥岭窑址西侧1公里的黄金水库东侧公路边的丘陵山坡上，窑址西侧的黄金水库即是原石江水所流经之地。瓷片的数量与品种较碗泥岭窑址少，有青灰釉、青白釉瓷、黑釉和窑具等。

碗泥岭和公路边窑址都位于丰城市石江乡钳石村枫树下自然村黄金水库东侧的丘陵岗埠地带，这里丘陵连绵，瓷土矿产资源丰富，柴薪充裕。两窑所烧产品种类基本相同，器物的造型、胎釉特征及其装烧工艺大同小异，制瓷时代相同或相差不远，属同一个大窑址的范畴，名之为钳石窑。两窑烧造的器物种类丰富，公路边窑址有青灰釉瓷、青白釉瓷及黑釉瓷，碗泥岭窑址多青釉瓷。两窑所烧的器物主要是当时人们的日常生活用器，也有一些文化用器以及随葬用的冥器。青釉瓷器类有碗、砚台，胎质较粗，胎多呈深灰泛紫色，胎体较厚，釉色不亮。青灰釉瓷有擂钵、碗、盘、钵、盏、炉、灯盏、水盂及生肖俑，胎质较粗，淘洗不够精细，胎多呈深灰或灰色，极少数为白色。黑釉瓷类型有罐、碗、盏、灯盏等，以盏占多数，胎色有灰白、白、黑等，以黑色为主。青白釉有罐、碗、盏、盘和器

■窑柱

■黑釉器

纹有双鱼纹，多饰于盏内底。刻划和蓖划2种手法经常结合使用。

窑具主要有垫柱、支圈组合覆烧窑具的垫钵、支圈。垫柱胎体厚重，上、下两面较平，表面多粘有一层细沙。垫钵多作支圈覆烧窑具的底部，也可作支圈覆烧窑具的盖。支圈呈圆形，有灰或深灰色陶胎以及白色瓷胎。两窑的装烧方法有仰烧、支圈覆烧、涩圈叠烧和对口烧等几种，以涩圈叠烧为主，青灰釉瓷、青白釉瓷和黑釉瓷中的圆器多采用这种方法烧造。青釉瓷则采用仰烧法烧成。也有相当数量的坯件采用支圈组合覆烧窑具装烧。另外还有的内、外满施釉唯口沿露胎的器物采用对口扣烧。罐类等琢器采用仰烧法烧成，为了节省空间，降低成本，在罐内也放置坯件。器物间较多

盖，制作精细，灰白或白色胎。从采集的标本来看，青灰釉瓷的种类较为丰富多样，青白釉瓷较为精细高档，两者有许多相似的地方，黑釉瓷器类较为单调，以盏为主，青釉瓷则显古拙、原始。一部分器物内满、外腹壁不及底施釉，釉层较薄；多数圆器的内底心留有一周涩圈；也有相当一部分器物内、外腹壁满施釉，唯口沿露胎。碗盘类圆器流行圈足，足墙较矮，器物内底凹下，系采用压模利坯技术制成。

器物的装饰以素面为主，偶见简单的纹样，但装饰手法却多种多样，有刻划、蓖划、模印等3种。刻划纹有水菊纹、牡丹纹和莲瓣纹，多见装饰在盘内底和碗盏外壁；蓖划手法主要在花叶的茎脉和云气纹上采用；模印

■青灰釉器

地使用铺设一层细沙的间隔方式,故而在产品的内、外底沿和窑具的顶面边沿均粘有细沙。器物的烧成采用南方常见的长条形龙窑烧造。

两窑产品的种类和器物的造型与江西地区宋元时期的窑址诸如赣州七里镇窑、南丰白舍窑、金溪古窑址等出土的同类器相同。黑釉碗的造型与重庆涂山窑黑釉Ⅱ式碗及黑釉涩圈Ⅲ式碗相似,装烧工艺也相同。重庆涂山窑天目瓷的烧造历史是北宋到南宋末,约自南宋中期以后,为了能够更充分地利用窑室空间,降低成本,受定窑影响而兴起的支圈组合覆烧技术广为应用并占据主流。江西的景德镇窑、七里镇窑、白舍窑、吉州窑莫不如此,丰城钳石古窑址也在其列。碗泥岭窑址青白釉碗的造型和装烧工艺特征与江西南昌绍定五年(1232)墓出土的青白釉涩圈碗相同,这类碗的造型和装烧工艺与公路边窑址青灰釉碗又完全相同。由此丰城钳石古窑址的生产时间当在宋元时期,其上限或可至北宋甚至更早,两窑的生产兴旺时期主要集中在南宋至元代,其中碗泥岭窑址较公路边窑址早。

石江钳石古窑址是宋元时期以生产日常生活用器为主的综合性瓷窑。它的发现弥补了丰城地区这一时期的空白,丰富了该地区的陶瓷史。

徐卫星

原载 2005 年 6 月 3 日 1 版

88

北京延庆发现辽金壁画墓

2005年北京市文物研究所和延庆县文物管理所在北京延庆县张山营镇晏家堡村北发掘了一座辽金时期的壁画砖室墓。该墓为圆形单室墓，南北向，由墓道、墓门、甬道、墓室等部分组成。墓道长12.3米，其中墓室直径3.5、残高2.8米。墓室内壁按圆周8等分，砖砌柱角上有斗拱装饰。墓室内壁原绘有壁画，现甬道及墓壁尚残存壁画4幅，分别描绘出行仪仗、侍女、鼓乐等内容。壁画人物生动、线条流畅、眉目传神，色彩艳丽，虽然剥落较为严重，但人物的面貌、服饰仍清晰可辨。辽金时期壁画在延庆是首次发现，在北京地区也弥足珍贵。

■墓室南壁上的仕女图壁画

墓葬早年被盗，墓顶砖、墓门墙已塌毁殆尽。墓内没有发现完整的人骨架，只零星发现几块火烧过的人骨，这也符合辽代流行火葬的习俗。出土墓志盖、铜牌、骨梳等文物10余件。其中墓志盖为青石质，覆斗状，55厘米见方，厚约10厘米。正中为篆体阴刻“故吕夫人墓志”六字，四周为线刻兽首人身的十二生肖，四角饰以线刻牡丹图案。圆形铜牌饰直径7.6厘米，一面线刻释迦牟尼，另一面线刻千手千眼观世音菩萨图案。刻划精细，形象生动。此外，出土的琥珀石榴饰件、小铜人等文物都是典型的辽代文物。由于没有找到墓志的下半块，墓葬的准确年代很难确定，但该墓出土了40多枚唐宋时期的钱币，目前发现最晚的是“政和通宝”，应铸于宋徽宗政和年间，即1111—1118年，相当于辽天祚帝天庆年间。综合出土的沟纹砖、墓志盖、白

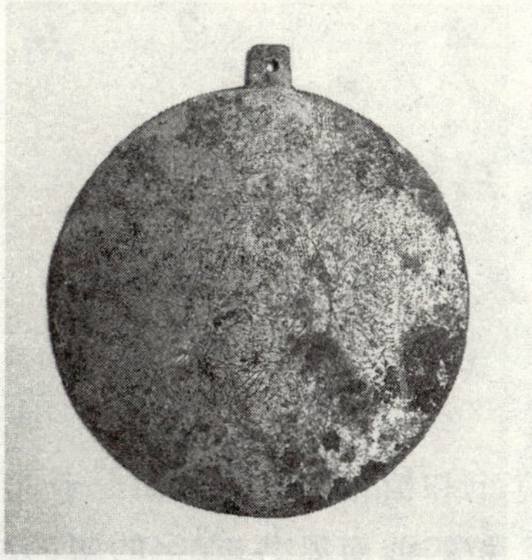

■铜牌(千手千眼观音图案)

瓷盘等文物分析，墓葬的年代应处于辽末金初。

938年石敬瑭把燕云十六州割让给契丹后,延庆就被划入辽国的版图。当时延庆为儒州,下辖缙山县,并置缙阳军。延庆作为辽上京与南京的必经要道之一,具有重要的战略地位,是辽南京的后方基地。辽代的皇帝经常到儒州驻跸、狩猎,民间流传着很多关于辽代萧太后的传说故事，但是文字史料和文物遗址并不多，目前只发现有缙山县故城、莲花池、缙阳寺等数处遗址。在该壁画墓以北几百米的山上就有一处应梦寺遗址，相传为萧太后所建,现在还存有辽代的建筑构件。该墓葬的发现对研究当时的历史、风俗、服饰、文化等具有重要的参考价值。目前，文物部门已对壁画进行了整体切割,将在实验室进行后期保护。

范学新

原载 2005 年 5 月 20 日 1 版

89

河北宣化发现金代石棺墓

2005年8月中旬，河北宣化在全国重点文物保护单位——辽代壁画墓群外围实施防渗漏工程中发现一处金代石棺墓。该墓位于1971年发现的辽代监察御使国子监祭酒张世卿墓西南20米。为竖穴土圹式，墓底距地表5.1米，圹内用厚0.1米的青石板围成外椁，中央的石棺呈西东方向。石棺用整块石料雕凿而成（图一），长1.27、宽0.91、高0.8米，棺盖为盝顶，厚0.27米。石棺内盛一柏木棺箱，头西脚东向放置，长0.93、宽0.62、高0.34米，箱盖也为盝顶，高0.1米。棺箱内葬火化骨灰。棺盖上和棺箱两侧与后面墨书梵文佛经。棺箱前面墨书40字的题记。在棺箱前与石棺内壁的缝隙间放置着一块石质墓志。墓志为长方形，2个上角为抹角（图二、三），长0.45、高0.31、厚0.07米。表面涂墨，2面共刻铭文39行363字。另外，石棺前放置祭祀陶罐3只。从墓志中可以得知墓主人是金代奉训大夫西京路盐使张时中，涿郡人，是张世卿的重孙辈。生于金天会元年（1124），30岁中进士，先后任密云簿、怀安令、闻阳令、卢龙令、尚书省令、兴平军节度副使至西京路盐使，官阶五

■图一　石棺

■图二　抹角铭文

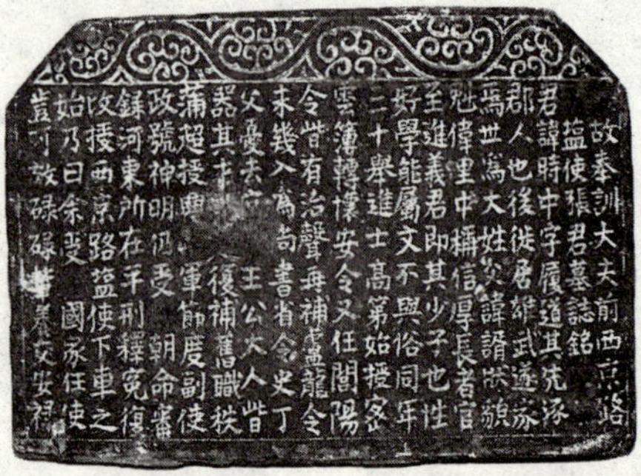

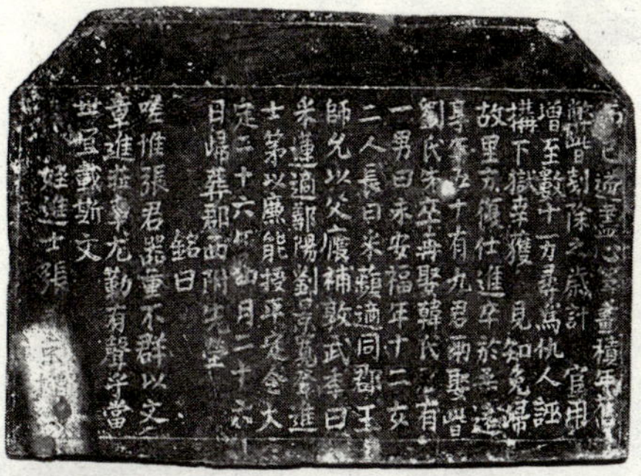

■图三 抹角铭文

■图四 棺箱题记

品。死于金大定二十三年(1183),享年59岁,于大定二十六年(1186)四月二十六日归葬郡西先茔。

根据棺箱内的骨灰和棺箱上的梵书经文以及汉文题记，可以确定墓主人生前虔诚地信仰佛教，死后按佛教仪规中的荼毗礼葬式火化入葬。由于辽金时期佛教盛行，宣化张世卿家族墓群中的所有墓葬都是采用火化葬俗。张时中棺箱上的题记中还书写了反映原始教义的《法身偈》“诸法因缘生,缘尽法还灭,吾师大沙门,常住如是说。”(图四)它又称之《因缘咒》,在佛教中非常流行。

张时中的石棺墓葬式在张氏家族墓中还是首次发现，为墓群中增添了一种新的葬式。张氏家族墓的年代为辽代晚期至金代中期，墓葬形式从豪华的大型砖室壁画墓到简陋的石棺墓、小型砖墓、骨灰罐墓等。丧葬形式的差异直接反映了朝代更替时的社会动荡和经济衰落现象，也反映了张氏家族从兴旺到衰败的过程。张时中石棺墓的发现提供了珍贵的史料文物。

颜　诚

原载2005年11月25日2版

90

宁夏山嘴沟石窟出土一批文物

2005年9月，宁夏文物考古研究所在调查贺兰山山嘴沟西夏石窟中发现了西夏佛经、文书、丝织品、唐卡残片、擦擦、模印泥佛像、钱币等一批珍贵西夏文物。其中，不少西夏文佛经、文书是首次发现。

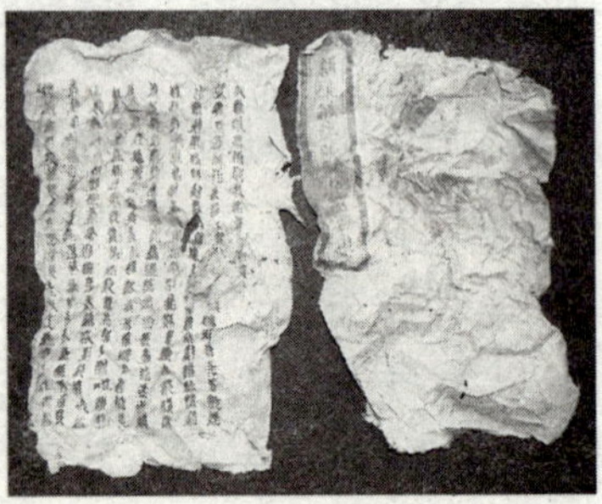

■《妙法莲花经》

山嘴沟是贺兰山东麓的山沟之一，位于宁夏回族自治区银川市西约40公里处，东南—西北走向，全长约15公里。山嘴沟石窟就位于距沟口近10公里的沟内深处东侧陡坡上。这些石窟在20世纪80年代文物普查中发现，但未明确时代。9月，经国家文物局批准，宁夏文物考古研究所对贺兰山西夏佛寺遗址进行考古调查，山嘴沟石窟是其中的一处。调查过程中，考古工作者在2号窟窟前地表发现有零星的西夏文佛经残片，经对窟前地表堆积进行清理，发现了大量西夏文物，从而明确山嘴沟石窟为一处西夏石窟。

■3号窟壁画

这批文物主要集中在2号窟窟前北壁下的堆积中。这里的堆积很薄，仅20—30厘米，主要为风积土和羊粪。文物相对集中，与茅草和鸟粪混杂在一起，范围约1平方米左右。推测文物原是被封藏于2号洞窟北壁上部壁画后面，后来壁画脱落，文物随之散落下来，被尘土覆盖而得以保存。

■草书佛经

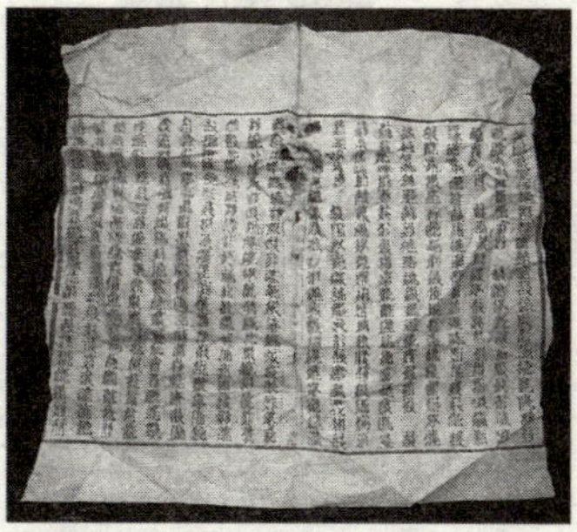

■西夏文佛经

这次出土的文献以佛教内容为主，多为佛经，有西夏文的，也有藏文和汉文的；有写本、雕版印本，也有活字印本；有楷书、行书，也有草书；装帧形式有蝴蝶装、卷子装和经折装；从纸质上观察，既有麻纸，也有棉纸；既有汉传佛教文献，也有藏传佛教密宗文献。出土文献绝大部分是西夏文，没有完本，多数为残页，从纸质和字体初步判断有近30种，数百页(片)之多，内容十分丰富。不少佛经保存有封皮、封签及经名，初步译释为：《大方广佛华严经》、《妙法莲花经》、《金刚槃若经集》、《圆觉注之略疏》、《圣妙吉祥真实名经》等，另外还有大量残缺经题的佛教文献。有的佛经不论是在印刷或书写形式上，还是内容上，在国内外现存的西夏文佛经中都是首次发现，为西夏文大藏经增添了新的内容。它们为研究西夏的语言文字、宗教信仰、印刷、造纸以及吐蕃文化与西夏文化之间的交流等，提供了重要的实物资料。

山嘴沟现存石窟5眼，均利用自然岩缝或岩洞略加修整而成，形制很不规整，壁面凹凸不平，极为粗糙。窟内不见塑像，其中3眼石窟壁面绘有壁画，但是大部分已剥落。壁画均是先于壁表抹黄泥，表面又涂白灰，其上绘制壁画。现存壁画内容主要有：在1号窟仅存一幅讲经图。2号窟窟室内北壁正中绘上师像，两侧绘有十几幅菩萨像和供养人；南壁正中亦为上师像，两侧绘有十几幅菩萨像；上下有云纹边饰；窟顶绘有祥云等；窟前两壁绘有火头金刚、伏虎罗汉、降龙罗汉、护法天王、八臂观音、菩萨、金刚手、供养人等。3号窟主要有释迦牟尼说法图、八臂顶髻尊胜佛母图、二臂上乐金刚双身像、四臂观音以及众多菩萨、供养人等。过去，西夏壁画主要集中在甘肃的河西地区，如敦煌莫高窟、安西榆林窟、东千佛洞等，宁夏一带作为西夏的京畿地区，西夏石窟壁画并未发现，而山嘴沟壁画确定为西夏壁画，填补了这一空白。

孙昌盛　王仁芳

原载2005年10月26日1版

91

江西景德镇丽阳乡瓷器山瓷窑址发掘元代龙窑

景德镇丽阳乡瓷器山瓷窑遗址位于江西景德镇市西南21公里，分布在丽阳乡彭家村和丽阳村之间的瓷器山西坡和碓臼山南坡，紧靠昌江，2004年底，窑址遭到盗掘。为保护该遗址并获取科学材料，经国家文物局批准，故宫博物院、江西省文物考古研究所和景德镇陶瓷考古研究所联合组成考古队，于2005年7—10月对景德镇市丽阳乡彭家村和丽阳村的元、明瓷窑遗址进行了考古发掘。出土了大量五代、宋、元、明时期的瓷器，初步确定这处瓷窑遗址的范围较大，生产时间从五代至明代，是景德镇市区以外一处相对集中的瓷器生产地，发现并发掘元代晚期的龙窑窑炉和明代早期的葫芦形窑炉各一座。著名考古学家张忠培，古陶瓷研究专家耿宝昌、李辉柄、刘新园，陶瓷考古专家权奎山、刘兰华等先后到考古工地考察、论证后，一致认为这次发掘取得了重大成果。

■明代早期青花瓷器

■葫芦形窑全景

元代龙窑位于丽阳村碓臼山南坡，长24.3、窑室最大宽度4米，窑内未经扰乱的匣钵摞叠成柱状、排列整齐，处于原始装烧状态，窑壁保存较好，这是迄今考古工作者首次发现未经开启的元代瓷窑炉。从未经扰乱的

■元代龙窑出土青釉碗

原状匣钵柱及其排列形式可以看到，匣钵柱之间除了用亚腰形的窑撑保持匣钵柱彼此间的距离外，也有用砖、废匣钵片作窑撑具的现象，从窑撑两端有匣钵接缝印痕看，这些窑撑是原本当时装窑时用来固定匣钵柱并使之保持间距的泥块，经火烧后成为我们所见到的样子；为保持匣钵柱最下面的匣钵平稳，则根据需要采用废匣钵片和不规则形的支脚为垫具，或直接用砂子铺垫；每个匣钵内都装有一个规格基本相同的碗，碗底和匣钵之间有垫饼，根据其形状可知这种垫饼并不是预支且也没有初步煅烧，而是在装碗时由窑工把泥饼放在匣钵底部，再把碗坯放在泥饼上并稍用力下压，从而形成平衡。由于这些细节在以往没有发现过，所以成为研究和复原元代瓷窑窑炉形制、装烧工艺、每窑的装烧量、窑内匣钵排列方式和空间组合等瓷业经济史的原始根据。尤其值得注意的是该龙窑窑炉形制比较特殊，火膛较深大、窑炉左右两壁外弧、炉壁近火膛处微内缩，尾部砌成圆弧形且没有龙窑常见的排烟孔等设施，这几点都是明代典型葫芦形窑的主要特征，揭示了由龙窑向葫芦形窑的变化过程，在陶瓷窑炉发展史上具有重要的学术价值。同时，窑炉突然停烧必定和当时当地的某些突发性事件有关，根据《同治饶州府志》等文献记载，元朝末年朱元璋的大将于光曾在丽阳修筑军事城堡，作为朱元璋进军鄱阳湖的军事基地之一。经发掘证实这座城堡就依据山势环布在元明瓷窑遗址所在的瓷器山和碓臼山周围，这种能确定是元末义军修筑的军事城堡以往也未见报道。所以，这座非自然停烧且未开启的元代窑炉，也成了反映和研究该地区元朝末年历史事件的重要材料。

明代早期的葫芦形窑炉位于彭家村瓷器山西坡，长 10.9、窑室最大宽度 3.4 米，窑门、火膛、窑床保存较完好。

■元代龙窑全景

葫芦形窑炉是明代景德镇地区流行的瓷器窑炉，其图像既见载于《天工开物》，在景德镇明代御窑遗址和湖田明代窑址也发现有实例，但是这些窑炉保存状况相对较差，关于其烟囱的形制历来存在争议。该窑炉的发现不仅可以填补景德镇御窑遗址发现的明初(洪武、永乐时期)葫芦形窑和湖田窑遗址发现的明代中期(弘治时期)葫芦形窑之间的空白，葫芦形窑自身形制展示的变化过程，也可以印证《天工开物》对葫芦形窑窑炉形制的记载，其史料价值尤为重要。同时，元代末年的龙窑和明代早期的葫芦形窑炉遗迹同见于一个窑场，其本身就揭示了景德镇地区元代晚期到明代早期的窑炉由龙窑到葫芦窑的变化过程。

出土瓷器有五代青瓷，宋元青白瓷，元代青花和釉里红，明代青花、仿龙泉釉、仿哥釉、黑釉、白釉瓷器等。器形有碗、盘、高足碗、高足杯、罐、执壶、炉、盏等。明代早期民窑场仿哥窑和仿龙泉釉瓷器是以往不为人所知的，这次发现丰富了学界对明代早期景德镇地区瓷器釉色品种的认识，而青花、白釉、仿哥釉、仿龙泉釉瓷器器类与造型的统一，又说明在同一座窑场内器物的形制并不因釉色品种的不同而有差异，这对陶瓷考古进行类型学研究尤其具有提示作用；同时，元代龙窑遗址出土的青瓷碗、盘和明代窑址出土的青花折腰盘、高足碗等器物的产地也是以往不知道的，这次发掘所得资料对研究传世和考古发掘的同时期青瓷、青花、仿龙泉釉和仿哥釉瓷器的产地均具有标尺意义。

北京大学权奎山教授强调指出对丽阳乡瓷器窑址的考古发掘是考古工作者首次带有课题性质的对景德镇地区元、明时期的民窑遗址进行主动性科学发掘，所取得的收获除可以搞清楚景德镇地区乃至整个江南元明窑炉形制变化的规律，初步建立明代景德镇民窑瓷器的断代编年外，对研究明代民窑生产历史以及对景德镇地区的陶瓷考古也具有推动作用。

故宫博物院
江西省文物考古研究所
景德镇陶瓷考古研究所
丽阳乡瓷窑址联合考古队
原载2005年11月23日1版

■元代匣钵

92

山东章丘龙山镇发现一座元代壁画墓

2005 年 9 月 11 日，山东省章丘市龙山镇政府在济青路边铺设煤气管道时发现一座元代壁画墓，当地政府立即向市文物部门进行了汇报。市博物馆、文物管理所的同志即刻赶赴现场，对古墓进行了清理。

经现场勘查，此墓顶距地表约 2 米，墓底为圆形，底径为 2.4 米，穹隆顶，残高 3.1 米。墓门方向朝南，高 7.5、宽 0.72、进深 0.5 米，墓道因未清理，情况不明。墓室顶部有盗洞，估计此墓早已被盗。

经简单的清理后发现，墓室地面是以交错砖铺地，无棺床。四壁四角各砌转角 2 个，高度为 0.8 米，转角上承斗拱各一朵，四壁以红色表现仿木结构为主。墓内砖壁自上而下皆有彩绘痕迹，因墓室保存较完整，室内壁画保存尚好。从转角斗拱分界，壁画分上、下 2 部分，阑额以下立壁为底层，多绘社会生活图，每组壁画间以外凸的倚柱分隔，绘图及砖砌构图分布为：东面宴饮图，西面为帷幔图，北面为假门，南面为墓门，墓门两侧为粮仓和男侍图。墓室内转角为砖砌 8 个抹角倚柱，柱高 0.85 米，无柱础，柱间饰阑额，普柏枋。阑额上设转角铺作，形制均为五铺作单昂计心造，铺作间饰拱形叠卷云纹，铺作上为莲花纹，上承圆形檐枋。其上为三角形屋顶图案，中间饰红色网纹及红、白、黄色的云纹。再往上为花枝隔成的菱形界面，中间绘大朵牡丹图，用红、黑、白 3 色勾勒，鲜艳夺目。

墓室正南为墓门，墓门右侧为一砖砌烛台，烛台右为一宫女，头梳高髻，身穿交领红色窄袖长襦，手执火烛。墓门左侧为一人物像，因湿泥覆

■元墓壁画

■元墓壁画

盖,面目不清。

东壁为宴饮图,上悬淡黄横帐,下为白地红点花的帷帐。帷帐下砖砌1张直足直枨的方桌和2把靠背椅。桌上放置一盘食物,似为馒头状面食。左侧椅上坐一头戴黑色方帽的青年,紧挨青年的为一老妇人,头梳高髻,身穿粉红色右衽襦裙,插步摇,目光祥和,面向青年似说些什么;桌后右侧站一身穿大红衣服的宫女,头梳两垂髻,左右手各抱一瓶状物,似在为客人斟酒。桌子右侧是一中年男子,短须,头戴一圆顶帽,帽顶饰玉珠,身穿左衽白色窄袖袍,双手抱在胸前,手中怀抱一长柄状物。

正北壁砖砌1扇大红假门,门楣上有2组柿蒂纹,门楣之上为大红色绘就的3层菱形纹。两侧有柱,柱上承托阑额,其上承托柱头斗拱3个,做法皆为五铺作单昂计心造。

西壁绘的是上悬淡黄横帐,下为红色垂帐,一直足直枨条桌上搭着一块红白间布。左侧1张红色小矮桌上绘有2个柜子,柜直足直枨,正面设锁,上面的小柜斜放在下面的大柜上,2个柜体均用黑彩网纹装饰。柜子左侧有一只肥猫正跃上桌子。猫竖耳耸身,长尾上翘,两爪一只抓上小柜,一只按在桌上,动作和形态都刻划的惟妙惟肖。

此墓因早就被盗过,洞内有不少扰土,墓主尸骨已被掀至墓门处和西侧,入葬形制已不清,随葬物品只发现2枚铜钱,锈迹斑斑,已看不清钱文,只是从墓室四周壁画及东部宴饮图上的人物形象,对比同期墓葬资料,可判定此墓的埋葬年代为元代。宴饮图中桌子右侧中年男子的装束为章丘首次发现,对研究章丘市元代服装等社会习俗具有重要意义。

李 芳 孙 涛 段丽山

原载2005年12月2日2版

93

河南新郑发现一元代窖藏

2004年初，河南省新郑市龙湖镇中原工学院基建工地挖电缆沟时，在距地表0.5米左右发现一窖藏。新郑市文物管理局获悉后立即前往进行了抢救性清理。共清理出文物31件，其中瓷器25件，铁器6件。

窖藏坑出土的瓷器以龙泉窑青釉刻花碗、磁州窑系的白地赭彩开光折枝牡丹罐、钧窑系蓝灰釉彩斑碟和"元统"铁权最具有历史、艺术欣赏价值。

龙泉窑青釉刻花碗（图一），高3.8、口径11.7、足径6.6厘米。器为侈口，斜宽折沿，斜直腹壁，外壁略弧，浅腹，平底，矮圈足，胎质白中略泛灰；通体施青釉，釉汁纯净，施釉精细，釉色青中闪绿，器面晶莹光亮，温润似玉，是一件不可多得的艺术佳作。此碗内底有一划花折枝莲花，刻划精细，线条流畅，花瓣排列严谨规整，圈足内底施有青釉，外有烧制时遗留的涩圈，无釉呈铁锈红色。

白地赭彩开光折枝牡丹罐（图二），通高19.2、口径24.8、底径15.3厘米。器为大口、直沿、溜肩，鼓腹在上部，下腹斜壁，内聚小圈足(内挖)底，胎呈灰白色，器表外施白釉，采用大写

■图一 龙泉窑青釉刻花碗

■图二 白地赭彩开光折枝牡丹斑罐

意手法，上绘赭彩开光折枝牡丹纹，成对称图案，肩部饰有波折纹，器内壁施满褐釉，露有轮制时留下弦纹痕迹，底露胎，内挖呈双圈足，存有铁锈斑，此器造型古朴雅观，形体浑厚庄重，制作工艺较精细，充分体现了当时制瓷技术水平与时代风格特征。

钧窑蓝灰釉彩斑碟（图三），高者3.3、低者2.7厘米。3件钧瓷碟形制基本相同，器为平折沿，斜壁，浅腹，圈足。碟内壁、平折沿、底均有窑变自然形成的紫红色彩釉斑，外壁施釉至下腹，釉层较厚，釉色为蓝灰色，下腹，圈足露胎。这3件钧瓷碟最富有艺术特征的是彩釉艺术，那种鬼斧神工、变化莫测的“窑变”艺术之美，表现出钧瓷工艺无限的魅力，难怪钧瓷有“进窑一色，出窑万彩”的美誉。

■图三 均窑蓝灰釉彩斑碟

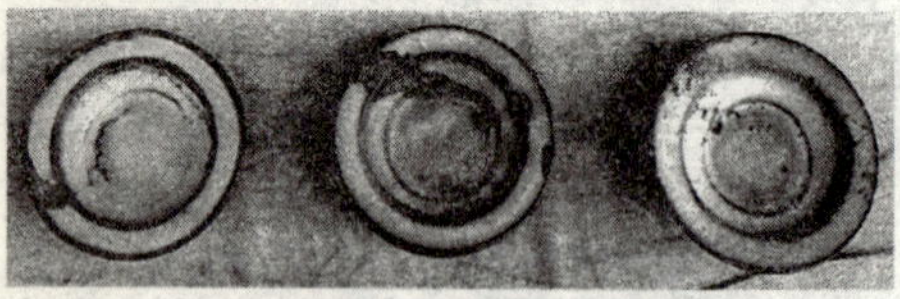

■图四 元统铁权

元统铁权（图四），通高11、底径7.1、宽4.3厘米，重600克。权身呈扁平六面体，方钮，束腰六棱形底座，腹部正面阳铸铭文“元统二年、官运通行”，背面铸铭“汴梁路”，“汴梁路”元时属河南行省。“元统”为元惠宗妥懽贴睦尔的年号，“元统二年”即1334年。根据铁权铭文推知，此窖藏应为元代。

该窖藏坑的发现，对研究元代的历史和瓷器的烧造技术，提供了可靠的实物资料，具有较高的艺术和收藏价值。

王 君 王惠霞

原载2005年9月28日2版

94

北京毛家湾发现大型明代瓷器坑

2005年7月25日，位于北京西城前毛家湾胡同的中央文献研究室在铺设供暖管道时，发现一大型瓷器坑。北京市文物研究所获知后，立即组织考古人员赶赴现场，展开抢救性发掘工作。至8月3日，发掘工作全部结束。此次发掘，获得大量古瓷器残片。

发掘表明，这个大型瓷器坑显系人工挖掘而成，口大底小，整体呈斗状。坑口距地表1.4、长7.8、宽5.2米，略呈不规则长方形。底部长7、宽4.5米，由西北向东南呈台阶状倾斜，最深的东南角距离地表4.4米。坑壁平整，略有倾斜，局部坍塌。坑的东壁上部被近代施工所破坏、扰动。

■出土瓷器

■瓷器

瓷器坑内除瓷片和极少量垃圾外，不见其他遗物。瓷片平均堆积厚度为2米。经过仔细观察，其堆积较为杂乱，垂直方向及水平方向上不同位置的堆积，没有明显的年代早晚关系。从发掘情况来看，瓷器坑原址应当是一片低洼地，当时的人们长期在此倾倒垃圾。

经过初步整理，此次出土的大量瓷器(片)，按时代可分为宋代、元代瓷器(片)和明代瓷器(片)，以明代早中期景德镇青花瓷器(片)为大宗。绝大部分是民窑产品，仅有个别出自官窑。普遍带有摩擦、磕碰、锔补等使用痕

■瓷器出土情况

迹。宋代瓷器(片)极少,为钧窑系、定窑系产品。元代瓷器(片)的窑口有景德镇窑系、龙泉窑系、钧窑系、磁州窑系、枢府窑等。品种有白瓷、青瓷、黑瓷、龙泉釉、白地釉下黑彩、白地釉下酱彩、白地釉下黑彩划花、枢府釉等,还有极少量的青花。器型有各类碗、盘、杯、炉、碟、罐、壶、瓶、洗、筒以及少量瓷塑,并发现有较为罕见的白瓦。主体纹饰有花草、人物、动物等题材,辅助纹饰有变体莲瓣纹、卷草纹、云纹、蕉叶纹等,部分龙泉窑瓷器(片)上压印有文字。明代瓷器(片)绝大部分属于明代早中期景德镇民窑烧造的青花产品,官窑的很少。窑口有景德镇窑系、龙泉窑系、磁州窑系、玉溪窑等。品种繁多,有青花、白瓷、青瓷、黑瓷、龙泉釉、仿龙泉釉、蓝地白花、霁蓝、酱釉、红绿彩、素三彩、外龙泉里青花、外霁蓝里青花、外酱釉里青花、珐华、琉璃、仿哥釉、青花斗彩等。

装饰题材有花卉图案,如牡丹、莲、菊、松、梅、灵芝、荔枝、茶花、莱菔、芭蕉、葡萄、竹、石榴、百合等。鸟兽图案有龙、凤、狮、虎、鹤、鹿、鱼、孔雀、麒麟、海马、鸳鸯、松鼠、蝙蝠、螃蟹等。人物图案有婴戏图、高士图、仕女图、仙人乘槎、麻姑献寿、携亲访友等。山水图案有庭院景色、山川流水、树石栏杆等。文字图案有梵文、汉文吉祥语等。几何图形有结带宝杵、月华锦、团花等。

器型有各类碗、盘、杯、炉、碟、罐、器盖、壶、瓶、盆、洗、花浇、筒、盂、钵、缸等。以形式多样的碗、盘、杯为大宗。以碗、盘、炉为例,碗有敦式碗、撇口碗、卧足碗、高足碗、馒头心碗、诸葛碗等不同的型别。盘分浅弧腹盘、折沿盘、折腹盘、花口盘等。炉可分为三足炉、钵式炉、筒式炉。胎质多较为细白,见有少量的刻划、模压、贴花、堆塑等装饰手法。部分瓷器(片)有缺陷,如胎质较粗、施釉不均、釉色不正、色料呈色不稳定、制作随意、火候欠佳等。

不少瓷器(片)上或写、或刻有款识。年号款有“大明宣德年造”、“宣德年造”、“大明成化年造”、“大明弘治年制”等,其中有部分仿款。干支纪年款有“丙子年造”、“壬申年造”、“甲寅年造”等。陶人款有“陈守贵造”、“陈守振造”、“程文自造”、“吴文自造”等。吉语款有“福”、“寿”、“太平”、“天下太平”

■发掘场景

等。这些款识多为行书，书写较为随意。款识中还有银锭、方胜、犀角一类的图记款，也存在少量的较为特殊的花押款。

从瓷器(片)的堆积情况、年代、窑口、特征判断，该瓷器坑是在较短时间内、经二次堆积形成的。瓷器(片)普遍带有使用痕迹，绝大部分属于民窑产品，亦有少量官窑器。此种情况表明，这坑瓷器(片)的来源很广、很复杂。据史书记载，前毛家湾位于明皇城西北角的西侧，其北面是迭经废置的太平仓。西面紧挨人口密集的鸣玉坊，漕河在其西侧不远，附近建有漕运码头。皇城西北角建有西什库、赃罚库等皇家仓库。据此种种推测，瓷器坑的形成原因，可能与当时其附近的仓库、府衙、居民点及漕运活动等有一定的关系。

这批瓷器(片)数量特别巨大、窑口众多、器型丰富、釉彩品种繁多、纹饰题材异常丰富，基本汇集了元、明两代主要窑口的瓷器品种，涵盖了日用瓷、陈设瓷、建筑用瓷等范畴，有些图案纹饰、款识还是首次发现，并且有明确的出土地点和层位，为研究元、明瓷器提供了大量而且可靠的材料，具有重要学术价值。

瓷器坑出土的明代早中期瓷器(片)，从明初期历永—宣时期、“空白期”，一直到明代中期，各期瓷器(片)的数量都相当可观。时代延续性好。运用考古类型学方法，对这批瓷器进行详细的排比，有望建立起明代早中期民窑瓷器(包括青花、白瓷、龙泉釉、霁蓝、酱釉、红绿彩、素三彩等品种)的类型学分期体系，从而为出土和传世的明代早中期民窑瓷器提供一个可靠的分期标尺。

通过对这坑瓷器的研究，可以深入了解当时瓷器生产工艺、窑业技术交流、瓷器的销售与流通、社会生活与意识形态等社会状况，以补充文献记载的不足。目前在古瓷器领域，民窑瓷器相比官窑瓷器，研究稍显薄弱。这批瓷器的发现，对加强明代民窑瓷器的研究也具有重要意义。

韩鸿业　李永强

原载 2005 年 10 月 12 日 1 版

95

北京朝阳区发现两座明代纪年墓

2005年 9月28日，位于北京朝阳区王四营乡的华能北京热电有限公司在铺设管道时发现2座古代墓葬。北京市文物研究所接到报告后，立即组织人员赶赴施工现场，进行抢救性发掘。此次共清理出明代墓葬2座，分别编号为2005C7M1、2005C7M2。2座墓葬虽经早期盗扰，又被施工严重破坏，但仍然出土了玉带、金饰、银币以及墓志等遗物。

M1破坏严重，据残迹判断其形制为长方形竖穴土圹墓，长2.8、残宽1.25米。墓口距离地表1.5、墓底距离地表3.6米。内葬2棺，头向北。东棺完全被施工破坏，仅剩棺木残痕及红色漆皮碎片。残痕长约1、残宽0.3米。西棺为楠木棺，长1.6、宽0.8米，棺盖缺失。残高约0.5米。骨架保存较差，葬式不详。

在西棺的底部清理出铜钱14枚，并于西棺南侧墓底上方约2.8米处发现墓志一盒。志盖、墓志均为方形青石，带字面相对扣合，外施铁箍2道。志盖正面题“明故荣禄大夫钦差协同南京守备兼管右军都督府事怀柔伯施公墓志铭”，7列30字。皆篆书，阴刻而成。墓志正面镌刻有志文40纵行，1000余字。

由墓志可知，墓主人一为施鉴（西棺），一为其孙女（东棺所葬，年幼尚未取名）。施鉴，字彦明。生于正统戊午年（1438），成化二年（1466）袭“怀柔伯”爵位。弘治四年（1491），奉敕协同南京守备兼掌右军都督府事。弘治八年（1495）正月，因“中风疾，医弗奏效”，

■东棺出土“大明通宝”银币

■东棺出土玉带及鎏金铜带扣

卒于南京私第,享年 56 岁。南京礼部右侍郎董越撰文。《孝宗实录》有其生平事迹。

M2 位于 M1 东北角 7 米处，亦为长方形竖穴土坑墓。保存稍好。长 3、残宽 2.2 米。墓口距离地表 1.5、墓底距离地表 3.7 米。M2 为夫妻合葬墓。女棺在西,男棺在东,皆为楠木棺,无椁。棺外填以五花土。女棺长 1.7、宽 0.4—0.5、残高 0.4 米，缺失棺盖。出土有银簪(残)、银币等遗物。其墓志被施工破坏、损毁,志盖完整,墓志裂为碎块,缺一角。志盖正面以篆书阴刻 3 列 12 字:“明故怀柔伯夫人李氏合葬志”。墓志正面镌刻志文约 30 列,残存 400 余字。男棺长 1.8、宽 0.6—0.7、残高 0.4 米,呈长方匣状,四角各有伞帽形带环铁钉一枚,棺盖缺失。出土有玉带、鎏金铜带扣(残)、金饰(残)、银币、银簪、墓志等遗物。该墓因早期被盗,故现存遗物多不在原位。玉带共 20 块,均为白玉质地。素面,正面抛光,背面钻有穿鼻。可分为长方形、桃形、长条形等。银币有 2 种,一为圆形圆孔(孔径 1 毫米)。部分银币刻有“大明通宝”、“寿山福海”字样,均为行书。一为圆形无孔,皆无字。银币在出土时都粘附有织物碎片。在东棺南侧墓底上方约 2.9 米处发现墓志一盒。志盖、墓志均为边长 66 厘米的正方形汉白玉，带字面相对扣合,施铁箍两道。志盖正面题“明故特进荣禄大夫柱国怀柔伯施公墓志铭”,4 列 18 字,为篆体阴刻而成。墓志正面镌刻楷书 35 列 800 余字。

由墓志可知,M2 是施聚及其夫人李氏的合葬墓,M1 的墓主施鉴是其孙。施聚生于洪武己巳年(1389)。永乐七年(1409)袭其父金吾右卫指挥使一职,历任都指挥佥事、都指挥使、右军都督佥事直至左都督,“皆以军功进”。英宗复辟后,被封为“怀柔伯”,赐铁

■施聚墓志盖

券。卒于天顺六年(1462),得寿74。死后加封“怀柔侯”,谥“威靖”。《明史》有其传,《英宗实录》也有他的生平事迹。施聚夫人李妙明,生卒之年同于施聚,“差小月余耳”。在施聚死后不久,“以夫子殁感疾”而终。

北京地区出土过不少明代太监墓、妃子墓及外戚墓,高级武官墓葬的发现尚属罕见。施聚祖孙墓的出土,为研究明代北京地区高级武职的葬制提供了不可多得的实物资料。3块墓志合计2000余字,涉及施氏家族谱系、明代民族政策、“世券”制度等问题,可以补正相关文献的不足。这3块墓志,记录有连续8代施氏家族谱系及部分姻亲的状况。《明史·施聚传》载“其先沙漠人”,明确记载其祖先属于蒙古人,但语焉不详。墓志则记录有施聚的父、祖及曾祖的蒙语名字。根据墓志并结合《明史·施聚传》等文献记载可以获知,施氏家族自施忠(施聚之父,原名黑厮)开始归附明政府,易汉姓,移居通州。从中可以了解明王朝初期实行的民族政策以及民族迁徙、融合等情况。墓志中还有关于“世券”券词的记载,对研究明代的“世券”制度有重要价值。另外,墓志中出现的多个当时的地名及行政区属,为明代历史地理研究提供了新资料。

刘风亮　李永强

原载2005年11月16日1版

96

江西景德镇明清御窑遗址考古发掘

2004年9—12月，北京大学考古文博学院、江西省文物考古研究所、景德镇市陶瓷考古研究所继续联合对景德镇明清御窑遗址进行考古发掘，发掘面积755平方米，出土了一批墙、窑炉、掩埋落选御用瓷器的小坑等遗迹和一大批明代早、中期的落选御用瓷器等遗物。

墙是2004年发现的主要遗迹之一，出土多道，较为重要的是第13号墙。该墙遗迹发现于珠山北麓，与2003年出土的第10号墙遗迹是一个整体建筑。这2道墙揭露出来的部分合在一起构成一个矩尺形，基本为东西、南北走向。揭露出来的长度，第13号墙(东西向)19米，第10号墙（南北向）8.7、宽0.6、残高0.5—1.66米。墙体以匣钵片等材料立砌而成，转角处以砖砌制，每隔6米左右便在墙体中砌一砖垛，以起加固墙体的作用。值得注意的是，在第13号墙的下部、距转角8.4米处留一高0.35、宽0.2—0.3米的孔洞，洞左右上三壁均为砖砌。该墙建在元代至明代初年地层之上，叠压在明宣德早期地层之下，并在墙体砌建材料中发现有明洪武早期烧造的板瓦。由此推断，其年代为明洪武至永乐时期。其用途，据其形制、规模、位置和墙下部留有孔洞分析，很有可能是院墙。明代王宗沐《江西大志·陶书》等文献记载，明代御器厂的建筑、设施等均在珠山以南，珠山以北文献中没有记录。这道院墙遗迹的出土，不但证明明代初年(洪武至永乐时期)珠山北麓有建筑，而且还是御器厂活动和生产的主要区域。只是在宣德及其以后才成了堆放窑业废弃物和掩埋落选御用瓷器

■第13号墙

■第23号小坑

的场所。这一发现填补了文献记载的空白。

窑炉是去年发掘出土的重要遗迹,可分为葫芦形窑和馒头形窑2类。葫芦形窑遗迹3座,出土于珠山北麓,即御窑遗址的东北部。皆以楔形砖砌制,均由窑前工作面、窑门、火膛、前室、后室、护窑墙等部分组成,形制相同,大小基本一致。其中第6号窑遗迹保存比较完整,窑前工作面长4.8、宽6.2米;窑门呈“八”字形,向左右弧撇,宽0.7、残高0.6米;火膛呈半圆形,进深1、最宽处3.2、低于窑床前沿0.5米;前室亦为半圆形,与火膛合成一个圆形空间,进深1.46、直径3.2米;后室窄长,左右两壁齐直略外斜,后壁为弧形,长6.9、宽1.96—2.28米;窑床前低后渐高,倾斜度为10度;窑壁厚0.3、残高0.5米;窑壁外侧有一道宽约0.14—0.44米的护窑墙,以残砖、断瓦和匣钵片砌制而成。这3座葫芦形窑炉遗迹是一个整体,均叠压在明宣德层之下,窑床前沿挡土墙砌制材料中有较多的明洪武早期烧造的板瓦,并在第6号窑的护窑墙内发现一块明永乐时期的白瓷砖。由此可见,其年代为明洪武至永乐时期。馒头形窑遗迹14座,出土于珠山南麓,即御窑遗址南部的西侧。皆以小砖砌制而成,均由窑前工作面、窑门、火膛、窑室、烟道、排烟孔、烟囱、护窑墙等部分组成,规制较小,形制相同,大小相差不过0.3米。第14号窑遗迹基本保存完好,窑前工作面宽广;窑门呈“八”字形,弧线外撇,宽0.54、残高0.48米;火膛呈半圆形,进深0.46、最宽处2.02米,低于窑床面0.42—0.52米,左右两角以砖封砌;窑室左右两壁齐直,平面呈横长方形,床面平整,长1.38、宽2.02米;窑床后为一横向烟道,长2.02、宽0.22、深0.18米;后壁下部设6个排烟孔,宽0.12—0.16、高0.12米;烟囱平面呈横长方形,后两角为弧形,长0.35、宽2.02米;

■第6号窑(葫芦形窑)

■宣德孔雀绿釉鱼藻纹梅瓶

窑壁厚 0.3、残高 0.1—0.68 米。这 14 座馒头形窑炉遗迹也是一个整体，相互间有明显的打破关系，发现有 3 层窑炉遗迹叠压的情况，说明其延续时间较长。这批窑炉遗迹均叠压在明万历至清代初年地层之下，明宣德时期的窑业废弃物皆堆放在最下层窑炉遗迹的护窑墙外。其年代应为明宣德至万历时期。葫芦形窑和馒头形窑遗迹的发现及分析结果表明，明代御器厂，明洪武至永乐时期主要使用葫芦形窑，宣德及其以后主要使用馒头形窑。这 2 种形制的窑炉，在明代以前的民窑就已被使用，但明代御器厂不是照搬，而是做了调整、改造，使其更有利于烧成，更适合于御器厂的生产需要。值得注意的是，在出土的馒头形窑炉遗迹中，有的烧得很重，壁内侧挂满了厚厚一层“窑汗”；有的则烧得较轻，壁内侧没有生成“窑汗”。这显然不是偶然的情况，前者可能就是《江西大志·陶书》等文献中记载的专烧高温小件器物的“青窑”，后者可能就是专烧低温颜色釉的“色窑”。

掩埋落选御用瓷器的小坑、小堆和小型片状堆积，是御窑（官窑）遗址内所特有的一种遗迹。去年共发现清理了 14 个小坑，均为宣德时期，其中 8 个坑内出土的瓷器为永乐时期烧造的。第 22 号小坑，内掩埋的落选御用瓷器是永乐时期的，该坑为圆形，直径 0.59、深 0.12 米，出土红釉碗、盘、靶盏计 48 件；第 21 号小坑，掩埋的瓷器均为宣德时期，该坑基本为圆形，直径 0.8、深 0.1—0.26 米，出土碗、盘、靶盏、梨形壶等瓷器计 52 件。共清理了 2 个小堆，均为宣德时期。是将落选御用瓷器打碎后堆在一起而形成的。第 1 号小堆平面基本呈圆形，底径 0.4—0.5、高 0.2 米，出土梅瓶、梨形壶、大罐、碗、盘等瓷器 10 余件。小型片状堆积，保存比较好的有 2 个，年代均为宣德时期。其是将落选御用瓷器打碎后倾倒在窑业堆积层的上面，面积不大，形状

■宣德洒蓝釉刻花海水云龙纹大罐

不甚规则。第10号小型片状堆积平面略呈椭圆形，直径1.2—1.8、厚0.08—0.29米，出土缸、碗、盘、梨形壶等瓷器10余件。掩埋落选御用瓷器的小坑、小堆、小型片状堆积的发现，为研究明代御器厂落选御用瓷器的处理方式乃至管理制度提供了宝贵资料。

出土遗物相当丰富，以瓷器为大宗。御窑产品主要是明代早、中期烧造的，其中以永乐、宣德时期的数量最多，也最精美。这些御窑产品均出土于小坑、小堆、小型片状堆积内和普通的地层中，大多都可以复原，有一部分还可以粘对起来。其种类较多，有釉里红、红釉、紫金釉、蓝釉、白釉、黄釉、孔雀绿釉、青花、斗彩、仿哥釉、仿宋官青釉、仿龙泉青釉瓷器等。器类也较多，有梅瓶、玉壶春瓶、梨形壶、大罐、罐、碗、盘、杯、靶盏、盒、调色碟、炉、觚、爵、缸等，以碗、盘数量为多。胎细白、釉莹润。装饰技法有刻花、印花和笔绘等，纹样以龙纹最为常见。部分器物上印制、刻写或书写年款，永乐时期少数器物上印制或刻写“永乐年制”篆书款；宣德时期部分器物上刻写或以青料书写“大明宣德年制”或“宣德年制”楷书或篆书款；成化、弘治、正德时期多以青料书写“大明成化年制”、“大明弘治年制”、“大明正德年制”、“正德年制”楷书款。值得一提的是，在这批瓷器中，有些品种在以往同时期的考古资料和同时期的传世品中所不见，如永乐里红釉外点釉里红碗、永乐红釉印花花果纹盖盒、宣德孔雀绿釉鱼藻纹梅瓶、宣德孔雀绿釉鱼藻纹梨形壶、宣德洒蓝釉刻花海水云龙纹大罐等；有的则是罕见之佳作，如永乐白釉里印龙纹外釉里红云龙纹靶盏、宣德蓝釉白鱼藻纹碗、宣德青花花卉纹调色碟、宣德青花云龙纹大缸等。这批明代御窑瓷器，数量多，内容丰富，有些属于首次发现，有的还是孤品，其资料价值不言而喻。虽然有一些见于传世品中，但它对于揭示明代御器厂的发展变化和生产活动等有着传世品所无法替代的作用。

■永乐里红釉外点釉里红碗

2004年景德镇明清御窑遗址考古发掘收获颇丰，出土遗迹、遗物为研究、探讨明代御器厂的发展变迁、烧成技术及其渊源、落选御用瓷器的处理方式、产品种类等提供了新的科学资料。

景德镇明清御窑遗址考古队

原载2005年3月16日1版

97

重庆潼南县发现明代纪年墓葬

2005 年，重庆潼南县在镇级公路建设中，在崇龛镇白沙村梁家嘴发现一处明代纪年墓葬群。重庆市文物考古所进行了抢救性清理发掘，收获颇丰。

梁家嘴墓地共计墓葬 10 座，出土文物 24 件。其中最有价值的有藻井顶式雕刻、纪年题记及买地券等。墓葬分布密集，叠压打破关系较为复杂。

墓葬均为石室墓，平面呈长方形，结构有藻井顶式和平顶式。藻井顶式墓较精美，以 M3 为代表。长方形双室相连，相邻壁共用。墓葬全长 360、宽 340、通高 330 厘米，由墓道、封门墙、墓门、墓室、棺台、藻井、侧壁龛和后壁龛组成。藻井顶、壁龛、圭脚等雕刻纹饰工艺精湛。左室藻井壁上有大明成化庚寅年的造墓题记。墓室棺台与后壁之间的两端设置有石质莲花纹豆形座，其上放置随葬品。墓壁基座下部为

■《墓中亡人契券》买地券

■《掌墓符命》买地券

■楼阁式塔式罐

长条形衬石，上部为圭脚，饰如意云头纹。在圭脚上面开凹槽。两外侧壁均有2个长方形壁龛。前龛阴线浅刻莲花纹开光，中刻圆环，圆中涂朱砂，有太阳之义；后龛阴线浅刻芭蕉扇。共用壁上开2扇镂空的漏窗，左右室以漏窗相通。前漏窗中有圆形窗户，窗口刻云纹，左面阴刻"日"字，并涂朱砂，右面阴刻"月"字；后漏窗作双合四抹隔扇，透雕斜双交四椂花，绦环板透空，裙板刻字，左刻"清气"二字，右刻"坟茔"二字。后壁上均有壁龛，龛为仿木结构，两侧为柱，柱上施柱头科；柱间有枋，枋呈拱形，上施平身科；其下有雀替，雕刻云纹。龛内浮雕神位牌，牌座为须弥座图案，神位两侧及顶刻如意云纹。左龛神位阴刻"康宁福寿堂"，牌位两侧阴刻"元亨生万岁、利真保千秋"；右龛神位阴刻"富寿荣华轩"。左室后龛内放有"掌墓符命"买地券，右室后龛内放有"墓中亡人契券"买地券。室顶部均为二层叠涩方形藻井构造。左室藻井顶为莲花纹宝盖顶，于圆形开光内凿带莲花边圜形井顶，井顶中心团花外凸，上刻右旋四出纹，周围一道6组对应分布的3幅云纹饰。右室藻井顶为华盖宝盖顶，于圆形开光内凿圆边圜形井顶，井顶中心团花外凸，上刻右旋四出纹，周围饰4组3幅云纹饰，顶内刻着伞形纹饰。藻井顶圆形开光外均满刻云纹，云纹多作3幅云纹饰。在左室藻井后侧第一层井壁正面楷书阴刻"大明成化庚寅年季冬月戊寅日明星黄道竖造"题记。

出土文物较丰富，主要集中在M3，择要介绍如下。

石买地券2件。《墓中亡人契券》，出土于M3右室，券面呈梯形，朱砂书契，字体为楷书。正面券额书"墓中亡人契券"，契正文计20行，竖书，每行字数不等，字径约1.5、字距约0.6、行距约2.3厘米。背面竖书"亡人杜氏入地契，合同为照"。因风化，局部朱砂已经剥落，字迹不清，内容不能全读。石券长37.5、宽34.3、厚3厘米。

《掌墓符命》券，出土于M3左室，券面呈长方形。用朱砂书契，字体为楷书，正面券额书"掌墓符命"，契正文计11行，竖书，每行字数不等，字径约

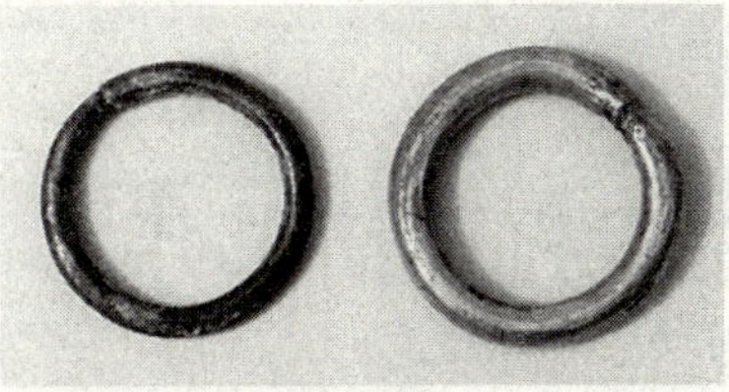

■金、银指环

■“正隆元宝”铜币

1.8、字距约 0.7、行距约 1.8 厘米。背面画八卦，八卦图两侧书“左青龙　右白虎”，中书“中”。因风化，局部朱砂已经剥落，字迹不清，内容不能全读。石券长 31、宽 24、厚 3 厘米。

另有金指环、银指环、银簪、铜挖耳、“正隆元宝”铜币、瓷楼阁式塔形罐、瓷碗、瓷灯盏、带座石雕豆形器、陶罐等随葬品。

M3 规模宏大，构造复杂，纹饰丰富，有明确的修造时间和下葬时间，是重庆地区明成化时期石室墓的标准型墓葬。墓室的建造时间是“大明成化庚寅年”，第一次下葬女主人的时间是成化十一年(1475)，第二次下葬男主人的时间是成化十九年(1483)。第一次下葬时间与建造墓室时间相距 5 年，第二次下葬时间与第一次下葬时间相距 8 年；说明 M3 在男、女墓主人生前建造，是典型的“生基”墓。出土器物的排列组合清楚，是明成化年间重庆地区墓葬随葬器物的标准组合器物。M3 隔墙漏窗上的“日”、“月”刻字和 M9 后壁龛的火焰纹有明教文化的因素。

M3 出土石质朱书买地券，更是难得的文献资料，买地券对男女墓主人及墓葬地理有所记载。墓中女主人杜氏，为安岳县仁风乡人，壬午年(1402)正月二十八日出生，成化十一年七月二十二日卒，享年 75 岁。墓中男主人姓王，成化十九年十月十四日卒。其子王秉玲，是建造墓茔和安葬的主持者。墓葬所在地在明成化时属潼川之白沙院，与今名基本相同。

林必忠　刘春鸿

原载 2005 年 6 月 29 日 1 版

98

黑龙江讷河学田乡工农村发掘明清墓葬

2002—2003 年夏季，黑龙江省文物考古研究所对讷河市学田乡工农村明清墓葬进行了为期 5 个多月的考古发掘。墓葬位于后工农村南 200 米处二级台地上，濒临尼尔基水库，属尼尔基水库淹没区。此次发掘共清理出 57 座墓葬，出土文物达 1000 余件。根据墓葬形制和出土文物的判断，这是一处明清时期的墓葬群。

墓葬群建在嫩江左岸的二级台地上，发掘之前所有的墓葬封土已不存，但墓室结构保存完好。墓葬均为长方形土坑竖穴墓，葬具皆为木棺。其中规模较大的墓葬长 630、宽 420、深 110 厘米，木棺长 600、宽 395、高 40 厘米。小的墓葬长 145、宽 100、深 50 厘米，木棺长 115、宽 65、高 80 厘米。葬俗较为复杂，有合葬和单人葬，合葬有二人葬和多人合葬。葬式为仰身直肢葬，头向朝北或朝南。另外发现 3 座火葬墓，其中一座土坑长 86、宽 56—58、深 45 厘米，骨灰盒长 56、宽 44、高 24 厘米。火葬墓中无随葬品。大多数墓葬的一端发现葬马的迹象，数量少的葬 1 匹，多的葬 4 匹，这类葬马的迹象在明清墓葬中尚属首次发现。墓葬中大批完整的人骨标本的出土，对研究明清时期这一地区的族属和其人种特征等，具有重要的价值。出土随葬品丰富，大多置于墓室内人骨的头部和足部，有的放在腰部。

■发掘工地一角

出土文物达 1000 余件。有生活用具、生产工具、兵器、马具、装饰品。其中有极为珍贵的

■青花瓷盘

■五彩瓷碗

瓷器、金银器、翡翠，还有数量较多的铁器和铜器，玉器和丝织品也有发现。瓷器的种类较多：有珐琅彩碗(珐琅彩瓷器是清代康熙、雍正、乾隆三朝极为名贵的宫廷御器，过去俗称“古月轩”)，青花盘、碟，芝麻酱色碗，五彩大盘、碗、碟，白瓷小花碟，白瓷描金带把杯，虎皮三彩瓷碗，粉彩瓷碗(粉彩瓷碗是在康熙五彩基础上，受珐琅彩制作工艺的影响而创制的一种釉上彩新品种。始于康熙时期。粉彩的烧成火候较低，所用色彩比五彩更多，因而比五彩更为娇艳，以淡雅柔丽名重一时)，青白瓷碗，酱釉瓷瓶，双系黑釉瓷壶等。墓葬中出土的瓷器绝大多数为传世品。出土青花瓷器较多，“大明成化年制”六字官款的青花瓷碗为官窑制品。所出的青花瓷器造型各异，瓷器纹样的组织手法多样，创造水平颇高。图案精美，有山水、花草叶纹、动物鱼纹、诗文、五子登科、花押款等，色泽艳丽，层次分明，题材丰富。青花瓷器中使用了开光法，开光法在清代瓷器装饰纹样中运用较多，与我国古代陶瓷相比，又有了新的创新。清代是制陶业鼎盛时期，瓷绘题材也进入了最发达的时期，青花碗上的诗、书、画三位一体的瓷绘风格，严谨工整的画面、秀美的书法和脍炙人口的诗文，都反映出当时制陶业的鼎盛。出土文物中不乏精品，如明代成化年间制的青花瓷碗、金簪子、金耳环、金耳坠、镶嵌宝石的银戒指、银镯、银耳环、银簪子、各种不同类型的铜扣、料珠、铜吊锅、铁吊锅、铁马蹬等，不仅具有重要的文物价值，而且有较高的艺术价值。精美的

■镶嵌芙蓉石金耳坠镶

■镶嵌芙蓉石金簪子

金簪子已经使用了花纹表面贴装饰的工艺。墓葬中出土的青花诗文碗、五彩大盘、珐琅彩碗、虎皮三彩碗、粉彩碗等瓷器,在黑龙江省尚属首次发现。瓷器的白地蓝花、五彩,有明净素雅之感,具有中国传统水墨画的特点。"福"、"寿"之类的文字,直接写在瓷器上。在明嘉靖、万历时期的官窑器皿中也有发现,但较多的是民窑器皿,这些瓷器的出土,为明清时期黑龙江流域的各民族与中原汉民族友好往来提供了宝贵资料。

张晓霞　俞　平/文　吴英才/摄

原载2005年4月27日1版

99

广东深圳赤湾右炮台遗址

2004 年 12 月—2005 年 1 月，深圳市文物考古鉴定所对赤湾右炮台进行试掘，7—8 月进行考古发掘，发掘面积 562 平方米，清理出炮台遗迹及一批当时炮台驻军的生活用品和军事用品。

赤湾右炮台位于广东深圳市南山区赤湾港西侧的岬角上，东南有赤湾左炮台，东北为小南山，西南是珠江口的伶仃洋，它与赤湾左炮台形成犄角态势，是清朝时期重要的海防军事设置。

赤湾右炮台枕山面海，坐东北，朝西南。炮台西面设置大炮的露天实心高台已毁，炮台围城由东、南、北 3 道围墙及西面的露天实心高台构成。围墙宽厚坚固，围墙基址用不规则石块构筑，东围墙基址宽 3.38、南围墙基址宽 2.15、北围墙基址宽 2.25、围墙残高 0.3—1.8 米。炮台台门设在炮台北围墙西端，残高 1.8、宽 1.6、门深 2.2 米。在台门处设一门槛，门槛为长条形青麻石，两侧各置有 0.2×0.25 米的石门臼。台门内有一竖门栓的条石，长 1.5、宽 0.2 米，中间置 7 个 8×8、深 3.5 厘米的方孔。台门内一侧建有一道台阶，由围城连接设置大

■炮台遗址

炮的露天高台。

围城内有面积大小不等的7间房屋，其中有4间住房，1间伙房和2间弹药库房。住房及伙房建在围城西部，弹药库建在围城东部，由一条0.8米宽南北走向的过道把住房和伙房与弹药库区分开，过道下设青砖构筑排水道，南侧为暗沟，北侧为明沟，深42、宽18厘米。西部中间有一东西走向宽1.6米的通道连接台门，通道南、北两侧有5间房屋，南侧为3间住房，北侧为1间住房和1间伙房。东部的弹药库外设一大门，大门与西部中间的通道连接，大门残高0.38、宽2.29米，用青砖砌筑。弹药库内设2个库房(南侧的库房大部分已毁)。住房、伙房及弹药库房的墙基为砖石构筑，墙体为三合夯土，宽0.32、残高0.35—1.25米。住房和伙房墙面残留灰沙抹过的明显痕迹，火药库房的墙面部分灰沙已脱落。房门宽0.7—0.75米，房屋地面用青砖铺砌。

右炮台出土炮台驻军的生活用品及军事用品180件。其中生活用品105件，包括陶器36件，主要有罐、壶、钵、虎子、陶饼、盒、灯盏托等；瓷器60件，有碗、盘、碟、壶、杯等；石器3件，为砺石；铁器3件，2件铁镰刀，1件铁耙；铜钱4件，2件为康熙通宝，1件为嘉庆通宝，另1件锈蚀严重。军事用品75件，其中陶器6件，有火药缸、盆；石器5件，为石炮子；铁器64件，为63件铁炮子，1件铁炮残件。

出土器物中陶器类的罐、钵、盆多为酱釉，壶、虎子为黄釉，灯盏托为绿釉和黄釉；瓷器类的碗、盘、碟、壶、杯大部分为青花，只有2件豆青釉，一件粉彩，一件哥釉。从器物的造型、釉色及纹饰来看，出自香港大埔窑、佛山石湾窑、江西景德镇窑及福建德化等窑；器物的年代，上限为清初康熙，多为雍正、乾隆，下限为道光时期。

赤湾右炮台遗址的发掘，为判断其修筑的年代提供了可靠的依据。

根据有关学者研究，唐宋时期，香港屯门为海外交通枢纽，明正德九年(1514)—正德十六年(1521)葡萄牙人强占屯门7年之久，此时广州对外滨

■出土瓷器

■出土陶器

海下舶处已移至今日之宝安(深圳)南头。而“深圳赤湾等港湾是古代海外交通住泊之地，可以窥见运载倾销于世界各地中国瓷器的船只在此补给，装卸转运情况。”赤湾右炮台遗址出土如此丰富的陶瓷器物与上述记载相吻合，说明明清时期位于珠江口岸，作为广东省会门户的赤湾港是重要的海外交通港湾。

赤湾右炮台是清初清政府修筑的海防军事设施，根据有关资料记载，广东在清初筑有此类炮台65座。赤湾右炮台遗址基本保存了当时的原貌，它为研究清初的海防和军事设施提供了宝贵的实物资料。

刘均雄

原载2005年11月11日1版

100

四川绵竹剑南春“天益老号”酒坊遗址发掘

2003年4—6月,四川省文物考古研究所和德阳市文物考古研究所对剑南春“天益老号”酒坊遗址进行了考古勘探和发掘,2004年8—11月进行了第二期考古发掘,取得了重要收获。

“天益老号”酒坊遗址位于绵竹市棋盘街传统酿酒作坊区,分布范围北起春溢街口,南至王麻巷口,南北长260、东西宽240米,分布面积约62000平方米。棋盘街两侧拆迁区内清代至民国时期的中式建筑基础的布局依稀可见,柱网保存较为完好,可基本了解清代以来的街坊酒肆布局规模。坊中的11个康熙年间酿酒窖池,保存至今,现仍在生产优质剑南春大曲酒,并保存和延续了传统酿酒生产工具及其工艺流程,是一处较为全面体现剑南春传统酒文化的典型老作坊。

■发掘区局部(西南–东北)

2年共发掘面积800平方米,清理出土一大批和白酒酿造工艺密切相关的遗迹现象,包括水井、酒窖、炉灶、晾堂、水沟、池子、蒸馏设施、路基、粮仓、柱础和墙基等类,展现了从原料浸泡、蒸煮、拌曲发酵、蒸馏酿酒到废弃用水的排放等酿酒工艺全过程。在“天益老号”酒坊西北侧发掘区探方内揭露出宋代至现代连续堆积的地层。

水井1口,内壁用条形卵石逐层叠砌,直壁,口大底小。井口仅存东侧卵石,根据井口残存的卵石推测,井口径约0.7米。西侧紧邻Z2,清理至深1.7米时停止发掘,井深及井底情况不明。工作面及井圈毁坏不存,但在填土内发现了大量的三合土块、红砂石板和圆弧形石制井圈,可推测J1原有三合土夯筑的井台,工作面系由石板平铺。

酒窖共7组26口，除一组为大曲窖外，其余均为小曲窖。地穴式结构，大曲窖坑壁和底部用黄泥土涂抹而成，小曲窖为三合土夯筑。

JF为大曲窖，由东西并列的2个窖坑组成，坑口呈长方形，壁直且向下内收，口大底小呈斗状。坑底四周较中部下凹，中部平坦。窖壁用纯净的黄泥土涂抹，表面敷有一层厚约1厘米的灰白色膏泥。窖底用黄土夯筑，质地坚硬，因酒糟浸蚀略显灰白。JF1坑口长2.85—2.9、宽1.98—2.04米，坑底长2.05—2.1、宽1.52—1.58米，最深处1.5米；JF2坑口长2.8—2.9、宽1.9—2.1米，坑底长2.2、宽1.45米，最深处1.5米。坑口局部残存有卵石和残砖，可能作为踩踏面，或酒窖经过增修和改造。

JA为小曲窖，由14个窖坑组成。窖坑之间由宽0.15—0.2米的三合土隔梁相间，窖壁和窖底亦为合土夯筑，壁上抹有白灰，局部脱落。窖坑均为长方形，坑口长1.3—1.98、宽0.8—1.14米，窖深1.14—1.58米。除JA8外，其余各窖底部均有一孔与邻窖相通。JA8一端有3层台阶，底处有若干小孔与相邻酒窖相通，坑底嵌入一陶缸底部。

炉灶5座，灶坑平面形状有长方形和曲尺形2种。

Z4由工作坑、火膛和烟道组成。工作坑呈长方形，用三合土加工而成，壁面抹白灰，长1.5、宽0.58、残深0.8米，其后端有2级梯步。火膛上部结构毁坏，近底处残存壁砖2层，底为砖铺。烟道位于火膛前端，仅存底部。从红烧土分布遗迹判断，烟道后期经过改建，早期烟道应为长条形，残长1.4米；改建后烟道略向西弯曲，前宽后窄，残长2.1、宽0.3—0.56米，仅尾端残存少许青砖砌的壁。

Z1由烟道、火膛、工作坑和贮藏坑4个部分组成。灶坑平面呈曲尺形，内框总长4.66、宽2.06米，工作坑深1.46米，贮藏坑较浅，深0.8米。灶壁用三合土砌成，表面抹白灰，坑底由青石板铺成。火膛平面呈椭圆形，火膛下部由卵

■酒灶（东北—西南）

石和长方形青砖砌成,炉箅未见。工作坑一端有4级台阶,可供上下。贮藏坑底部由于长期使用而呈下凹状。烟道位于火膛头端,与火膛通过一狭缝相连,烟道总长1.4、宽0.05—0.3、深0.32—0.46米,中部被现代房基打破。烟道壁用长方形砖砌成,表面抹有耐火土。

晾堂2座,一座为条形青砖平铺而成,另一座为三合土结构。

L2晾堂东部和南部因被后期破坏,边界弯曲呈不规则状。晾堂走向与酒窖JA一致,已清理出的范围长、宽均为7.5米,已发掘面积约40平方米。晾堂系三合土结构,厚约3厘米,表面较平整,上面刻划有均匀的方格,局部可见有白灰痕。因长期受酒糟中酸性液体的腐蚀,晾堂表面有许多细小的坑凹。

根据地层关系和出土物推断,这批遗迹的年代为清代至民国时期,且以清末到民国这一阶段为主,大曲窖JF、灶Z4可早到清代早期。根据文献记载,绵竹酿酒历史十分悠久,宋代已是酿酒大县。同时,这次发掘在遗址部分区域揭露出宋代至现代连续堆积的地层。

发掘出土遗物200余件,主要为陶、瓷器,另有少量石器、银器和钱币。大多数瓷器为民窑烧制,品种有青花、粉彩、青釉、白釉、黑釉、褐釉、蓝釉和红釉瓷。器形主要有碗、盘、碟、杯、压手杯、勺、水盂、罐、壶等。其中以青花瓷为主,纹饰题材种类繁多,以折枝和缠枝花卉纹、草叶纹等植物类图案最为常见,此外,还有云纹、水波纹、寿喜纹、人物山水、动物类和梵文等题材。题款见有“永乐年制”、“大明成化年制”、“同治年制”等纪年款,“德昌祥造”、“王荣昌□”、“宣”、“正”、“俞”、“文”等名号款,以及“福”、“寿”、“喜”等吉语款,还有少量图记款。引人注目的是,出土器物中酒具占较大比例,包括酒杯和酒壶,这正表明该遗址作为酒坊遗址的显著特征。

剑南春“天益老号”酒坊遗址的发现,是我国酒文化考古的又一个重大收获。发现的酿酒设施布局配套,几可再现从原料蒸煮、拌曲发酵到蒸馏酿酒的全过程,初步展现了剑南春酒文化的独特生产工艺和历史风貌,对了解川西地区白酒酿造工艺及其演变发展提供了珍贵的实物资料。“天益老号”酒坊遗址是继四川成都水井坊遗址和江西李渡烧酒作坊遗址之后我国发现的又一处大型酒坊遗址,并独具特色,其生产规模之大、工艺要素之完善、保存之完整在全国尚属罕见。

曾 俊 刘章泽

原载2005年1月12日1版